D1922525

Kohlhammer

Europäische Geschichte der Neuzeit

Herausgegeben von Guido Thiemeyer und Christian Henrich-Franke

Eine Übersicht aller lieferbaren und im Buchhandel angekündigten Bände der Reihe finden Sie unter:

https://shop.kohlhammer.de/europäische-neuzeit

Thomas Gerhards

Staat, Nation und Moderne: Europa 1870–1920

Verlag W. Kohlhammer

Umschlagabbildung: Ausfahrt des damals größten Schiffes der Welt aus dem Hamburger Hafen: der Dampfer »Imperator« der Hamburg-Amerika-Linie, 1913 (Foto: picture-alliance / IMAGNO/Austrian Archives).

1. Auflage 2022

Gesamtherstellung: W. Kohlhammer GmbH, Stuttgart

Print:
ISBN 978-3-17-037741-7

E-Book-Formate:
pdf: ISBN 978-3-17-037742-4
epub: ISBN 978-3-17-037743-1

Inhaltsverzeichnis

1 Überblick

1.1 Vorbemerkungen

Im Jahre 2017 fragte die amerikanische Fachzeitschrift *Central European History* diverse internationale Expertinnen und Experten nach ihrer Einschätzung zu der Frage, ob das 19. Jahrhundert im Verschwinden begriffen sei und für unsere Gegenwart mittlerweile eine geringere Rolle spiele als noch vor 40 oder 50 Jahren. Blickt man angesichts des Centenargedächtnisses auf die Unmenge an Publikationen zum Ersten Weltkrieg, dann war zumindest hier ein nach wie vor hohes Publikumsinteresse festzustellen. Aber auch Buchmärkte funktionieren nach Marktmechanismen und Verlage versuchen daher, das Bedürfnis nach neuen Erzeugnissen zu Jubiläen oder Jahrestagen routiniert mit Neuerscheinungen zu bedienen. Ob diese Bücher dann stets »Neues« liefern, neue Einsichten und Interpretationen, ist eine ganz andere Frage – die Verkaufszahlen mancher Werke sprechen hingegen eine klare Sprache und belegen das Bedürfnis nach allgemeinverständlicher historischer Literatur jenseits fachwissenschaftlicher Grenzen. Die zum 19. Jahrhundert befragten Historiker waren jedenfalls fast durchgehend der Ansicht, dass das 19. Jahrhundert in seiner Gesamtheit nach wie vor von großem Interesse für die historische Forschung ist. Daher überrascht es auch nicht, dass in den letzten 20 Jahren einige vorzügliche Darstellungen erschienen sind, die das Jahrhundert insgesamt oder in Teilepochen analysieren. In wünschenswerter Diversität liegen die Schwerpunkte dabei räumlich, methodisch oder perspektivisch jeweils ganz anders: Globalgeschichte setzt andere Schwerpunkte als europäische Geschichte, »erzählende« Geschichtsschreibung ist anders strukturiert als problemorientierte Analyse,

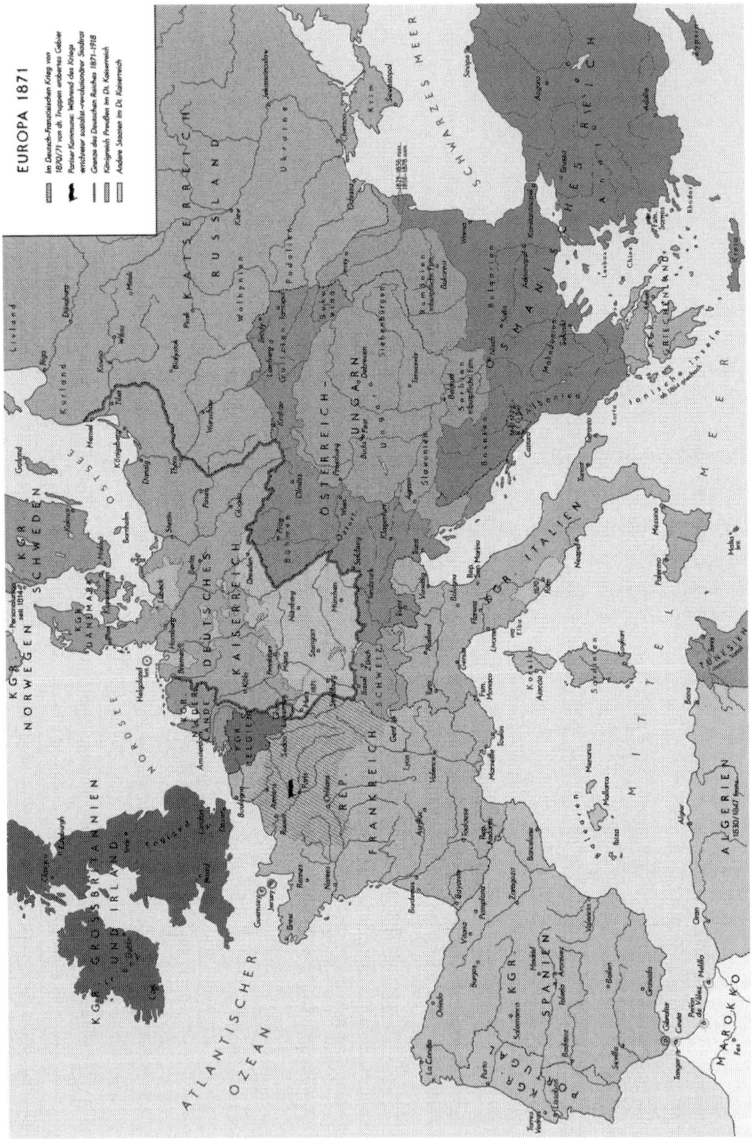

Abb. 1: Europa 1871.

und schließlich befriedigen Handbücher für den Gebrauch in der universitären Lehre andere Ansprüche als pointiert argumentierende Essays, die ein größeres Publikum anvisieren.

Die vorliegende knappe Synthese nimmt die zweite Jahrhunderthälfte bis zum Abschluss des Ersten Weltkriegs in Europa in den Blick und konzentriert sich, wie in der Reihe *Europäische Geschichte der Neuzeit* üblich, auf sechs Querschnittsbereiche der Lebenswirklichkeit: Staat, Recht, Gesellschaft, Wirtschaft, Technik und Gewalt. Im einleitenden Überblick werden nun zunächst einige Grundlagen über den Raum und die Zeit besprochen, also: Was heißt »Europa 1870–1920«, was zeichnet den Kontinent in dieser Zeit besonders aus, wo liegen die Schwerpunkte der vorliegenden Deutung? Im Anschluss folgt gewissermaßen ein Glossar zu einigen zentralen Prozessen, die für das 19. Jahrhundert in Gänze stehen, in seiner zweiten Hälfte aber eine besondere Steigerung oder Verdichtung erfuhren. Früher sprach die Forschung in diesem Zusammenhang von »Modernisierungsprozessen«; es wird zu klären sein, warum mittlerweile der statischer wirkende Begriff »Moderne« meist vorgezogen wird – und was sich dahinter verbirgt. Am Ende wird mit zwei zeitgenössischen Etikettierungen das Erbe der Epoche für das folgende »kurze« 20. Jahrhundert thematisiert.

1.2 Die Einheit der Epoche: Staat, Nation und Moderne

Wenn einleitend festgestellt wurde, dass das 19. Jahrhundert sich nach wie vor großer Beliebtheit in historischer Forschung und bei interessierten Laien erfreut, dann lässt sich das nicht alleine quantitativ an Verkaufszahlen einschlägiger Werke verdeutlichen. Insbesondere die Zeit um 1900 scheint noch heute eine eigentümliche Faszination auf die Betrachter auszuüben. Ein Band mit jüngsten Forschungsergebnissen thematisierte im Titel etwa den *Durchbruch der Moderne*, stellte dahinter aber ein Fragezeichen. Der britische Historiker Christopher Bayly war sich sicherer in dieser Einschätzung, als er 2004 mit *The Birth of the Modern World* eine vielbeachtete Globalgeschichte des 19. Jahrhunderts vorlegte. Auch wenn wir heute in der Post-Moderne leben (die ihren Anfang in den 1970/80er Jahren genommen haben soll), so gibt es doch noch viele Zeitgenossen, die schon lange genug im 20. Jahrhundert lebten, um das vorhergehende vermittels Eltern oder Großeltern als Teil des kommunikativen Gedächtnisses zu erfahren. Das heißt: Über die Familiengeschichten war und ist man auch heute noch vielfach mit diesem Jahrhundert verbunden. Wer um 1970 herum in Deutschland geboren wurde, könnte noch eine Großmutter gehabt haben, die stolz von ihrer Teilnahme an der Wahl zur Nationalversammlung im Januar 1919 berichtete – als Frauen dies erstmals durften.

Aber auch ganz »unpersönlich« weckt die Epoche 1870–1920 immer wieder großes Interesse. Die deutsche Geschichtswissenschaft hat seit den 1960er Jahren große Mühen aufgewandt, um mit dem Beginn des deutschen Nationalstaates auch auf die Frage Antworten zu finden, ob hier schon Keime des späteren »Zivilisationsbruches« von 1933 zu erkennen waren. Aus britischer Sicht wurde in dieser Zeit der Höhepunkt imperialer Weltgeltung erreicht, und der »Great War« war so verlustreich, dass seinem Ende am 11. November 1918 (Waffenstillstand) bis heute ein landesweit begangener »Remembrance Day« gewidmet ist. In Polen wird an diesem Tag der Nationalstaatsgründung von 1918 gedacht. Nicht nur in Russland verbindet man mit der Epoche auch die Oktoberrevolution und den Aufstieg der Sowjetunion. Durch den Weltkrieg hatten auch die USA ihre militärische Stärke als mittlerweile führende Industrienation unter Beweis gestellt. Mochten sie dem Völkerbund dann auch nicht beitreten, so war dennoch ein »Weltstaatensystem« entstanden, dessen natürliches Zentrum nicht mehr Europa war. Schließlich ist auch auf dem Balkan die Epoche bis heute präsent: Bulgariens Nationalfeiertag wird jedes Jahr am 3. März begangen und erinnert an die »Befreiung« vom Osmanischen Reich im Jahre 1878. Beim Nachbarn Rumänien ist es alljährlich der 1. Dezember, der auf die Ausrufung eines territorial erweiterten »Großrumäniens« 1918 verweist. Es ist also sicherlich nicht abwegig, im späten 19. Jahrhundert die Entstehung unserer heutigen Welt zu verfolgen.

Es ließen sich zahlreiche weitere Beispiele aus der »großen« Politik benennen, die die politische Bedeutung der Epoche bis heute belegen. Aber auch in zahlreichen anderen Bereichen besitzt sie einen hohen Wiedererkennungswert, wenn man so möchte: In der Technik entstanden die bis heute gängigen Verkehrsmittel wie das Automobil und das Flugzeug, das Fahrrad wird ebenso zur Massenware wie die Fortbewegung mit Eisen- und Straßenbahnen. Elektrisches Licht erreicht immer mehr Städte und auch ländliche Regionen, das Telefon wird ein wichtiges Kommunikationsmittel, ebenso wie die täglich erscheinende Zeitung. Daneben entwickeln sich bereits Kino und Radio zu den Grundpfeilern der Massenkultur, die dann vor allem in den 1920er Jahren durchbricht. Es lassen sich aber auch »weichere« Faktoren nennen, die vielleicht weniger direkt das Leben der Menschen betrafen, aber dennoch historisch ausgesprochen wirksam und wichtig waren – und die auch heute noch vertraut klingen: Im internationalen Warenverkehr war ein Grad an globaler Verflechtung erreicht, wie es ihn in Europa erst wieder in den 1960er Jahren gab. Mit dem Ende der Sowjetunion 1989/91 glaubten manche Beobachter an den endgültigen Sieg der liberalen Demokratie, gar das Ende des Nationalstaates und seiner historischen Bedeutung. Aber nicht erst die Balkankriege der 1990er Jahre machten deutlich, dass die Ideologie des Nationalismus, ein Kind des 19. mit furchtbaren Steigerungen im frühen 20. Jahrhundert, noch keineswegs an ihr Ende gekommen war. Spätestens mit dem 11. September 2001 ist der Terrorismus wieder ins internationale Blickfeld gerückt; auch dieser hat eine Vorgeschichte im 19. Jahrhundert mit einigen prominenten Opfern, etwa Elisabeth von Österreich 1898. Während dieser Mord keine politischen Folgen nach sich zog, lässt sich das von anderen Attentaten nicht behaupten: Der Deutsche Kaiser Wilhelm I. überlebte 1878 zwei Mordversuche, die Bismarck für das folgenreiche »Sozialistengesetz« ausnutzte. 1881 fiel Zar Alexander II. einem Bombenattentat zum Opfer, das sein nachfolgender Sohn, Alexander III., für die Einfrierung des Reformprozesses nutzte. Er installierte eine stramme Russifizierungspolitik und schränkte die Rechte der Juden – die in Pogromen zu unmittelbaren Opfern der Reaktionen auf das Attentat wurden – erneut ein. Schließlich Sarajewo, 28. Juni 1914, das Attentat auf den österreichischen Thronfolger: Das war nicht die Ursache für den Weltkrieg, aber es motivierte insbesondere diejenigen in Wien, die auf eine militärische Machtdemonstration gegen Serbien setzten. All diese Beispiele können zeigen, wie ein Interesse an der Vergangenheit aus den Problemlagen der Gegenwart entstehen kann. Wer heute, um ein letztes Beispiel zu nennen, nach »Modernisierungsverlierern« fragt – also nach Menschen, die sozioökonomisch, psychisch oder kulturell einer sich rasant beschleunigenden Zeit nicht mehr standhalten können –, der oder die beschäftigt sich mit Themen, die vor über 100 Jahren schon genauso drängend und aktuell waren.

Was heißt aber nun: Europa 1870–1920? Es fehlt hier der Raum, den Kontinent in seiner geografischen und klimatischen, schließlich auch sozialen, kulturellen und politischen Vielfalt zu erfassen. »Europa« ist nicht nur ein Konstrukt, das immer wieder neu definiert werden muss; aber die Diversität war und ist doch so groß, dass letztlich alle Versuche scheitern müssen, über wenige Begriffe und Prozesse eine Einheit herzustellen, die es so nicht gab. Frühere Handbücher haben das Problem zu lösen versucht, indem sie additiv die Nationalgeschichten nebeneinander stellten, zusammengehalten durch einige Querschnittanalysen, die Entwicklungen in mehreren Ländern zugleich verfolgten. Das erforderte ein großes Maß an Kenntnis eines einzelnen Autors oder die Expertise einer ganzen Autorenriege. Bis in die 1990er hinein war es auch nicht unüblich, als Kind des »Kalten Krieges« Geschichte aus rein westlicher oder östlicher Sicht zu schreiben; tatsächlich ist eine solche Trennung noch heute sehr präsent – wissenschaftliche Traditionen sind oft lang- und zählebig. Häufig ist es aber schlicht das Sprachproblem, das eine tiefere Beschäftigung etwa mit dem Balkan in Osmanischer Zeit verhindert. Neuere Ansätze – und das heißt ausdrücklich nicht: konzeptionell überlegene – versuchen hingegen, thematische Schneisen in das Dickicht der historischen Vielfalt zu schlagen. Bevor das näher erläutert wird, soll anhand weniger Beispiele die Vielfalt Europas um 1900 konkreter illustriert werden.

Nähert man sich von der Peripherie Richtung Zentrum, lassen sich schon fundamentale Gegensätze aufzeigen – aber durchaus auch einige Gemeinsamkeiten, auf die dann später zurückzukommen sein wird. Großbritannien und Russland waren Teil der europäischen Pentarchie, das heißt der fünf Großmächte, die seit 1815 erfolgreich versuchten, einen größeren Konflikt auf dem Kontinent zu vermeiden. Auf dieser politisch-diplomatischen Ebene agierte man gewissermaßen als Partner auf Augenhöhe und war seit Jahrzehnten miteinander vertraut. Dies galt auch für die imperiale Konkurrenz, die die beiden Reiche in Asien an den Rand eines Krieges führte. Dieser konnte vermieden werden, es kam zum politischen Ausgleich, am Ende fanden sich die beiden Monarchien mit der Republik Frankreich als »Entente« im Weltkrieg gegen die Mittelmächte Deutschland und Österreich-Ungarn wieder. Erweitert man den Fokus, treten jedoch einige sehr klare Unterschiede zutage: England war um 1900 längst eine bürgerliche Gesellschaft geworden, deren Wirtschaft kapitalistisch organisiert war und auf einer Industrie beruhte, deren Arbeitsformen sich früher als auf dem Rest des Kontinents durchgesetzt hatten. Russland hingegen, ein Agrarstaat mit einer erst seit den 1890er Jahren von oben angeschobenen Industrie, hatte so etwas wie eine Gesellschaft (die dem Staat selbstorganisiert gegenübersteht) allenfalls in Ansätzen entwickelt. Was vor allem fehlte, war ein Bürgertum von nennenswerter Größe, das in der russischen Ständeordnung nicht aufkommen konnte. Zudem war Großbritannien eine parlamentarische Monarchie, während der weiterhin autokratisch regierende Zar nach der Revolution 1905 zwar Zugeständnisse machte, diese aber schnell wieder kassierte. Ähnlich lagen die Verhältnisse in einem weiteren Vielvölkerstaat im Südosten, der durch Besitzungen auf dem Balkan Teil des europäischen Kontinents blieb: Das Osmanische Reich hatte sich im Zuge der Tanzimat-Reformen in vielen Bereichen »dem Westen« angenähert, bis 1876 eine liberale Verfassung verabschiedet wurde. Dieser Versuch scheiterte jedoch schnell, so dass in der Folge auch dieses Imperium wieder autokratisch geführt wurde. Der 1870 noch weitgehend von den Osmanen kontrollierte Balkan wurde zu einem dauerhaften Konfliktherd, in dem sich Großmachtinteressen und nationale Staatsbildungen kreuzten. Kulturelle Differenzen aufgrund unterschiedlicher Religionen spielten erst dann eine konfliktverschärfende Rolle, als sie zunehmend nationalisiert wurden. Die Nationalstaatsgründungen waren hier von massiver Gewaltanwendung und Krieg begleitet – aber das war in Deutschland oder Italien nicht anders. Kein Nationalstaat ohne Krieg, mit der bezeichnenden Ausnahme Norwegens, das sich 1905 von Schweden emanzipierte – per Volksabstimmung.

Betrachten wir noch einige statistische Beispiele, um grundlegende Unterschiede der Lebensbedingungen zu verdeutlichen. Vorausgeschickt sei lediglich, dass Daten, wie die im Folgenden angeführten, nicht immer gleich erhoben wurden, manchmal handelt es sich eher um Schätzungen. Die Erfassung solcher Zahlen durch die Zeitgenossen ist selbst ein Anzeichen für den Grad an bürokratischer Durchdringung und damit an »Modernität«, wie später zu zeigen sein wird.

Einer von vielen Messwerten für eine »moderne« Gesellschaft ist der Grad der Urbanisierung, also: Wieviel Prozent der Menschen leben in einer Stadt mit mehr als 2.–5.000 Einwohnern? Das waren 1910 in Russland erst 20 %, im ländlichen Schweden kaum mehr, in Serbien gar nur 10 %; in Deutschland waren es aber 49 %, in Großbritannien sogar drei Viertel aller Menschen. Der europäische Durchschnitt lag in dieser Zeit bei 36 %; auch Portugal lag mit nur 16 % weit darunter. Einen ähnlichen Einblick bieten auch Daten über die Lese- und Schreibfähigkeit. Auch hier lag Portugal mit 30 % Lesefähigen im Jahre 1910 am unteren Ende der Skala, die von Finnland mit 99 % angeführt worden sein soll (andere Berechnungen geben ca. 7 % Analphabeten an). Für Serbien liegen Zahlen aus dem Jahr 1900 vor, da konnten 33 % der Männer lesen, aber nur 7 % der Frauen. Dieses Missverhältnis zwischen den Geschlechtern gab es fast überall, die Unterschiede waren aber nicht immer derart groß. Selbst das hochindustrialisierte und politisch moderne Belgien hatte 1910 noch eine Analphabetenquote von ca. 25 % bei beiden Geschlechtern – ein Anzeichen dafür, dass eine klare Korrelation zwischen rudimentärer Bildung und wirtschaftlicher Modernität nicht zwingend besteht. Schließlich noch einige Zahlen zur Wirtschaftsentwicklung, die in der Retrospektive oft viel zu vereinfachend als gesamtgesellschaftliche »Industrialisierung« betrachtet wurde; man kann nicht oft genug darauf hinweisen, dass um 1914 noch 50 % der Menschen in Europa von der Landwirtschaft lebten. Preußen ist ein gutes Beispiel für diese langlebige Diversität: Während der Westen, hauptsächlich das Ruhrgebiet, stark von Kohle, Eisen und Stahl geprägt war, blieb der Osten des Landes agrarisch geprägt – was nicht heißt, dass hier nicht auch mit dem Einsatz von immer weiter verbesserten Landmaschinen gearbeitet wurde. Schaut man auf das Sozialprodukt pro Kopf der Bevölkerung, dann zeigt sich eine klare Trennlinie zwischen den Regionen im Norden und Westen zu denen im Süden und Osten des Kontinents. Für das Jahr 1913 wurde ein BSP pro Kopf von 534 US-Dollar in ganz Europa geschätzt; schaut man in die Regionen, stellen sich klare Differenzen heraus: Mit 846 US-Dollar lag das BSP in den »frühindustrialisierten Ländern« Belgien, Frankreich, Großbritannien und der Schweiz am höchsten, während die »Spätindustrialisierer« Deutschland, Österreich-Ungarn und die Niederlande 205 US-Dollar darunter lagen – aber immer noch über dem europäischen Durchschnitt. Anders war das bei Russland, Rumänien und Bulgarien, die gemeinsam nur einen Schnitt von 324 US-Dollar erreichten, sowie bei den Mittelmeerländern Griechenland, Italien, Portugal und Spanien, die auf 393 US-Dollar kamen. Vergleichen wir nun noch die nationalen Volkswirtschaften und ihren jeweiligen Anteil am europäischen BSP, dann relativieren sich die Zahlen erneut. Zwischen 1880 und 1913 hatte Russland Großbritannien überholt: Englands Anteil lag zunächst noch bei 18,6 % und damit an der Spitze aller Volkswirtschaften, 1913 waren es nur noch 17,2 % und der dritte Platz. Überholt worden war es von Deutschland, das vor dem Krieg 19,4 % des Gesamtvolumens erwirtschaftete, an der Spitze lag nun, wie gesagt, das Russische Reich mit 20,4 %.

Die Zahlen sollten Folgendes unterstreichen: Begriffe wie Urbanisierung, Technisierung oder Industrialisierung sind einerseits zentral für die Erfassung von Modernisierungsprozessen in Europa nach 1870. Aber so unklar gelegentlich die Datengrundlage im Allgemeinen ist, so differenziert müssen die Zahlen im Einzelfall grundsätzlich analysiert werden. Begriffe wie »Rückständigkeit« erweisen sich als sehr relativ und nicht zuletzt abhängig vom Standpunkt des Betrachters. So war beispielsweise die russische Industrie noch nicht vergleichbar mit der Konkurrenz im Westen; dennoch hatte Russland ein großes wirtschaftliches Potenzial, das nicht zuletzt – wie in den meisten anderen Staaten – zum Unterhalt einer großen Armee mit modernsten Waffen genutzt wurde. In Deutschland registrierte man diese Entwicklung vor 1914 ganz genau, und es gab politische und militärische Stimmen, die vor Russlands wachsender Wirtschaftskraft in einem kommenden Krieg warnten. Auch die Balkanländer waren gewiss nicht reich im westlichen Sinne, waren wesentlich weniger industriell »entwickelt« oder produktiv – aber dafür waren sie hochgerüstet mit den neuesten Produkten westlicher Rüstungsfirmen, für die sie sich verschuldet hatten: Serbien war schon 1893 insolvent, Bulgarien 1902 bankrott. Gleichwohl verkündete 1910 ein bulgarischer General voller Stolz, mit 350.000 Soldaten sei sein Land das »militaristischste« der Welt.

So unterschiedlich die ca. 20 europäischen Staaten vor 1914 auch waren, so gab es dennoch zahlreiche Konvergenzen. Je leichter das Reisen dank der Eisenbahnen und Dampfschiffe wurde – beides unverzichtbare Symbole für diese Zeit –, desto stärker verflochten sich Staaten, Wirtschaften und Gesellschaften, die sich oft sehr genau beobachteten und voneinander zu lernen versuchten. Eine europäische Gesellschaft entstand zwar nicht (ob es sie heute gibt, ist auch sehr fraglich), aber es gab zahlreiche internationale Vernetzungen, wissenschaftliche Kongresse und Austauschprogramme, Vereinsgründungen auf globaler Ebene. Diese und ähnliche Prozesse werden durch Begriffe wie Urbanisierung, Technisierung, Bürokratisierung und viele mehr erfasst, die in den folgenden Kapiteln ausführlicher besprochen werden.

Wie bereits erwähnt, wird in diesem Buch nicht die Absicht verfolgt, eine additive europäische Geschichte zu schreiben. Dazu gibt es bereits vorzügliche Handbücher zu Europa, die im Literaturverzeichnis nachgewiesen werden. Auch an modernen Nationalgeschichten ist kein Mangel, in ausführlicher wie in kompakter Form. Wir nähern uns der Epoche in sechs Längsschnittanalysen zu den Themen Staat, Recht, Wirtschaft, Technik, Gesellschaft und Gewalt. All diese Dimension stehen in verschiedensten Wechsel- oder Bedingungsverhältnissen. Oder um es so zu formulieren: Aus ökonomischen Gegebenheiten entstehen soziale Fragen, aus denen (mitunter gewaltsame) Konflikte resultieren, die schließlich politisch verhandelt werden, bevor sie unter Umständen Eingang in die Gesetzgebung finden. In allen sechs Dimensionen zeigt sich, wie stark die Epoche von Wandlungsprozessen geprägt wurde; in den Fokus rücken wir dabei vor allem die Entwicklung des Staates, der zum Nationalstaat werden sollte, unter den Bedingungen der »Moderne«. Dieser Begriff hat sich für die um 1870/80 einsetzende Epoche etabliert, bedarf jedoch einiger Erläuterungen vorab.

Der Terminus *Moderne* taucht vor allem seit den 1980er Jahren in zahlreichen Wissenschaftsdisziplinen auf und ist längst in der Geschichte angekommen, zumindest in Deutschland. Seit den 1960er Jahren war zunächst noch häufiger von »Modernisierung« die Rede, und insbesondere die deutsche Sozialgeschichtsschreibung arbeitete sich an einer Modernisierungstheorie ab, die diese Prozesse oftmals als eine Fortschrittsgeschichte begriff. Modernisierung stand hier für solche Basisprozesse, die im nachfolgenden Abschnitt beschrieben werden. Mit dem begrifflichen Übergang zur »Moderne« wurden diese Entwicklungen nun nicht weniger wichtig oder gar in ihr Gegenteil verkehrt; vielmehr gerieten nun auch viel stärker die politischen, sozioökonomischen, kulturellen oder psychosozialen Kosten von Modernisierungsprozessen in den Blick: Die Moderne zeigte nun auch ihre seither vielberufene »Janusköpfigkeit«, indem sie konkreter auf eine umfassende oder mehrere historische Teilepochen bezogen wurde und nicht nur deren vermeintliche »Fortschritte« in Betracht zog. Statt umfassender theoretischer Erörterungen zum Moderne-Begriff folgen wir hier in erster Linie den kritischen Erwägungen, die der britische Globalhistoriker John Darwin eingebracht hat. Demnach steht »Moderne« für Ordnung, Disziplin, Hierarchie und Kontrolle. Charakteristische Merkmale sind unter anderen:

1) Ein organisierter Nationalstaat mit einer legitimen Regierung, die auf einer loyalen und gesetzestreuen Bürokratie fußt.
2) Ein kodifiziertes Privatrecht zum Schutz der Bürger und ihres Eigentums.
3) Ein starkes Wirtschaftswachstum auf der Grundlage des Industrie- und Finanzkapitalismus, beruhend in erster Linie auf naturwissenschaftlichem Wissen.
4) Die Säkularisierung der Lebenswelt durch eine »Entzauberung« des Wissens, beruhend auf allgemeiner Alphabetisierung und einer national identitätsstiftenden Schulbildung.

Unter Berufung auf viele andere Autoren ließen sich hier noch die Gleichzeitigkeit von Individualisierung und Massengesellschaft anführen sowie deutlicher die Einteilung der Staatenwelt nach nationalen Kriterien betonen. Die meisten dieser Begriffe und die dahinterstehenden Prozesse werden in diesem Band auch wieder aufgegriffen und eingehender analysiert. Wichtig ist dabei stets, dass Fortschritte und Schattenseiten gleichermaßen betrachtet werden sollen, um damit stärker den Erfahrungen der Zeitgenossen gerecht zu werden als nachträgliche Erfolgs- oder Niedergangsgeschichten. Um nochmals die globale Perspektive John Darwins einzunehmen: Die vier genannten Merkmale legen den Verdacht nahe, dass hier Entwicklungen beschrieben werden, die tatsächlich in Europa stattgefunden haben. Weltteile ohne diese »Fortschritte« werden dann als »unmodern« eingestuft – obgleich die Prozesse in Europa einerseits eben nicht gleichläufig waren, andererseits sich ähnliche Wandlungen auch in anderen Weltteilen durchaus vollzogen (etwa die Bürokratisierung Chinas lange vor Europa). Der größte Vorbehalt dürfte gegen den (unbewussten) Glauben vorzubringen sein, die Moderne berge »notwendige« oder gar »unvermeidliche« Transformationsprozesse. »Unvermeidlich« war die überlegene Waffengewalt der Europäer und ihr »Vernichtungswille« als Teil ihrer Militärkultur (Wolfgang Reinhard) gegenüber den Völkern und Staaten Afrikas und Asiens – alles andere ist eine Frage des wissenschaftlichen Standpunktes. Im Falle dieses Buches ist es ein europäischer, ohne eurozentrisch sein zu wollen.

Wesentlich länger als historischer Begriff eingeführt ist die *Nation*, auch wenn man vielleicht sagen kann, dass ihre eigentliche Historisierung erst in den 1980er Jahren begann. Aufbauend auf einige ältere Studien, fragte man erst jetzt intensiver nach den historischen und ideologischen Grundlagen dieses zentralen Bezugspunktes der Politik im 19. Jahrhundert. Mit der Französischen Revolution rückte die Nation als Souverän an die Stelle des Monarchen und sollte deckungsgleich werden mit dem Staat. Das heißt: Im Begriff der Nation steckte auch das Streben, National*staat* zu werden. Dies verlief in zwei Richtungen: Nach außen war das immer mit Kriegen verbunden, kein Nationalstaat kam ohne aus. Nationen waren aber auch erst nach innen zu schaffen, um ein Verständnis ihrer selbst zu etablieren; das geschah über Symbole, die einen nationalen Kommunikationsraum füllten, der mit modernen Massenmedien überhaupt erst ermöglicht wurde. Aber auch ganz praktisch strebten die Nationalstaaten danach, die Dinge zu vereinheitlichen: die unterschiedlichen Traditionen der Rechtsprechung, Maße und Gewichte, vor allem aber auch Bildungsinhalte in den überall in nationalstaatliche Aufsicht überführten Schulen. Der Nationalstaat war für seine Mitglieder ein attraktives Partizipationsversprechen, bot er doch – als Verfassungsstaat – politische Teilhabe und Rechtssicherheit, später dann auch soziale Wohlfahrt. Es gab aber keinen Nationalstaat, der nicht zunehmend auch die bedrängende Frage stellte, wer Teil der Nation sein solle; partizipative Inklusion ging also mit Marginalisierung oder Exklusion eine unauflösliche Verbindung ein – auch im Nationalismus zeigt die Moderne ihre Janusköpfigkeit. Jetzt erst tauchte daher auch der Terminus der »Minderheiten« in der politischen Sprache auf, und in der Vorstellung des souveränen und homogenen Nationalstaates wurden sie überall zum »Problem«: Katholische Iren in Großbritannien, Polen im Deutschen Reich, Juden in Russland, aber auch soziale Gruppen wie die politisch organisierten Arbeiter in den Industriestaaten. Vielfach zeigte sich dabei die Verschränkung von unveränderlichen Distinktionsmerkmalen, vor allem von Religion und Ethnie. Das war insbesondere auf dem Balkan zu beobachten, wo Juden von Christen verfolgt wurden, Christen von Muslimen und diese dann – nach erfolgter nationaler Sezession vom Osmanischen Reich – schließlich von den Christen. Im Grunde war aber überall in Europa zu beobachten, dass eine Nation nur schwer konkurrierende Loyalitäten sozialer oder religiöser Art anerkennt, solange sie sich nicht miteinander verbinden (zum Beispiel im Nationalprotestantismus). Der Druck zum klaren Bekenntnis war unterschiedlich und zeigte sich nicht immer in offener Gewalt wie etwa in der Form ethnischer Säuberungen (▶ Kap. 7.4), aber er war überall und stets vorhanden. Dieser Druck konnte sich auch nach außen zeigen, zum Beispiel im Streben von Nationen in Vielvölkerstaaten nach Autonomie. Diese Probleme zeigten sich in Südost- und Osteuropa, vor allem nach dem Ersten Weltkrieg, als das »Selbstbestimmungsrecht der Völker« zur uneinlösbaren Maxime wurde.

1.3 Basisprozesse des 19. Jahrhunderts

Aufmerksame Zeitgenossen aus den Sozialwissenschaften haben bereits um 1900 herum Begrifflichkeiten geprägt, die noch heute als »Etiketten« entweder für das 19. Jahrhundert in Gänze oder auch nur für die Jahrzehnte vor der Epochenscheide des Ersten Weltkrieges in Gebrauch sind. Manche haben ein hohes Abstraktionsniveau und meinen (je nach Gebrauch) oft ganz unterschiedliche Dinge. Andere hingegen scheinen eindeutiger zu sein. Sie alle können jedoch auch stellvertretend für wichtige Entwicklungen und Trends verwendet werden und sind daher dazu geeignet, zentrale Basisprozesse vorzugsweise der zweiten Jahrhunderthälfte mit einem Wort zu erfassen. Einige von ihnen werden einleitend aufgegriffen und mit wenigen Worten skizziert, ohne Anspruch auf Vollständigkeit; dabei handelt es sich weniger um eindeutige Definitionen als um historisch hergeleitete Annäherungen an unterschiedliche Themen, die sich wechselseitig bedingen und in komplexen Strukturen miteinander verbunden sind. Wo möglich, wird auf weitere Informationen zu den Basisprozessen in den folgenden Sachkapiteln verwiesen. Wichtige Begriffe wie Bürokratisierung (▶ Kap. 2.2), Demokratisierung (▶ Kap. 2.3 und 2.4) oder Urbanisierung (▶ Kap. 4.2) bleiben hier außen vor, da sie in späteren Kapiteln aufgegriffen und erläutert werden.

Emanzipation/Emanzipierung

Damit werden in der Regel verschiedene, voneinander unabhängige Prozesse beschrieben, die zumeist mit fundamentalen Rechtsakten einhergehen. Im Übergang von der Feudalgesellschaft zur bürgerlichen Gesellschaft emanzipierte sich zunächst die kleine Gruppe des Bürgertums, die staats- und gesellschaftstragend wurde. Im Anschluss daran ist die in Deutschland sogenannte Bauernbefreiung zu nennen, von der in vorkapitalistischer Zeit die große Mehrheit der europäischen Agrargesellschaften betroffen ist. Dieser gesamteuropäische Prozess findet in den 1860er Jahren in Russland seinen Abschluss. Weiterhin wird auch die bürgerliche Gleichstellung der jüdischen Minderheiten im Zuge der Verfassungsgesetzgebung als Emanzipation bezeichnet. Zu unterscheiden ist dabei formal zwischen einmaligen Rechtsakten wie etwa im revolutionären Frankreich einerseits und der stufenweisen Verbesserung wie in den deutschen Staaten andererseits. An der Modernisierung der Judenfeindschaft zum Antisemitismus seit den 1870er Jahren zeigt sich, dass rechtliche Gleichstellung und vorurteilsfreie soziale Integration im modernen Nationalstaat nicht zwangsläufig einhergehen (▶ Kap. 7.3). Schließlich werden die vielfältigen Versuche, durch politisch-soziales Engagement die Stellung der Frauen in den männlich dominierten Bürgergesellschaften zu verbessern, als Emanzipation bezeichnet. Hier waren die Ziele sehr unterschiedlich, je nach Land oder gesellschaftlicher Schicht. Mindestens ging es um die Verbesserung der Chancen im Bildungswesen und Arbeitsleben sowie um rechtliche Gleichstellung in den paternalistischen bürgerlichen Gesetzbüchern (▶ Kap. 3.4) bis hin zur Forderung nach vollständiger Gleichheit und damit nach politischer Teilhabe im Wahlrecht (▶ Kap. 4.4). Auch die Entwicklung zu einer fast überall verbreiterten Wählerbasis, die zu den zentralen politischen Auseinandersetzungen bis in den Weltkrieg hinein gehört, kann zu den Emanzipationsprozessen gerechnet werden (▶ Kap. 3.3). Gemeint ist damit insbesondere die Integration der Arbeiterschaft als neuer sozialer Schicht in den Staat.

Fortschritt

Die kulturelle Selbstwahrnehmung zumindest der west- und mitteleuropäischen Gesellschaften war durch den manifesten Glauben an umfassende Fortschrittlichkeit geprägt. Die Zukunft erschien gestaltbar, gerade angesichts erst jüngst erreichter Verbesserungen für eine Vielzahl von Menschen: Eine zumindest rudimentäre Schulbildung wurde Standard, Kanalisationen und die moderne Medizin trugen ebenso zu gesünderen Lebensbedingungen bei wie eine verbesserte Ernährungsgrundlage durch steigende Reallöhne. Das wirtschaftliche Wachstum ging bis zum Weltkrieg ungebremst weiter, und schließlich verbreitete sich im »europäischen Jahrhundert« seine Zivilisationsidee bis in fast jeden Winkel der Erde – und Europa interessierte sich noch wenig dafür, was »Zivilisation« hier bedeuten und anrichten konnte. Um 1900 wuchsen jedoch die Zweifel, überall machten sich Anzeichen einer Kulturkrise breit. Das Heraufkommen der modernen Massengesellschaft mit ihrer beschleunigten Massenkommunikation schien das Individuum vor immer weitere Herausforderungen zu stellen und die persönliche Freiheit einzuschränken (▶ Kap. 4.2). Der Fortschrittsglaube wich hier und da einer desillusionierten Wirklichkeitswahrnehmung, die im extremen Falle auf die befreiende Wirkung eines »Großen Krieges« hoffte.

Globalisierung

Globalisierung ist ein schillernder Begriff der Wissenschafts- und politischen Alltagssprache seit den 1990er Jahren, der längst Eingang in historische Debatten gefunden hat und dazu dient, Aufbau, Verdichtung und Bedeutung weltweiter Vernetzung in allen Daseinsbereichen zu umschreiben. Das heißt: Mit Globalisierung ist nicht (nur) eine Zustandsbeschreibung der Gegenwart mit ihren historischen Ursachen gemeint. Der Begriff selbst wird historisiert und lenkt den Blick auf globale Verflechtungen ökonomischer, politischer oder zivilgesellschaftlicher Art; diese können wachsen und erodieren, sind damit wie alle historischen Phänomene stetigen Wandlungsprozessen unterworfen. Im Gegensatz zu allen anderen hier genannten Begriffen beschreibt Globalisierung aber keinen lokalen, regionalen oder nationalen Prozess, sondern einen weltweiten. Für die Epoche nach 1870 geht die Forschung schon lange von einer intensiven wirtschaftlichen Verflechtung aus, hauptsächlich zwischen den Metropolen und ihren Kolonien in Afrika und Asien, freilich aber auch für den Warenverkehr mit den aufstrebenden USA und den südamerikanischen Staaten. Es konnte jedoch gezeigt werden, dass auch jenseits des Wirtschaftskreislaufs eine massive »Internationalisierung« (so der zeitgenössische Begriff) zivilgesellschaftlicher und politischer Art Einzug hielt (▶ Kap. 3.2). Mit dem Beginn des 20. Jahrhunderts, spätestens jedoch mit dem Ersten Weltkrieg, wurde aus der europäischen Pentarchie zudem ein Weltstaatensystem, zu dem anfangs als Großmächte die USA und Japan (nach dem erfolgreichen Krieg gegen Russland 1904/05) stießen, während beispielsweise Österreich-Ungarn als Imperium ganz von der Landkarte verschwand.

Individualisierung

Auf den ersten Blick scheint es paradox: Das enorme Bevölkerungswachstum in Europa mündete um 1900 herum in urbanisierte Massengesellschaften, die mit immer feineren Verfahren die Menschen zählten, einordneten, nach Schichten oder Gruppen klassifizierten und als Nationen sie in Massenheeren schließlich in den Weltkrieg schickten – das Individuum schien nur noch kleinster Teil einer anonymen Masse zu sein. Gleichwohl wird spätestens mit dem Einsetzen der Aufklärung von einem Prozess der Individualisierung gesprochen, der alle sich wirtschaftlich und politisch modernisierenden Gesellschaften erfasst habe. Was ist also darunter zu verstehen? Im Prinzip waren es die gerade angesprochenen Basisprozesse, die zu einer Individualisierung geführt haben. Vereinfacht lässt sich sagen, dass die ökonomisch bedingte Migration in die größer werdenden urbanen Zentren (▶ Kap. 4.2) zur Auflösung tradierter Familienverhältnisse in der Heimatgemeinde führte. Familie und Gemeinde boten bisher Schutz vor Lebensrisiken wie Hunger, Arbeitslosigkeit oder Krankheit; diese Bande funktionierten auf Distanz nicht mehr und wurden nach und nach aufgefangen durch korporative Gemeinschaften wie etwa Gewerkschaften und Vereine (▶ Kap. 4.2), später auch durch den Staat (▶ Kap. 2). Als weiteres Kennzeichen der Individualisierung ist die Entwicklung von der Ständegesellschaft zur bürgerlichen Gesellschaft rechtsgleicher Individuen zu nennen: Der Mensch tritt dem Staat nunmehr alleine gegenüber, kann individuell seine Rechte einklagen, nicht mehr als Teil eines Berufs- oder Geburtsstandes. Gerade hier ist aber kritisch einzuwenden, dass »Mensch« in diesem Falle »Mann« heißen müsste: Für Frauen galten eben noch andere Rechte im Arbeitsleben und der Familie (▶ Kap. 3.4 und 4.4).

Kapitalismus und Industrialisierung

Der schillernde Begriff des Kapitalismus entstand in der zweiten Hälfte des 19. Jahrhunderts. Zunächst in kritischer Absicht von der politischen Linken verwendet, fand er dennoch schnell Eingang ins (bürgerliche) sozialwissenschaftliche Vokabular, wo er zu einem zentralen Begriff der Zeitdiagnose wurde. In diesem Spannungsfeld zwischen Wissenschaft und politischer Polemik steht er bis heute, aber in jüngerer Zeit wurde er kulturwissenschaftlich quasi neu entdeckt und erforscht. Als erklärungsbedürftig gelten dabei vornehmlich seine globale Dimension und deren theoretische Durchdringung in der Geschichte. In systematischer Hinsicht können zwei weitere Ebenen unterschieden werden, die den Begriff für die Wissenschaft fruchtbar machen: Zunächst beschreibt Kapitalismus ein Wirtschaftssystem, das aber aufgrund seiner Spezifik auch enorme Auswirkungen auf das soziale Leben hat und Gesellschaften umprägen kann. Kurz gesagt handelt es sich um eng verbundene ökonomische und sozioökonomische Zusammenhänge. Es überrascht nicht, dass der »moderne Kapitalismus« (Werner Sombart) gerade um 1900 von Sozialwissenschaftlern »entdeckt« und zur Analyse der selbst erlebten Moderne genutzt wurde, denn erst ihnen wurde der »grundstürzende Umwandlungsprozess« (Max Weber) des gesamten Kulturlebens durch den Kapitalismus beispielsweise mit der Entstehung der Arbeiterklasse vor Augen geführt. Hier zeigte er seine gesellschaftsprägende Kraft an einem konkreten Beispiel, und zugleich wurde erkannt, dass dieser Prozess irreversibel war: Ein Zurück in den feudalen Patriarchalismus war nicht mehr möglich.

Auch wenn der Begriff erst spät entstand, so hatte er doch eine viel längere Vorgeschichte; das macht eine knappe Definition nicht leichter. Folgt man Jürgen Kocka, dann beruht Kapitalismus zunächst auf »individuellen Eigentumsrechten und dezentralen Entscheidungen«, anders gesagt auf rechtlich freien Bürgern, die unternehmerisch tätig werden. Sodann werden alle Beziehungen über Märkte und Preise geregelt: also zwischen den Akteuren, das Verhältnis von Angebot und Nachfrage oder schlicht der Wettbewerb; auch die sozialen Klassen/Schichten sind an die Märkte gebunden. Da Kapitalismus schließlich nicht simples Gewinnstreben ist, sondern auf einem rationalen Betrieb beruht, ist nun drittens die Investition und Reinvestition von Kapital in Erwartung von Gewinnen entscheidend für dieses Wirtschaftssystem: *Heute* wird Kapital investiert, damit *morgen* ein Gewinn reinvestiert werden kann. Kapitalistisch zu wirtschaften heißt also, immer neuen Gewinn zu erstreben, um rentabel zu sein.

Die Entwicklung des Kapitalismus seit dem 18. Jahrhundert wurde häufiger als universalhistorischer Prozess beschrieben, der allenfalls mit der Sesshaftwerdung des Menschen verglichen werden könne. Diese Bedeutung war nur möglich im Verbund mit der Industrialisierung, die in Großbritannien einsetzte und spätestens in den 1850/60er Jahren mit großer Geschwindigkeit auch Zentraleuropa erreichte. Der revolutionierende Prozess umfasste die Technisierung/Maschinisierung von Produktion unter Nutzung zunächst fossiler Energiequellen (statt menschlicher oder tierischer Muskelkraft) in zumeist arbeitsteiligen Produktionsbetrieben, die Fabriken genannt werden. An diesem Ort zeigte sich die Verbindung von Industrialisierung und Kapitalismus in sozialhistorischer Hinsicht am klarsten: Erst in den Fabriken wurde freie Lohnarbeit auf der Grundlage von Arbeitsverträgen zum Massenphänomen. Wie »frei« die Arbeiter dabei tatsächlich waren und sein konnten, ist freilich umstritten: Schnell wurden krasse Gegensätze in den gewerblich-industriellen Arbeitsbedingungen deutlich, ökonomische Herrschaftsverhältnisse wurden zur Basis sozioökonomischer Konflikte – und führten damit auch zur Entstehung der industriellen Arbeiterschaft als neuer sozialer Klasse, die sich politisch zusammenschloss und zumindest Reformen einforderte, in zumeist eher rhetorischer Radikalität aber auch die revolutionäre Abschaffung der kapitalistischen Klassengesellschaft. Der Staat reagierte auf diese Herausforderungen zunächst mit Arbeiterschutzgesetzen, bevor er sich zum Wohlfahrts- oder Sozialstaat weiterentwickelte, der Daseinsrisiken eindämmen sollte. Damit hob der Industriekapitalismus schließlich auch den Staat auf eine neue Ebene (▶ Kap. 2.5).

Rationalismus/Rationalisierung

In einer berühmten Formulierung hat der Soziologe Max Weber die vielfältigen Prozesse der Rationalisierung in der Moderne als eine »Entzauberung der Welt« bezeichnet. Er meinte damit das Wissen oder den Glauben, dass der Mensch nun dazu in der Lage sei, die Welt alleine Kraft technischer Berechnung beherrschen zu können; er bedurfte dazu nicht mehr des Glaubens an jenseitige Mächte. Im Zeichen rationaler Wissenschaft entstand damit ein Weltbild grenzenloser Machbarkeit, in der nichts mehr unmöglich schien. Der Rationalismus lag offen zutage etwa in der Technisierung des Alltags, ebenso in der weltweiten

Verbreitung technischer Standards oder der bürokratischen Ordnung der industrialisierten Arbeitswelt. Auch der Staat wandelte sich; an die Stelle traditionaler Herrschaft durch Adel und Klerus war bürokratisiertes Verwaltungshandeln getreten, das auf rationaler (und meist kodifizierter) Rechtsgrundlage nachprüf- und einklagbar war. Aber auch an diesem zentralen Signum der Moderne zeigten sich deutliche Schattenseiten. Weber selbst, als einer ihrer klarsten Diagnostiker, fürchtete bürokratische Erstarrung als dystopische Endvision, ein »stahlhartes Gehäuse« der Hörigkeit, die »Parzellierung der Seele« und die »Alleinherrschaft bürokratischer Lebensideale« – schlicht Unfreiheit. Hinzu kommt, dass der moderne Mensch zwar vermittels rationaler Wissenschaft die Welt technisch beherrschen mag, diese ihm jedoch nicht sagen kann, wie er leben soll – ungeachtet zahlloser Versuche, auf wissenschaftlicher Basis ganze Gesellschaften neu zu ordnen. Ganz im Gegenteil drängte sich aufgrund der Erkenntnis vom historischen Gewordensein aller Dinge (Historismus) ein Werterelativismus auf, der desintegrierend wirken konnte. Lange ging die Forschung auch von einer Säkularisierung der Glaubenswelten im Zuge des Rationalismus aus; heute wird jedoch klarer, dass es sich eher um eine Neuformatierung und Emotionalisierung religiöser Diskurse handelte. Dem verbreiteten Gefühl von Entfremdung und Orientierungsverlust in einer Welt beschleunigten Wandels stellten sich nicht zuletzt »irrationale« Lebensreformbewegungen und Heilslehren entgegen, die eine andere Form der Weltflucht anboten – Mythos statt Rationalität.

1.4 Fin de Siècle oder Belle Époque?

Nimmt man die Jahreszahlen der Epoche genau, dann beginnt sie mit einem »kleinen« Krieg zwischen Deutschland und Frankreich, und sie endet mit dem »Großen Krieg« – der offiziell zwar 1919 beendet wurde, dem sich aber noch zahlreiche Konflikte um die neuen Staatsgründungen anschlossen. Erst 1923 schwiegen in ganz Europa erstmals wieder die Waffen. Jetzt waren auch die Nachfolgekriege beendet, die oft mehr Opfer gefordert hatten als der Weltkrieg zuvor, ein typisches Merkmal von Bürgerkriegen. Im Osten wüteten die »Baltischen Befreiungskriege«, der russisch-polnische Krieg und der russische Bürgerkrieg. In der Türkei tobte der Unabhängigkeitskrieg gegen Griechenland, in Irland ein zweijähriger Bürgerkrieg. Es ließen sich noch zahlreiche weitere Beispiele anführen, die in ganz Europa den im Krieg massiv gesteigerten Druck auf die nationale Homogenität belegen (▶ Abb. 2).

Die Epoche begann und endete also mit Gewalt, aber ihr Beginn bestimmte nicht ihr Ende, nichts musste so kommen. Ein knapper Blick auf die Dimensionen, mit denen sich dieses Buch der Zeit von 1870 bis 1920 nähert, lässt erkennen, wieviel Hoffnung und Aufbruch auch in dieser Epoche zu erkennen war – auch, wenn das nicht immer für alle Menschen gleichermaßen galt:

1) Der moderne *Staat* minimierte durch seine Eingriffe elementare Daseinsrisiken wie Hunger und Seuchen, der entstehende Wohlfahrtsstaat fing die Risiken der industriellen Moderne auf und ermöglichte einen Zuwachs an Lebenschancen.
2) Der liberale *Rechts*- und Verfassungsstaat wurde zum Normalfall und gewährte zunehmende Partizipationsrechte.
3) Die industrialisierte *Wirtschaft* gab einer wachsenden Bevölkerung Arbeit, steigerte den Wohlstand aller und besiegte den Hunger in Europa.
4) Moderne *Technik* verband die Menschen miteinander, machte Reisen erschwinglicher und brachte Licht ins Dunkel auch kleinerer Hütten. Die großen Weltausstellungen zeigten ungeahnte Möglichkeiten für die Zukunft auf.
5) Die heraufziehende Massen*gesellschaft* ermöglichte endlich auch Frauen die Vernetzung, um für ihre Rechte gemeinsam zu werben und zu kämpfen.
6) Zwar rüsteten die Staaten immer weiter auf, aber physische *Gewalt* war nicht allgegenwärtig, zwischenstaatlich konnten sogar zahlreiche Konflikte vermieden werden.

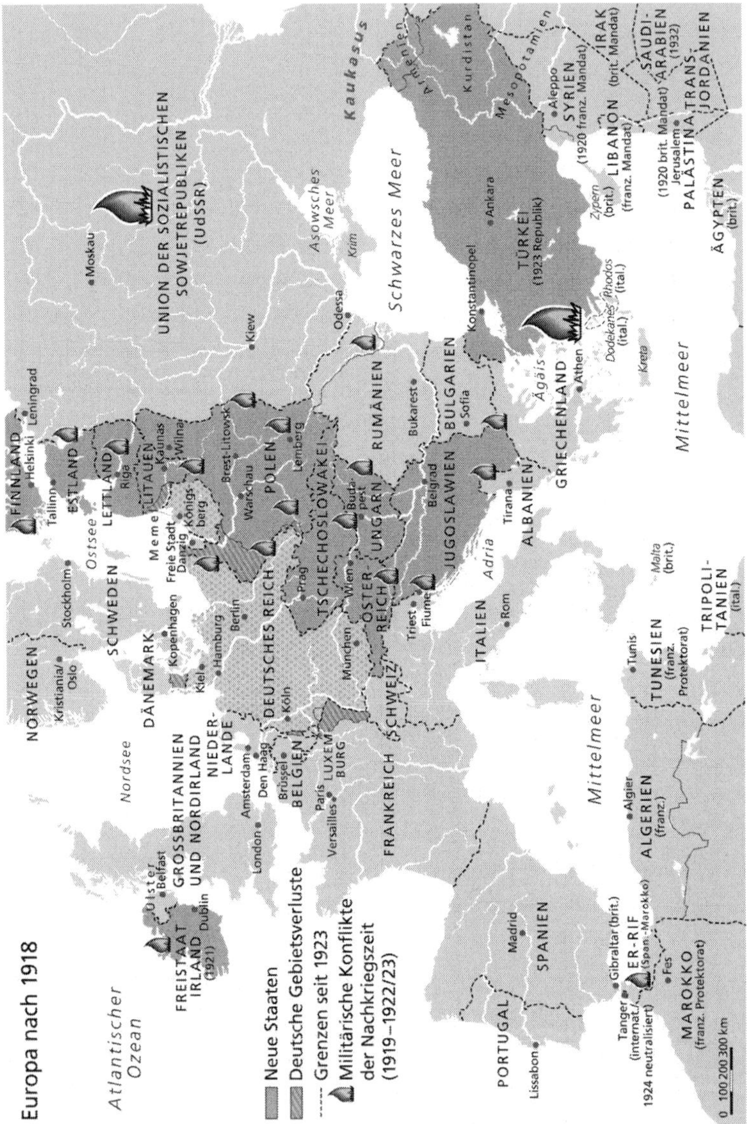

Abb. 2: Militärische Konflikte in Europa nach dem Ersten Weltkrieg.

Abb. 3: Weltausstellung in Paris, 1900.

Die industrialisierte Moderne um 1900 war eine Zeit rasanter Veränderungen, die an den Zeitgenossen nicht unbemerkt vorüberging. Ganz im Gegenteil rechnet man zum Grundbestand der Moderne auch ihre sensible Selbstwahrnehmung, ihre »Reflexivität«. So überrascht es nicht, dass mit all den Auf- und Durchbrüchen, der Demokratisierung und Technisierung, dem vermeintlich unaufhaltsamen Fortschritt schlechthin auch ein gehöriges Maß an Zeit- und Kulturkritik einherging. Die Widersprüchlichkeiten der Moderne wurden nicht erst im Rückblick deutlich, sondern schon von aufmerksamen Zeitgenossen registriert. Gegenwartsbegeisterung und Zivilisationskritik verdichteten sich in den Begriffen *Belle Époque* und *Fin de Siècle* – zukunftsfroher Optimismus und nagende Ungewissheit. »Zivilisationskritik« war vielfältig, insbesondere politisch nicht nur einem Lager zugehörig. Sie konnte als Lebensreformbewegung, völkischer Nationalismus oder schlicht als Zeitkritik auftreten. In der Rückschau besonders bemerkenswert waren aber vielleicht die Strömungen, die aus Überdruss an der Moderne auf einen »Großen Krieg« hofften – während Pazifisten wie Wilhelm Lamszus schon 1912 *Das Menschschlachthaus* beschworen und recht genau ahnten, was in einem »Großen Krieg« passieren würde.

Abb. 4: Aufgegebener deutscher Schützengraben in der Somme-Schlacht, September 1916.

Vielleicht zeigt sich in dieser Widersprüchlichkeit das herausragende Merkmal der Hochmoderne nach 1870: Sie barg in sich nicht nur das Potenzial, sondern auch die Bereitschaft, ihre eigenen Grundlagen zu zerstören.

1.5 Fazit

Seit dem wirtschaftlichen Aufschwung der 1850/60er Jahre in Teilen West- und Mitteleuropas kann man den Abschluss des Übergangs von der liberal-bürgerlichen zur industriellen Massengesellschaft konstatieren. Im Süden dauerte das noch länger, im Osten Europas erst recht. Aber grundsätzlich sind auf dem ganzen Kontinent vergleichbare Prozesse zu beobachten, die nur nicht gleichförmig oder gleichzeitig abliefen. Am Ende setzte sich überall die industrialisierte Hochmoderne durch: mit ihrer rational-bürokratischen Organisation in Staat und Wirtschaft oder den Emanzipationsbestrebungen neuer sozialer Schichten. Auch der nationale Verfassungsstaat wurde fast überall zur Norm und setzte das fort, was mit der Französischen Revolution begonnen hatte. Die Zeit stand einerseits unter dem Signum vielfältiger Fortschritte in den Dimensionen, die dieses Buch im Folgenden analysieren wird. Den Menschen boten sich zahlreiche neue Chancen – aber diese waren auch immer mit Risiken und Gefährdungen verbunden, denen der Einzelne hilflos ausgeliefert sein konnte. Der fortschreitenden Individualisierung stellten sich Prozesse der einhegenden Normierung und Standardisierung entgegen, die einerseits neue Orientierungsmöglichkeiten in einer unübersichtlicher werdenden Zeit boten. Zugleich verlangten diese aber oftmals auch eine neue Uniformität und wirkten wiederum disziplinierend auf die europäischen Gesellschaften ein. Diese Janusköpfigkeit der Moderne zeigt sich nicht zuletzt im Konzept der Nation: Es bot Inklusion wie Exklusion gleichermaßen, und damit auch stets Partizipation und Aggression. Daran hat sich bis heute nichts geändert, und so spiegelt sich die aktuelle Erfahrung der Postmoderne in der Zeit der Industriemoderne wider.

2 Staat

2.1 Vorbemerkungen

Neben der Transformation der feudalen Agrar- zu kapitalistischen Industriegesellschaften ist die fortschreitende Herausbildung moderner Staatlichkeit einer der bestimmenden Prozesse des 19. Jahrhunderts, die bis heute wirksam sind. Auch hier bildet die Französische Revolution eine markante Epochenscheide, da sich in ihrem Gefolge – mal schneller, mal sehr langsam – die staatlichen Strukturen in Regierung und Verwaltung nachhaltig wandelten. Insbesondere rückte mit dem Vordringen moderner Verfassungsstaatlichkeit (▶ Kap. 3.3) überall die Frage nach politischer Partizipation der Bürger in den Vordergrund.

Diese Prozesse waren bereits in der ersten Hälfte des 19. Jahrhunderts in Gang gekommen und beschleunigten sich vor allem in West- und Mitteleuropa im Verbund mit der wirtschaftlichen Transformation, dem Bevölkerungswachstum und der Herausbildung weiterer Nationalstaaten in der zweiten Jahrhunderthälfte. In den sich herausbildenden Massengesellschaften entstand ein vielfacher Regulierungsbedarf, dessen Bewältigung man nicht länger alleine den freien Kräften des Marktes zutraute. Auch auf dem Gebiet der Sozialpolitik verschafften sich selbst im liberal-konservativen Bürgertum immer mehr Stimmen Gehör, die nach mehr staatlichem Engagement verlangten, um die schlimmsten Auswüchse einer rechtlich noch kaum eingehegten Industrialisierung zu begrenzen. Dieser Prozess hatte früh mit der Einschränkung der Kinderarbeit begonnen, erreichte in den 1880er Jahren mit der Sozialgesetzgebung des Deutschen Reiches aber eine neue Qualität.

Bevor wir uns diesen Fragen widmen und dazu die wesentlichen Staatsformen analysieren, soll es zunächst um die Klärung der Frage gehen, was einen (modernen) Staat überhaupt ausmacht und wie er sich bis 1870 entwickelte.

2.2 Die Entstehung des modernen Staates

Es gibt keine verbindliche Definition für die politische Ordnung, die seit der Antike »Staat« genannt wird. Zu viele Wissenschaften – von der Jurisprudenz und Philosophie über die Geschichte bis hin zu den ausdifferenzierten Sozialwissenschaften (vor allem Politologie und Soziologie) – sind an der Debatte beteiligt, als dass sich Einigkeit erzielen ließe. Erschwerend hinzu kommt, dass im deutschen Staatsbegriff traditionell ein viel größerer Subtext mitgedacht wird als in den meisten anderen europäischen Sprachen; gerade in deutschen Texten des 19. Jahrhunderts wird dem Staat, in Tradition des hegelianischen Idealismus, eine spezifische »Würde« zuerkannt, die ihm in anderen Ländern nicht beigemessen wurde. Worauf beruht nun dieses »moderne« Staatsverständnis? Es nicht überraschend, dass zentrale Elemente dieser Auffassungen erst um 1900 entwickelt wurden.

Aus juristischer Sicht ist die Definition des Heidelberger Staatsrechtslehrers Georg Jellinek bedeutsam geworden. Laut seiner »Drei-Elemente-Lehre« wird ein Staat durch ein dauerhaft zusammenlebendes Staatsvolk konstituiert, das auf einem festgelegten Territorium existiert und durch eine allseits anerkannte Regierung geleitet wird. Aus soziologischer Sicht hat Max Weber diese Definition um das Element der legitimen Herrschaft erweitert und damit das Monopol physischer Gewaltanwendung hervorgehoben, das im Gegensatz zu früheren Zeiten nun alleine dem zentralisierten Staat zustehe. Für einen *historisch-konkreten* Staatsbegriff lassen sich daher mindestens fünf hauptsächliche Eigenschaften herausarbeiten, die den modernen Staat von vormodernen politischen Gemeinschaften (*transhistorisch-universaler* Staatsbegriff) unterscheiden: Die *Ein-*

heitlichkeit von (1) Staatsgebiet (klare Außengrenzen), (2) Staatsvolk (Sesshaftigkeit und Dauerhaftigkeit der Mitglieder) und (3) Staatsgewalt (Souveränität eines zentralen Herrschaftsträgers) – sowie schließlich das *Monopol legitimer physischer Gewaltanwendung* (4) nach innen (Verwaltung, Polizei, Justiz) und (5) nach außen (Kriegsführung).

Nimmt man diese Kernelemente als Ausgangspunkt, dann erschließt sich beispielsweise, dass weder das Heilige Römische Reich noch der Deutsche Bund Staaten waren, da ihnen die Einheitlichkeit der Staatsgewalt fehlte.

Die dreifache Betonung des Prinzips der Einheitlichkeit verweist bereits hier auf ein zentrales Problem moderner (National-)Staatlichkeit: den homogenisierenden Anspruch des Nationalstaates mit seinem Drang zur Vereinheitlichung seiner Bürger. Weitere politische und rechtliche Qualitäten treten hinzu: So ist er im Normalfall Rechts- und Verfassungsstaat (► Kap. 3.3), entwickelt sich im 19. und 20. Jahrhundert zum Nationalstaat und bekennt sich in ganz unterschiedlichen formalen Graden (mit noch größeren Unterschieden in der Verfassungsrealität) zu demokratischen Prinzipien wie dem allgemeinen Wahlrecht. Insbesondere die Verfassungsstaatlichkeit änderte das politische Beziehungsgefüge in den Staaten entscheidend, worauf weiter unten genauer einzugehen ist. Alleine Russland erhielt erst 1906 eine Verfassung, die die traditionellen Rechte des Zaren aber kaum einschränkte.

Die Gründe für diese Entwicklung waren vielfältig und von Land zu Land recht unterschiedlich, sie können hier nur idealtypisch vereinheitlichend für Europa kurz rekapituliert werden. Die Etablierung stehender Heere wie überhaupt Militär und Kriegsführung hatten einen kaum zu unterschätzenden Einfluss auf die Herausbildung moderner Staatlichkeit seit dem 16. Jahrhundert, als sich allmählich ein europäisches Staatensystem ausbildete, das beständig in Kriege verwickelt war. Der Politikwissenschaftler Charles Tilly hat das auf die einfache Formel gebracht: Der Krieg machte den Staat und der Staat machte den Krieg. Im Grunde knüpfte er damit an den deutschen Verfassungshistoriker Otto Hintze an, für den der Krieg »das große Schwungrad für den gesamten politischen Betrieb des modernen Staates« geworden sei. Das heißt: Im Zuge der Modernisierung der Kriegsführung in der Frühen Neuzeit erstrebten die europäischen Staaten ein Gewaltmonopol, das lokale oder

Infobox 1: Otto Hintze über die Herausbildung des modernen Staates

»In den Feudalreichen des Mittelalters hat sich der grundbesitzende Kriegerstand neben der Geistlichkeit die Ausübung der wichtigsten politischen Funktionen vorbehalten oder angeeignet, und die Entstehung des modernen Staates ist im wesentlichen nichts anderes als der Vorgang einer Verstaatlichung dieser feudalen Gesellschaftsorganisation. Dabei entsteht dann unter der Botmäßigkeit der souveränen, d. h. absoluten Staatsgewalt, eine neue individualistisch aufgebaute bürgerliche Gesellschaft, die den Normen eines allgemeinen Privatrechts unterworfen ist; und diese bürgerliche Gesellschaft emanzipiert sich schließlich weitgehend von der Botmäßigkeit des absoluten Staates und steht dem voll entwickelten modernen Staat, dem liberalen Staat des 19. Jahrhunderts als eine ebenbürtige Organisation des Volkes auf individualistischer Basis gegenüber, durch die parlamentarische Repräsentativverfassung mit ihm verknüpft, aber sonst in einer staatsfreien Sphäre sich bewegend.«

Quelle: O. Hintze, Wesen und Wandlung des modernen Staats [1931], in: Ders., Staat und Verfassung. Gesammelte Abhandlungen zur allgemeinen Verfassungsgeschichte, hg. von G. Oestreich, 2. Aufl. Göttingen 1962, S. 470–496, hier S. 473.

private Gewaltakteure auszuschließen versuchte. Die Unabhängigkeit nach außen sowie das Gewaltmonopol im Inneren wurden nun zum Nachweis staatlicher Souveränität. Zur Finanzierung der wachsenden Heere war eine Intensivierung und Rationalisierung der Steuererhebung notwendig, die zum Aufbau staatlicher Bürokratien führte. Dieser Prozess intensivierte sich seit dem 18. Jahrhundert, indem der Staat immer weitere Aufgaben an sich zog und diese mithilfe professioneller Beamter seiner Regelungskompetenz unterwarf. Entscheidend für diese Entwicklungen war schlicht die Existenz mehrerer rivalisierender Staaten, so dass ein souveräner Staat zum Machtstaat werden musste, um sich behaupten zu können; das galt zunehmend auch für den internationalen Handelsverkehr, der bis zur Französischen Revolution immer wieder ein wichtiger Kriegsgrund war.

Trotz dieser dauerhaften Rivalität, bei der Krieg stets *ultima ratio* blieb, stellte sich eine Machtbalance der Großmächte ein, die zunächst nur durch Napoleons hegemoniale Ansprüche temporär erschüttert wurde. Nach 1815 kam es bis zum Ersten Weltkrieg nicht mehr zu Kriegen zwischen mehr als zwei Großmächten in Europa (▶ Kap. 7.5) – das war eine erstaunliche Leistung des internationalen Staatensystems. Auch ehemalige Handelsrivalitäten spielten nun zwischen den immer stärker vernetzten bürgerlich-kapitalistischen Gesellschaften als Kriegsgrund keine Rolle mehr. Im 19. Jahrhundert hatte sich der liberale Rechts- und Verfassungsstaat mit seiner individualistischen Grundstruktur herausgebildet, der nun die Rechte seiner Bürger verbürgte und sicherte (▶ Kap. 3.4). Neben die individuellen Freiheiten traten nun auch die Staatsverfassungen, die eine Gewaltenteilung in Judikative, Legislative und Exekutive garantierten und zur Absicherung eine entsprechende Verwaltungsgerichtsbarkeit einführten, die einen ordentlichen Rechtsweg für jeden Bürger sichern sollte. Damit war schließlich eine Stufe erreicht, bei der die ehemaligen Untertanen zu Staatsbürgern und damit zu Vertretern der Nation wurden; sie übernahmen quasi die Souveränität, die ehemals die Fürsten innehatten. Zum Wesen des modernen Staates um 1900 war der bürgerlich-nationale Charakter geworden: bürgerlich vor allem in seinen Rechtsprinzipien, national in seinem Streben nach umfassender Einheitlichkeit des »Volkes«. Aus der Frage, wer zu diesem gehört und damit Teil der Nation sein sollte, erwuchsen zentrale politische Probleme, die spätestens mit dem Ersten Weltkrieg die europäische Landkarte veränderten.

Soweit die »äußerliche« Beschreibung der Herausbildung des modernen Staates; er zeichnete sich aber auch durch zahlreiche grundlegende Reformen und Maßnahmen wie die Kartografierung des Staatsgebietes, die regelmäßige Zählung der Bevölkerung oder auch die Vereinheitlichung einer Vielzahl unterschiedlicher Maße aus. Einen vorläufigen Höhepunkt des Staatsinterventionismus fand diese Entwicklung im Ersten Weltkrieg; nun ging man fast überall dazu über, im Zeichen der »Kriegswirtschaft« intensiv in die bislang weitgehend freien Märkte einzugreifen, um die Industrieproduktion kriegsrelevanter Güter zuungunsten der Konsumgüter zu steigern (▶ Kap. 5.7). Zudem hatte sich seit Mitte des 19. Jahrhunderts insbesondere am Beispiel Preußens und des Deutschen Reiches der enge Zusammenhang zwischen technischen Innovationen (Eisenbahnen, Telegrafie) und moderner Kriegsführung gezeigt (▶ Kap. 6.2). Jenseits dieser Bereiche war der europäische Staat vor allem im Gesundheitswesen und in der Bekämpfung des Hungers erfolgreich; durch die Verbesserung von Anbaumethoden, vor allem aber dank günstigerer und schnellerer Transportwege kam es zumindest im Westen nach 1850 nicht mehr zu Ernährungskrisen. Auch die verstaatlichten Bildungssysteme erwiesen sich zumindest in der Vermittlung von elementaren Kenntnissen als erfolgreich; das hatte durchaus militärische Gründe, entsprang hier und da aber auch den Ansprüchen einer aufgeklärten Gesellschaft freier Individuen sowie den Interessen einer Wirtschaft, die zunehmend besser qualifizierte Arbeitskräfte benötigte. In den staatlichen Schulen wurden die teilweise neu entwickelten Nationalsprachen oder die zu solchen deklarierten Dialekte gelehrt (in Italien beispielweise das Florentinische), darüber hinaus aber auch ein nationaler Bildungskanon, der hauptsächlich historisch integrierend wirken sollte. Schließlich ist hier bereits auf die Entstehung des Interventions- und Sozialstaats hinzuweisen, ein ebenso bis heute andauerndes Reformprojekt modernen Staatlichkeit; darauf wird weiter unten ausführlicher eingegangen (▶ Kap. 2.5).

Mit der Modernisierung des Staates ging notwendigerweise auch eine Reform der Herrschafts- und Verwaltungsstrukturen einher. Um 1800 herum entstand, ausgehend von Frankreich, ein neues Ressortsystem in den Regierungen, das die Aufgaben nach Sachgesichtspunkten in verschiedene Politikfelder aufteilte. So entstanden zunächst die Ministerien für Krieg, Inneres, Äußeres, Justiz und Finanzen, später kamen weitere (wie beispielsweise Kultus) hinzu. Mit dieser Aufteilung wuchsen auch die Ansprüche an die Bürokratie, ohne die der moderne Staat nicht denkbar ist. Der Soziologe Max Weber hat idealtypisch die Bedingungen herausgearbeitet, auf denen ein modernes Beamtentum ruht. Zentrale Neuerungen waren zum Beispiel eine professionelle Ausbildung (etwa mit vorhergehendem Universitätsstudium) mit einer sich anschließenden transparenten Hierarchie in den Ämtern, einer klar strukturierten Karriereleiter und vorschriftsmäßigen Beförderungen aufgrund nachweisbarer Leistungen im Dienst. Dieser selbst wurde entpersonalisiert, das heißt: Die Beamten dienten dem Staat, nicht dem Landesfürsten; jederzeit war klaren und unpersönlichen Routinen zu folgen. Die Amtskommunikation nach innen und außen war stets schriftlich mithilfe von Formularen, Verwaltungsakten und Ähnlichem zu führen; auch damit sollte eine strenge Regelhaftigkeit der Amtsführung gewährleistet werden. Vor dem Hintergrund der Rationalisierung und Verrechtlichung des Staates im 19. Jahrhundert war schließlich die Gleichheit des Ämterzugangs für alle Bürger entscheidend: Alleine nachweisbare Leistungen sollten die Gewähr für den Zugang zum Staatsdienst bieten, nicht mehr Standesprivilegien oder Ämterkauf. Nach diesem Muster entwickelten sich in ganz Europa die Staatsverwaltungen mit unterschiedlichem Tempo, um 1870 herum hatten sich aber in fast ganz Europa zentrale Elemente einer rationalen Verwaltung etabliert.

Der moderne Staat zeichnete sich vor allem aus durch das Bemühen um eine Zentralisierung und Professionalisierung der Verwaltung, die regelmäßige Besteuerung seiner Bürger, deren Heranziehung zum verpflichtenden Wehrdienst (ohne die Möglichkeit des zuvor oft gültigen Freikaufs) und nicht zuletzt die Einführung der allgemeinen Schulpflicht. Auch dies sind nur Idealtypen, die einen allgemeinen Trend charakterisieren, von dem es überall Abweichungen gab. So lässt sich beispielsweise Frankreich als klassisches Beispiel eines stark zentralisierten Staates analysieren (noch bis 1884 wurden etwa die Bürgermeister von den Präfekten ernannt, nicht gewählt), während der Zentralismus in Deutschland – bis heute – seine Grenze im Föderalismus fand, auch nach der Reichsgründung 1871. Die Schweiz ist ein Beispiel dafür, dass Föderalismus auch politisch befriedend wirken konnte, wenn die Zentrale auf wichtige Regelungskompetenzen zugunsten der Regionen mit ihren unterschiedlichen Sprachmehrheiten verzichtete. »Nationale« Konflikte zwischen Deutsch-Schweizern und den italienisch- bzw. französischsprachigen »Minderheiten« gab es nicht, weil sie eben nicht als »nationale Minderheiten« verstanden wurden.

2.3 Staatsform und Staatsorganisation

An der Wende zum 20. Jahrhundert existierten in Europa ungefähr 20 Staaten (heute sind es 47). Von diesen können lediglich vier als Republiken bezeichnet werden (Schweiz, Frankreich, San Marino sowie Portugal ab 1910), alle anderen waren Monarchien. Im Hinblick auf manche Großerzählungen, die das 19. Jahrhundert auf einen Oberbegriff zu bringen versuchen, überrascht das zunächst: Es war vom »Jahrhundert der Revolutionen« ebenso die Rede wie vom »Bürgerlichen Jahrhundert«, schließlich von der »Demokratisierung« bei der Durchsetzung des Nationalstaates. Auch die Rede von der Massengesellschaft in den Industriestaaten zielt auf eine zunehmende politische Bedeutung der nicht-adeligen Zivilgesellschaft mit ihren Massenmedien und Massenparteien ab (▶ Kap. 2.4 und 4.2). Bei genauerer Betrachtung zeigt sich jedoch, dass solche Etikettierungen keineswegs im Widerspruch zur Langlebigkeit der Monarchie als wesentlicher Staatsform über alle Revolutionen und politischen Ideologiebildungen stehen; der Historiker Jürgen Osterhammel hat im globalen Maßstab sogar von einer »Neuerfindung der Monarchie« gesprochen. Ein wesentlicher Grund dafür ist im »Wandel durch Selbstbehauptung« (Dieter Langewiesche) zu sehen, also einem Lern- und Transformationsprozess monarchischer Ordnung seit der Französischen Revolution. Trotz aller Tendenzen der Demokratisierung und Parlamentarisierung schien die Monarchie nicht entbehrlich zu sein, wie sich dann auch an den Staatsneubildungen etwa auf dem Balkan seit den 1870er Jahren beispielhaft zeigte. Selbst in der politischen Kultur republikanischer Staaten konnte sich ein Traditionsüberhang verfestigen, da Konservative und Liberale den »anonymen« Massen und ihrem politischen Einfluss weiterhin misstrauten: Nicht ohne Grund wurde aufgrund der starken Stellung des französischen Präsidenten von einem »Monarchen ohne Erbrecht« (Réne Rémond) gesprochen. Auch noch in der nachrevolutionären Weimarer Republik war die verfassungsmäßige Stellung des Reichspräsidenten ganz bewusst so stark gebildet worden, dass schon Zeitgenossen von einem »Ersatzkaiser« sprachen. Es gilt also zu fragen, welche Wandlungen die Selbstbehauptung in erster Linie ermöglichten, bevor sie dann in manchen Teilen Europas quasi über Nacht verschwand.

Mit der jüngeren kulturhistorischen Forschung wird man die politische Bedeutung von Machtrepräsentationen im öffentlichen Raum nicht mehr unterschätzen wollen. Die großen europäischen Fürstenhöfe befriedigten wesentlich stärker als die Republiken das Bedürfnis nach Identitätsstiftung durch Feste, Jubiläen und unterhaltende Massenaufzüge in glanzvollen Uniformen; dabei wird auch oft übersehen, dass sich die Monarchen dieser Zeit öffentlich stets prunkvoll uniformiert präsentierten. In diesen Zusammenhang gehört auch die emotionalisierende familiäre Kennzeichnung des Monarchen als »Landesvater« oder im britischen Falle als »Mother of the Nation«. Es wurde sogar argumentiert, dass die Bedeutung monarchischer Repräsentation umgekehrt proportional zum politischen Bedeutungsverlust anstieg. Über die schnelle Verbreitung – zunehmend auch von Fotografien und Bildern – höfischer Nachrichten sowie Klatsch und Tratsch in den entstehenden Massenmedien wirkten die Fürstenhäuser im besten Falle integrierend auf die nationalen Gesellschaften. Gerade für einen Vielvölkerstaat wie das Habsburger-Reich war eine symbolisch integrierende Funktion des Herrscherhauses unverzichtbar.

Die Integrationskraft der Monarchie zeigte sich aber auch auf internationalem Parkett, indem sie neue Staaten in die Mächteordnung der Pentarchie (vier Monarchien, eine Republik) eingliederte. Das heißt: Ohne gekröntes Haupt fehlte die äußere Legitimation durch die europäischen Großmächte, einfacher gesagt deren staatliche Anerkennung. Bei den neuen Nationalstaaten Italien und Deutschland war das unproblematisch aufgrund der traditionellen Bedeutung ihrer wichtigsten Fürstenhäuser (Piemont-Sardinien und Preußen), deren symbolisches Kapital sehr hoch war. Auf dem Balkan lag die Sache anders: Alle neu entstandenen Nationalstaaten bekamen einen Monarchen aus einer hochrangigen europäischen Fürstenfamilie, zumeist aus dem Deutschen Reich. Nur so ließen sich diese Staaten europäisch integrieren, glaubten bei allen Vorbehalten auch die bürgerlichen Politiker auf dem Balkan selbst. Die damit einhergehenden Probleme, etwa Unkenntnis über Land und Leute, erst recht der Sprache, spielten anfänglich keine Rolle: Griechenland wurde seit 1835 von den bayerischen Wittelsbachern regiert, gefolgt von der dänischen Linie des Hauses Sonderburg-Glücksburg; in Rumänien entschied man sich 1866 für einen Hohenzollern aus der katholischen Linie Sigmaringen (bis 1947) – die gleiche Linie, aus der Spanien 1870 vergeblich einen Thronfolger favorisierte. Bulgarien krönte 1879 einen hessischen Monarchen aus dem Hause Battenberg, der 1886 auf Druck Russlands durch einen Vertreter des Hauses Sachsen-Coburg-Gotha-Kotháry abgelöst wurde. Lediglich in Serbien etablierten sich zwei führende heimische Adelsgeschlechter, die sich in den Jahrzehnten bis zum Weltkrieg immer wieder erbittert bekämpften.

Monarchien leiteten ihre Legitimation traditionell aus dem Gottesgnadentum des Herrschers ab. Mit der zunehmenden Verrechtlichung und Rationalisierung des Staates und seiner Verwaltungspraxis verlor dieser Bezug jedoch zunehmend an politischer Bedeutung und ideeller Überzeugungskraft. Zwei Prinzipien lösten diese tradierte Begründung von Herrschaft ab: Mit der Durchsetzung des nationalen Gedankens in der Französischen Revolution wurde die Monarchie zum Verfassungsstaat. Im Zentrum stand dabei insbesondere das Kompetenzverhältnis zwischen Monarch und Parlament. Diese in allen Staaten zu beobachtende politische Auseinandersetzung zwischen monarchischem Prinzip und Parlamentsmacht tendierte grundsätzlich in Richtung parlamentarischer Kontrolle des Monarchen; zumindest die Budgethoheit der Parlamente wurde fast überall bis zum Ersten Weltkrieg in Europa erreicht. Dabei gab es jedoch sehr große Unterschiede: In Großbritannien hatte sich schon lange die parlamentarische Monarchie durchgesetzt, in der die Regierung alleine vom Willen des Parlaments abhing und die Monarchin lediglich repräsentative – aber damit keineswegs unwichtige – Aufgaben wahrnahm. Auf der anderen Seite des Spektrums stand Russland, wo auch die Verfassung von 1906 die Zarenherrschaft nicht konstitutionalisierte. Dazwischen bewegten sich Großmächte wie Deutschland und Österreich-Ungarn. Hier behielten die Kaiser wichtige Sondervollmachten, etwa bei der militärischen Stellenbesetzung, dem Oberbefehl über die Armee oder bei der Rekrutierung des diplomatischen Korps, das daher noch recht lange adlig dominiert blieb. Auf einer symbolischen Ebene verband sich die traditionelle göttliche Legitimation nun aber auch mit der Volkssouveränität der Nation; je weiter das Wahlrecht ausgebaut wurde (▶ Kap. 3.3), desto wichtiger wurde die Fähigkeit der gekrönten Oberhäupter, das »Volk« angemessen zu repräsentieren. Die Monarchie blieb deshalb lebensfähig, weil sie sich mit dem aufkommenden Nationalismus verband und in der Krone Vergangenheit und Gegenwart symbolisch vereinigte, also tradierte Legitimation und nationale Integration aller Untertanen miteinander verknüpfte. Mit diesen Kompromissen war die Monarchie bei traditionellen Eliten ebenso erfolgreich wie im aufsteigenden Bürgertum. Das war auch in multinationalen Reichen wie Österreich-Ungarn so, in denen es keinen gemeinsamen nationalen Bezugspunkt jenseits des Monarchen geben konnte. Allerdings fiel es zunehmend schwerer, diese Integrationsrolle angesichts zentrifugaler nationalistischer Tendenzen zu erfüllen.

Von den *Staatsformen* Monarchie und Republik lassen sich zwei *Organisationsformen* staatlicher Ordnung unterscheiden. In der älteren Forschung hatte man das 19. Jahrhundert noch als das der *Nationalstaaten* bezeichnet; in einflussreichen Beiträgen hat der Historiker Theodor Schieder eine Typologie von Nationalstaaten gemäß ihren Entstehungsbedingungen entworfen, die sich chronologisch und räumlich ineinander fügten. Bei Großbritannien und Frankreich handelt es sich demnach um »revolutionäre« Nationalstaaten: Hier lag jeweils ein halbwegs geschlossenes Territorium vor, bevor sich in revolutionären Prozessen im 17./18. Jahrhundert die Nation durchsetzte. Italien und Deutschland entsprechen sodann dem Typus des »unifizierenden« Nationalstaates, der aus zuvor getrennten Teilen zusammengefügt wurde (wie fast alle anderen Nationalstaaten durch Kriege). Die Balkanstaaten der 1870er und des frühen 20. Jahrhunderts sind schließlich Beispiele für den »sezessionistischen« Idealtypus, der durch Abspaltung aus multinationalen Reichen entsteht; diesem Typus entsprachen auch alle Nachfolgestaaten Österreich-Ungarns, Russlands und des Osmanischen Reichs nach dem Ersten Weltkrieg. Diese Typisierung ist heute noch gebräuchlich, bedarf aber einiger Einschränkungen, um der historischen Realität näher zu kommen. Zunächst: Theoretisch »reine« Nationalstaaten existierten so gut wie gar nicht, fast überall gab es die – erst um 1900 herum so empfundenen – »Minderheiten«, die zunehmend als problematisch wahrgenommen werden konnten: Katholische Iren in Großbritannien, Basken in Frankreich und Spanien, Polen und Dänen im Deutschen Reich – von den Vielvölkerstaaten im Osten und Südosten hier zu schweigen. Weiterhin bedeutete die Gründung des Nationalstaates noch nicht sein tatsächliches Vorhandensein: Am Deutschen Reich lässt sich sehr gut nachvollziehen, wie in den 1870/80er Jahren der Prozess der Vereinheitlichung von Rechten, Maßen und Gewichten erst in Gang kam; das Bürgerliche Gesetzbuch (▶ Kap. 3.4) trat erst 1900 in Kraft. Aber selbst in einem vermeintlich prototypischen Nationalstaat wie Frankreich dauerte es lange, bis sich die Bauern ebenso wie Stadtbewohner als Zugehörige einer Nation betrachteten. In Italien schließlich zeigte sich in den 1860er Jahren, dass die Nationalstaatsgründung ein Elitenprojekt des Nordens war: In den sogenannten Brigantenkriegen, in denen von der Einigung enttäuschte Räuberbanden und Freischärler im Süden gegen die Truppen des Nordens kämpften, soll es mehr Tote als in den Einigungskriegen zuvor gegeben haben. Bis heute ist die kulturelle und ökonomische Kluft zwischen Norden und Süden Italiens immens.

Die Einschätzung, das 19. Jahrhundert sei eines der Nationalstaaten gewesen, wird seit einiger Zeit aus Sicht der Globalgeschichte kritisch hinterfragt: Manche ihrer Vertreter sehen ein nationalstaatliches Zeitalter frühestens im 20. Jahrhundert anbrechen, gelegentlich sogar erst mit dem Dekolonisationsprozess nach 1945, während sie im 19. Jahrhundert eher das Gewicht des Nationalismus als Ideologie betonen. In dieser Zeit favorisieren sie als Staatsorganisationstyp das »Imperium« als »Normalfall«. Was ist damit gemeint, und inwiefern unterscheiden sich die beiden Typen?

Ähnlich wie für den Staat gibt es für das Imperium keine verbindliche Definition. Im Gegensatz aber zum Nationalstaat, der frühestens im 19. Jahrhundert aufkommt, gab es schon in der Antike Imperien in Asien und Europa. Aufgrund so unterschiedlicher räumlicher, zeitlicher und kultureller Kontexte ist der *Reichs*begriff historisch meist stark mit Sinnzuschreibungen behaftet, die eine analytische Begriffsprägung erschweren. Dazu sind mit dem Aufstieg der Globalgeschichte zahlreiche Überlegungen angestellt worden, die hier nicht detailliert nachvollzogen werden können. Hervorzuheben ist allerdings die Selbstverständlichkeit, mit der in der historischen Forschung seit dem 19. Jahrhundert der Nationalstaat zum Normalfall zumindest »moderner« Staatenentwicklung erklärt wurde. Demgegenüber mussten Imperien wie Österreich-Ungarn oder das Zarenreich aufgrund ihrer fehlenden innerstaatlichen und gesellschaftlichen Homogenität als rückständig oder unterlegen erscheinen, als Anachronismen im vermeintlichen Zeitalter des Nationalstaates;

der Ausgang des Weltkrieges schien das zu belegen. Seit dem Ende des Ost-West-Konflikts hat sich diese Dichotomie aufgelöst, gelegentlich bis hin zum vorzeitigen Abgesang auf den Nationalstaat angesichts der Globalisierung oder supranationaler Organisationen wie der Europäischen Union, die von ihren Mitgliedern die Aufgabe gewisser nationaler Souveränitätsrechte verlangt. Andererseits rückten Begriffe wie *Imperium* und *Empire* so stark ins Interesse der Forschung und der politischen Alltagssprache, dass der analytische Wert aufgrund einer wachsenden Bedeutungsvielfalt fast schon wieder zweifelhaft zu werden schien. Es bleibt aber möglich und sinnvoll, einige idealtypische und markante Eigenschaften von Imperien zu benennen. Dazu zählen ihre schiere räumliche Größe, die ethnische Diversität, die Vielzahl zusammengesetzter Territorien, schließlich ausgesprochen komplexe und sich wechselseitig beeinflussende Verhältnisse zwischen dem imperialen Zentrum (zumeist »Metropole« genannt) und der Peripherie. Von diesen Merkmalen ausgehend, zeigt sich schnell, dass die europäische Geschichte seit dem 15. Jahrhundert wesentlich länger von Imperien als von Nationalstaaten dominiert wurde. Das war auch in der Epoche nach 1870 so: Alle Staaten der Pentarchie waren Imperien, ebenso wie das aufstrebende Italien mit seinen afrikanischen Kolonien. Besonders klar ist dies am Britischen Empire zu sehen, das auf allen Kontinenten aktiv war; dahinter folgte Frankreich mit großen Besitzungen in Afrika und Asien, aber auch noch manchen kleinen in Lateinamerika. Österreich-Ungarn und Russland als Vielvölkerstaaten waren kontinentale Imperien, das heißt umgekehrt: Ein Imperium in dieser Zeit zeichnet sich nicht zwingend durch koloniale Besitzungen (oder Bestrebungen) aus. Belgien und die Niederlande waren zwar Kolonialstaaten, aber keine aktiven Imperien mehr im oben beschriebenen Sinne. Imperien konnten sich also stark im Ausmaß ihrer Aktivitäten unterscheiden, weshalb es auch sinnvoll ist, von einer Vielzahl von Imperialismen auszugehen, denen zudem unterschiedliche Motivlagen ökonomischer oder politischer Natur zugrunde liegen konnten. Abschließend sei nochmals auf Großbritannien hingewiesen, das als »imperialer Nationalstaat« (Jürgen Osterhammel) bezeichnet wurde. Das heißt: Die beiden Organisationsformen widersprechen sich nicht, vielmehr rückten sie immer fester zusammen, je wichtiger im Verlaufe des 19. Jahrhunderts der Gedanke der »Nation« wurde. Gerade England, in vorimperialer Zeit geeint, zeigte sich meisterhaft darin, seine nationalen Interessen als »zivilisatorisch« (»White Man's Burden«) – und damit imperial – zu definieren.

Der spezifische Charakter von Imperien stellt sich am besten im Vergleich zum Nationalstaat heraus; hier seien nur einige zentrale Punkte zusammengefasst: Der wohl attraktivste Gedanke der Nation ist ihr Partizipationsversprechen, also die Teilhabe rechtsgleicher Bürger (anfangs nur die männlichen) an der Verwaltung des Gemeinwesens; Voraussetzung dafür ist eine integrierte nationale Gesellschaft mit einer halbwegs einheitlichen Kultur (vor allem der Sprache) und einer freien Informationsverbreitung. Im Gegensatz dazu weist das Imperium eine asymmetrische Herrschaftsstruktur zwischen Peripherie und Zentrum auf, ohne soziale oder kulturelle Integration der peripheren Mitglieder; daher gibt es keine imperiale Gesellschaft, deren Teile frei miteinander interagieren können. Ganz im Gegenteil ist das Verhältnis von Zentrum und Peripherie unausweichlich durch Zwang gekennzeichnet, um die geringe ideologische Kohäsion auszugleichen.

Die Dominanz imperialer gegenüber nationalstaatlichen Strukturen nach 1870 ist nicht zu übersehen, und tatsächlich geht sie noch einige Jahrzehnte über 1920 hinaus. Zwar zerbrechen die genannten Vielvölkerreiche, aber Großbritannien und Frankreich können ihre globale Macht festigen und sogar ausbauen; im Ersten Weltkrieg waren sie auch deshalb erfolgreich, weil sie – im Gegensatz zu Deutschland – ihre imperialen Ressourcen in Form von Rohstoffen, aber auch Soldaten mobilisieren konnten. Schließlich entstehen mit der Sowjetunion und den USA neue »Global Player«, die die Vorherrschaft (West-)Europas über die Erde beenden; auch Japan war seit dem Sieg über Russland 1905 als imperiale Macht anerkannt. Die Frage nach der Bedeutung von Imperien hat aber, neben der rein inhaltlichen nach dem europäischen Kolonialismus, noch mindestens eine forschungspraktische Konsequenz: Sie zwingt geradezu zur Historisierung des Nationalstaats und seiner Einschätzung als »Normalfall« und eröffnet damit eine differenzierende Perspektive, Europa – bei aller Dominanz – als Teil der Welt zu begreifen.

2.4 Staat und Partizipation

Als Verfassungsstaaten mit nationalen und bisweilen regionalen Parlamenten (die auf unterschiedlich eingeschränkten Wahlrechten beruhten; ► Kap. 3.3) sowie mit kommunaler Selbstverwaltung boten namentlich die Staaten West- und Mitteleuropas zuvor ungeahnte Möglichkeiten bürgerschaftlicher Teilhabe an den öffentlichen Belangen; das war insbesondere seit der Jahrhundertmitte immer stärker wahrnehmbar. Eine wesentliche Voraussetzung dafür war die Kommunikationsrevolution, die mit dem Aufstieg der Massengesellschaften einherging (► Kap. 4.2). Das stetig wachsende Eisenbahnnetz verband die Menschen räumlich, auch über nationale Grenzen hinweg; mit dem Ausbau staatlicher Bildungseinrichtungen, die mindestens rudimentäre Fähigkeiten wie Lesen und Schreiben vermittelten, wuchs zugleich die Leserschaft unter einer immer größeren Zahl informationswilliger Bürger. Es entstanden nationale Öffentlichkeiten, die sich in vielen Bereichen auch schon transnational vernetzten. Der Ausbau staatlicher Tätigkeiten und die Partizipation der Bürger bedingten sich gegenseitig und sind vor allem in zwei Bereichen zu beobachten. Zum einen ist die Entwicklung individueller staatsbürgerlicher Rechtsgleichheit fundamental für die Entwicklung der europäischen Staaten im 19. Jahrhundert: Aus Untertanen wurden Bürger mit Rechten und Pflichten – auch wenn damit vornehmlich nur die männlichen Mitglieder gemeint waren. Zu den wesentlichen Pflichten dem Staat gegenüber gehörten die Schulpflicht, das Zahlen von Steuern sowie die Ableistung mehrerer Jahre (meist zwei oder drei) in den Wehrpflichtigenarmeen. Auf der anderen Seite resultierte gerade aus dem Militärdienst die Teilhabe am Wahlrecht und damit den öffentlichen Angelegenheiten (► Kap. 3.3); es ist kein Zufall, dass gerade im Weltkrieg überall dort, wo das allgemeine Wahlrecht noch nicht galt (wie etwa in Preußen), die vollständige Gleichstellung der zurückkehrenden Soldaten gefordert wurde: Wer sein Leben für die Nation aufs Spiel setzte, sollte kein geringeres Stimmrecht haben als alle anderen. Auf einer überindividuellen Ebene entwickelten sich aus der staatsbürgerlichen Teilhabe bei Wahlen die ersten politischen Parteien, deren Aufgaben und Möglichkeiten der Mitgestaltung – je nach

Verfassung – sehr unterschiedlich sein konnten. In jedem Falle bündelten sie die divergierenden Interessenlagen der Gesellschaftsschichten, die sie in der Regel repräsentierten. Wie entwickelten sich diese Parteien, und welche politischen Ideologien standen dahinter?

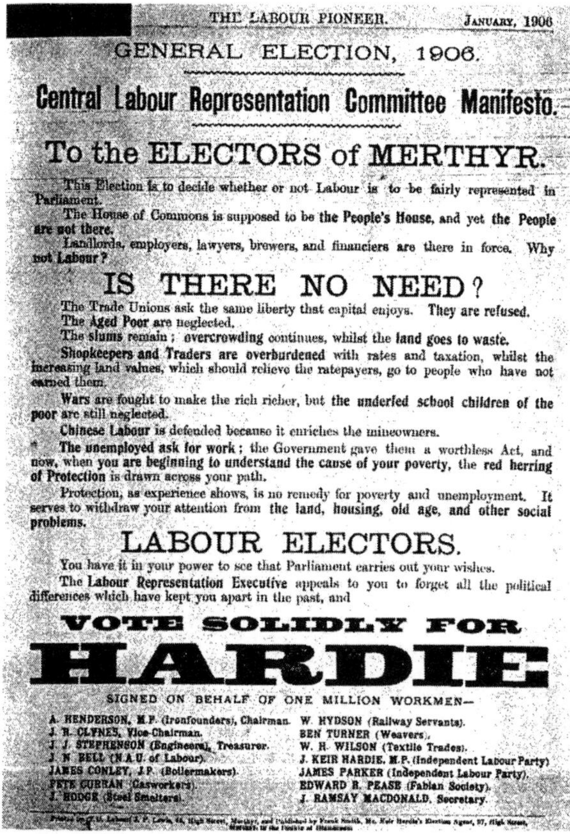

[redacted] THE LABOUR PIONEER. JANUARY, 1906

GENERAL ELECTION, 1906.

Central Labour Representation Committee Manifesto.

To the ELECTORS of MERTHYR.

This Election is to decide whether or not Labour is to be fairly represented in Parliament.

The House of Commons is supposed to be **the People's House**, and yet **the People are not there.**

Landlords, employers, lawyers, brewers, and **financiers** are there in force. Why **not Labour?**

IS THERE NO NEED?

The Trade Unions ask the same liberty that capital enjoys. **They are refused.**

The **Aged Poor** are neglected.

The **slums** remain; **overcrowding** continues, whilst the **land goes to waste.**

Shopkeepers and Traders are overburdened with rates and taxation, whilst the increasing land values, which should relieve the ratepayers, go to people who have not earned them.

Wars are fought to make the rich richer, but **the underfed school children of the poor** are still neglected.

Chinese Labour is defended because it enriches the mineowners.

The unemployed ask for work; the Government gave them a worthless Act, and now, when **you are beginning to understand the cause of your poverty**, the **red herring of Protection** is drawn across your path.

Protection, as experience shows, is no remedy for poverty and unemployment. It serves to withdraw your attention from **the land, housing, old age, and other social problems.**

LABOUR ELECTORS.

You have it in your power to see that Parliament carries out your wishes.

The **Labour Representation Executive** appeals to you to forget all the political differences which have kept you apart in the past, and

VOTE SOLIDLY FOR

HARDIE

SIGNED ON BEHALF OF ONE MILLION WORKMEN—

A. HENDERSON, M.P. (Ironfounders), Chairman.
J. R. CLYNES, Vice-Chairman.
J. J. STEPHENSON (Engineers), Treasurer.
J. N. BELL (N.A.U. of Labour).
JAMES CONLEY, J.P. (Boilermakers).
PETE CURRAN (Gasworkers).
J. HODGE (Steel Smelters).
W. HYDSON (Railway Servants).
BEN TURNER (Weavers).
W. H. WILSON (Textile Trades).
J. KEIR HARDIE, M.P. (Independent Labour Party)
JAMES PARKER (Independent Labour Party).
EDWARD R. PEASE (Fabian Society).
J. RAMSAY MACDONALD, Secretary.

Abb. 5: Wahlaufruf des Vorsitzenden der Labour-Party, Keir Hardie, zur Unterhauswahl 1906.

Im Gefolge der Französischen Revolution hatten sich drei politische Ideologien entwickelt, die nicht nur für das 19. Jahrhundert bestimmend wurden: Liberalismus, Konservatismus und Sozialismus. Aus diesen Strömungen gingen später fast alle politischen Parteien hervor, mit Ausnahme der faschistischen Bewegungen des frühen 20. Jahrhunderts, die nach dem Weltkrieg entstanden. Parteien- und ideologiegeschichtlich waren sie in ihrem Radikalismus neu und eine Geburt des Krieges selbst, trotz aller Bausteine, die sich zuvor schon im Konservatismus und Sozialismus finden ließen. Der Konservatismus repräsentierte ein durchaus breites Spektrum politischer Werte, war aber besonders in agrarischen Gebieten verbreitet. Er repräsentierte Bauern ebenso wie Handwerker, wurde an der Spitze jedoch von adligen und hochbürgerlichen Eliten in Staat und Gesellschaft getragen. Ähnlich breit aufgestellt war der Liberalismus als Vertreter der urbanen bürgerlichen Ober- und Mittelschicht. Bis in die 1870er Jahre hinein empfand er sich selbst oft noch als Vertreter der Arbeiterinteressen, diskutierte zugleich aber auch den Umfang von deren Emanzipation. Vor den ungebildeten Unterschichten, denen man ein eigenes politisches Urteil (noch) nicht zutraute, herrschte eine manifeste Angst, weshalb die Forderung nach dem Allgemeinen Wahlrecht kein Ziel war, auf das sich alle Liberalen verständigen konnten. Im Sozialismus sah dies anders aus, hier stand das Gleichheitspostulat im Zentrum der politischen Programmatik, bis hin zur Gleichstellung der Frauen. Anfangs war die Rhetorik meist ausgesprochen revolutionär, schwächte sich dann aber vor allem in Mittel- und Nordeuropa ab, während im Süden oft anarchistische Gruppierungen weniger als Partei denn öffentlichkeitswirksam durch Attentate in den Fokus drängten. In den Parlamenten dominierten anfangs zumeist Konservative und Liberale, einen sozialistischen oder sozialdemokratischen Ministerpräsidenten gab es nirgendwo, Minister (wie kurzzeitig der Franzose Millerand) waren die absolute Ausnahme. Das änderte sich jedoch mit der Jahrhundertwende.

Die Parteiensysteme in Europa waren sehr unterschiedlich, ebenso wie der Organisationsgrad der Parteien selbst. Je nach den konkreten Umständen im Land bildeten sich aus konfessionellen oder nationalen Minderheiten eigene Parteien. Eine schichtenübergreifende Ausnahme waren zum Beispiel katholische Parteien, die in Belgien zeitweise sogar die Mehrheit stellten und in Deutschland bis 1933 eine stabile Anhängerschaft hatten. Das katholische *Zentrum* und die Sozialdemokratie sind klassische Beispiele für Parteien, die ein »sozialmoralisches Milieu«

(M. Rainer Lepsius) hinter sich versammeln konnten; die Identitätsbildung ging hier weit über das eigentlich Politische hinaus und erstreckte sich bis in den Alltag der Menschen über Vereine und die Kirche. In Nordeuropa, das noch längere Zeit agrarisch geprägt blieb, bildeten sich starke und einflussreiche Bauernparteien, die es in dieser Form anderswo nicht gab. Großbritannien ist insofern ein Sonderfall, als sich hier zunächst nur zwei Parteien gebildet hatten, Konservative und Liberale. Das war einerseits dem Mehrheitswahlrecht geschuldet, das in den Wahlkreisen stets klare Verhältnisse schuf. Es hatte aber auch mit einer Besonderheit in der Arbeiterbewegung zu tun: Hier hatten sich sehr früh Unterstützungskassen, »Friendly Societies« und ähnliche Assoziationen gegründet, die mit großem Pragmatismus auf konkrete Verbesserungen für die Arbeiterschaft drängten. Im Vordergrund stand hier keine revolutionäre Programmatik, sondern Arbeiterschutz, Lohnerhöhung, Arbeitszeiten und vieles andere. Viel länger als auf dem Kontinent verstand sich hier noch der Liberalismus als Vertreter proletarischer Interessen; die *Labour Party* wurde so erst 1900 (von den Gewerkschaften!) gegründet und errang schnell politischen Einfluss. In West-, vor allem aber Südeuropa zeigte sich ein weiterer wichtiger Unterschied in der Betrachtung des politischen Arms der Arbeiterbewegung: Während sich beispielsweise im Deutschen Reich schon 1875 die beiden sozialdemokratischen Parteien vereinigten, existierten beispielsweise in Frankreich noch länger sehr unterschiedliche sozialistische Strömungen, die sich in Fragen des Klassenkampfes und vielen weiteren Punkten uneins waren. In Italien kam es 1892 unter Filippo Turati zur Einigung der sozialistischen Strömungen, aber wie in Deutschland brachen im Weltkrieg die lange schwelenden ideologischen Konflikte wieder auf und es entstanden Abspaltungen, aus denen schließlich kommunistische Parteien hervorgingen. In Italien war, wie auch in Frankreich, zudem der Anarchismus sehr stark, ohne freilich Parlamentssitze zu erstreben. Eine weitere Besonderheit war schließlich im Vielvölkerstaat Österreich-Ungarn zu beobachten, wo sich die Parteien immer stärker national ausdifferenzierten. Besonders gut lässt sich auch dies wieder an den sozialistischen Parteien beobachten, die unter Viktor Adler auf einen revisionistischen Kurs eingebogen waren, um mehrheitsfähig zu werden. Ungeachtet der internationalistischen Orientierung des demokratischen Sozialismus wurden aber auch hier die nationalen Interessen immer stärker, so dass sich 1897 sechs nationale Sektionen bildeten, die auf ihre Eigenständigkeit pochten und im Reichsrat (dem Abgeordnetenhaus) eigene Klubs (Fraktionen) bildeten.

Mit dem fortschreitenden Ausbau des Wahlrechts und dem rasanten Bevölkerungswachstum entstanden fast überall in Europa »politische Massenmärkte« (Hans Rosenberg), für die auch eine Vielzahl neuer politischer Zeitungen und Zeitschriften standen (▶ Kap. 4.2). Mit der wachsenden Politisierung der Massen stieg auch die Wahlbeteiligung sukzessive an, so dass in diesem Sinne von einer Demokratisierung der Gesellschaften gesprochen werden kann. Bei aller Unterschiedlichkeit der Verfassungen im Detail: Den nationalen Parlamenten stand überall in Europa mit dem Budgetrecht das wichtigste Mittel politischer Einflussnahme zur Verfügung. Damit ist aber nicht das historisch sehr variable Verhältnis von Demokratisierung und Parlamentarisierung geklärt; im Zusammenhang mit der Erörterung des Verfassungs- und Wahlrechts (▶ Kap. 3.3) wird darauf zurückzukommen sein. Hier gilt es vorerst festzustellen, dass es einen wechselseitigen Zusammenhang zwischen beiden Prozessen nirgendwo gegeben hat. Großbritannien ist das klassische Beispiel einer parlamentarischen Monarchie, wie sie sich um 1900 herum auch in anderen Staaten auf dem Kontinent entwickelte (etwa in Italien, den Niederlanden, Belgien oder Schweden): Die Regierung wird aus der Mitte des Parlaments gewählt und ist diesem verantwortlich, nicht dem Monarchen oder der Monarchin; ein Regierungswechsel ist jederzeit durch das Misstrauen des Parlaments oder Neuwahlen möglich. Als Gegenbeispiel wird oft auf das Deutsche Reich verwiesen: Hier bestimmte alleine der Kaiser den Kanzler, der zudem kein Mitglied des Reichstages sein durfte. Beide Beispiele zeigen aber auch die grundlegende Problematik auf: Während man in England zwar auf eine lange Tradition des Parlamentarismus zurückblickte, war das Wahlrecht noch in den 1880er Jahren stark eingeschränkt – »demokratisch« im engen Wortsinne war das also nicht (▶ Infobox 4). Im Deutschen Reich wiederum galt ab 1871 das allgemeine Wahlrecht für Männer ab 25 Jahren, das heißt: Der Grad an Demokratisierung war hier viel stärker, es mangelte jedoch an parlamentarischer Praxis bei der Regierungsbildung. Damit verblieb nur das Budgetrecht als direkte Einflussmöglichkeit des Parlaments als Vertretung des Volkes. Zu erinnern ist schließlich daran, dass auch Republiken nicht zwangsläufig »parlamentarisch« organisiert sein müssen, vor allem dann nicht, wenn sie verfassungsmäßig einen starken Präsidenten haben. Die USA sind ein bekanntes Beispiel, in Europa Frankreich ab 1875. Hier hatten die drei Verfassungsgesetze das Verhältnis von Parlament und Präsident offen gelassen, unter Präsident MacMahon kam es daher auch zum Versuch, die Monarchie zu restituieren (1879); erst aus der parlamentarischen Praxis der nächsten Jahre und den Wahlerfolgen der Republikaner setzte sich die Verantwortlichkeit der Minister gegenüber dem Parlament durch.

2.5 Die Entstehung des Wohlfahrts- und Sozialstaats

Die Idee des Sozialstaates entstand im 19. Jahrhundert aus verschiedenen Quellen, geht aber auf wesentlich ältere Auffassungen zurück, die die Förderung des Allgemeinwohls als Aufgabe des Herrschers oder des Gemeinwesens betrachteten. Mit fortschreitender Industrialisierung und Urbanisierung sahen sich die Regierungen insbesondere West- und Mitteleuropas vor die Frage gestellt, wie die mit dieser Transformation einhergehenden negativen Auswirkungen für eine stetig wachsende Zahl an Menschen in den Städten zumindest gemildert werden könnten. Nicht selten stand noch stark infrage, ob der Staat überhaupt in die Vertragsfreiheit oder das Wirtschaftsleben eingreifen sollte. Von Beginn an zeigte sich überall eine Mischung aus ökonomischen, politischen und humanitären Argumenten bei der Frage nach einer aktiven Sozialpolitik des Staates. Im Folgenden geht es daher um zwei Bereiche: Zunächst wird die Entstehung des Sozialstaates auf dem Feld des Arbeitsschutzes und der Sozialversicherungssysteme analysiert; hier ist der Nationalstaat selbst der Hauptakteur. Im Anschluss werden Auf- und Ausbau der kommunalen Leistungsverwaltung in der zweiten Jahrhunderthälfte einbezogen, Bereiche, in denen vornehmlich die bürgerliche Zivilgesellschaft in der kommunalen Selbstverwaltung aktiv wurde.

Eine der Hauptursachen für die Einführung der Sozialversicherungen lag in den nach 1850 deutlicher hervortretenden sozialen Problemen der kapitalistischen Industriegesellschaften: Immer größere Menschenmassen zogen in die industriellen Zentren, wo sie erstens keinen Anschluss mehr an eine familiäre Absicherung in Notzeiten hatten, zweitens auch nicht an die Geburtsgemeinde, die traditionell für die Armenunterstützung zuständig war. Großbritannien erlebte 1834 mit dem »Poor Law Amendment Act« einen tiefen Einschnitt, als Armenhilfe – zur Abschreckung der Bedürftigen – nur noch in streng kontrollierten Armenhäusern gewährt wurde. Dies war gleichzeitig aber auch die Geburtsstunde der »Friendly Societies«, also eigenverantwortlicher Hilfsorganisationen; zudem schuf der Staat erste Fabrikinspektionen, um seinerseits einen besseren Schutz der Arbeiter zu sichern. Mit der wachsenden Anzahl lohnabhängig Beschäftigter wuchsen dennoch die sozialen Risiken im Falle von Krankheit, Unfall und Alter deutlich; ohne solidarische Hilfszahlungen aus Unterstützungskassen waren diese Unwägbarkeiten für den Einzelnen nicht zu bewältigen. Mit dem damit verbundenen Protestpotenzial ist eine weitere wesentliche Ursache der Etablierung staatlicher Sicherungssysteme benannt: der Aufstieg von Gewerkschaften und sozialistischen Parteien, die sich dieser Probleme annahmen. Schon 1877 war die SPD in den protestantischen Großstädten Deutschlands die stimmenstärkste Partei, ohne jedoch schon politischen Einfluss zu erlangen. Europaweit hatten jedoch Liberale und Konservative die Revolte der Pariser Commune 1871 als Drohkulisse einer proletarischen Revolution vor Augen. So stellte sich in Verbindung mit der anhebenden Wirtschaftskrise 1873 nunmehr erneut die »Soziale Frage«, auf die das Deutsche Reich mit der Einführung einer Kranken- (1883), Unfall- (1884) und Invaliditätsversicherung (1889) für die Industriearbeiterschaft reagierte, denn nur um diese ging es. Die organisierte Arbeiterbewegung zeigte sich anfangs strikt ablehnend – nicht nur, weil diesen Gesetzen der schwerwiegende Mangel der Sozialistengesetze anhaftete, mit denen seit 1878 alle Parteiaktivitäten verboten waren (auch in anderen Ländern gab es mitunter massive staatliche Interventionen gegen die Arbeiterbewegung, bis hin zur blutigen Niederschlagung von Streiks und Aufständen mit zahlreichen Toten). In den Versicherungen waren nun aber nicht nur zu wenige Arbeiter empfangsberechtigt (europaweit waren es im Durchschnitt vor 1914 gar nur zehn Prozent), vor allem waren die Leistungen noch sehr gering. So sollte die Rentenauszahlung erst ab dem 70. Lebensjahr erfolgen, ein Alter, das nur wenige Arbeiter nach einem harten Berufsleben überhaupt erreichten. Langfristig erfüllten die Gesetze jedoch einen ihrer beabsichtigten Zwecke, indem sie die Arbeiterschaft stärker gesellschaftlich und staatlich integrierten, allerdings ohne die Sozialdemokratie einzudämmen. Eher im Gegenteil förderten sie noch das Zusammengehörigkeitsgefühl der Arbeiter, und die SPD wurde 1890 zur stimmstärksten Partei im Reichstag gewählt, 1912 durch Wahlbündnisse mit Linksliberalen auch zur stärksten Reichstagsfraktion. Mit sehr unterschiedlichen Modellen nahm europaweit die Tätigkeit des Staates in der Sozialpolitik zu, bis zum Ersten Weltkrieg waren in fast allen Ländern die Grundlagen einer modernen Sozialstaatlichkeit geschaffen, zumindest in den klassischen Bereichen Unfall, Krankheit und Altersarmut; nach dem Weltkrieg kam mit der Arbeitslosenversicherung eine weitere zentrale Säule hinzu.

Die staatliche Sozialversicherung als erstes modernes System sozialer Sicherheit war die »bedeutendste institutionelle Erfindung des Sozialstaats« (Gerhard A. Ritter), zur damaligen Zeit ein globales Alleinstellungsmerkmal Europas und bis heute die wichtigste Form der Daseinsvorsorge in Industrieländern. Die Unterschiede in den einzelnen Staaten konnten gewaltig sein: Zwischen Zwang und Freiwilligkeit, Steuer- oder Beitragsfinanzierung oder in der Leistungsfähigkeit und -höhe. Auch blieben beispielsweise in England und Frankreich private Unterstützungskassen (»Friendly Societies«, »Sociétés de Secours Mutuels«) lange ein attraktives Gegenmodell. Zwei Dinge waren aber besonders wichtig: zunächst die (wo praktiziert) paritätische Kooperation von Staat, Arbeitgebern und Arbeiterschaft in der Organisation der Versicherungen; sodann der verbriefte individuelle Rechtsanspruch auf staatliche Leistungen. Das heißt: Im Gegensatz zur traditionellen Armenhilfe wurden keine Almosen gewährt und auch kein individuelles Verschulden angenommen, die mitunter rigide Sozialkontrolle entfiel. Die Wohlfahrt aller war damit zur rechtlich fixierten Aufgabe von Staat und Gesellschaft geworden.

An einem deutschen Beispiel lässt sich auch zeigen, wie staatliche Sozialpolitik in der bürgerlichen Öffentlichkeit nicht nur diskutiert, sondern auch inhaltlich gefördert und gefordert werden konnte. In Eisenach hatte sich der »Verein für Socialpolitik« gebildet, ein Zusammenschluss von Sozialwissenschaftlern und Kommunalpolitikern (bald spöttisch »Kathedersozialisten« genannt), der seit 1873 eine rege wissenschaftliche Tätigkeit in der Untersuchung sozialer Verhältnisse zumeist im deutschsprachigen Raum entfaltete. Auch die politische Lobbyarbeit ist in ihrer Bedeutung nicht zu unterschätzen. Ihre Absichten waren für viele zunächst ein harter Bruch mit den liberalen Prinzipien der Eigenverantwortlichkeit und des ökonomischen Laissez-Faire. Tatsächlich gab es im Verein mindestens zwei Flügel, die für konträre Prinzipien standen: Eine konservative Richtung plädierte für eine aktive Intervention des Staates, die Liberalen setzten eher auf eine verstärkte Förderung der Selbsthilfe. Bis zur erzwungenen (vorläufigen) Auflösung 1933 erschienen eine Vielzahl von umfangreichen Tagungsbänden und empirischen Untersuchungen zu sozialpolitischen Fragen im Auftrag des Vereins. Assoziationen wie diese entstanden überall in Europa und waren durch ein engmaschiges Netzwerk von Kongressen, Fachzeitschriften und privaten Kontakten miteinander verbunden.

Infobox 2: Eröffnungsrede Gustav Schmollers

Der Nationalökonom Gustav Schmoller hielt die Eröffnungsrede zu den Eisenacher Verhandlungen zur Besprechung der sozialen Frage am 6./7. Oktober 1872. Aus dieser Versammlung sollte ein Jahr später der »Verein für Socialpolitik« hervorgehen.

»Wir wollen keine Aufhebung der Gewerbefreiheit, keine Aufhebung des Lohnverhältnisses, aber wir wollen nicht einem doktrinären Prinzip zuliebe die grellsten Mißstände dulden und wachsen lassen; wir treten für eine maßvolle, aber mit fester Hand durchgeführte Fabrikgesetzgebung auf, wir verlangen, daß nicht ein sogenannter freier Arbeitsvertrag in Wahrheit zur Ausbeutung des Arbeiters führe, wir verlangen die vollste Freiheit für den Arbeiter, bei

Feststellung des Arbeitsvertrags mitzureden, selbst wenn er da Ansprüche erheben sollte, die scheinbar mit dem alten Zunftwesen eine gewisse Analogie haben. Wir verlangen, daß die Freiheit überall durch die Öffentlichkeit kontrolliert werde und daß, wo die Öffentlichkeit tatsächlich fehlt, der Staat untersuchend eintrete und ohne in die Unternehmungen sich zu mischen, das Resultat publiziere. Wir verlangen von diesem Standpunkt ein Fabrikinspektorat, ein Bank- ein Versicherungskontrollamt, wir fordern von diesem Standpunkt aus hauptsächlich Enquêten in Bezug auf die soziale Frage. Wir verlangen nicht, daß der Staat den unteren Klassen Geld zu verfehlten Experimenten gebe, aber wir verlangen, daß er ganz anders als bisher für ihre Erziehung und Bildung eintrete, wir verlangen, daß er sich darum kümmere, ob der Arbeiterstand unter Wohnungsverhältnissen, unter Arbeitsbedingungen lebt, die ihn notwendig noch tiefer herabdrücken. [...] Wir verlangen vom Staate wie von der ganzen Gesellschaft und jedem einzelnen, der an den Aufgaben der Zeit mit arbeiten will, daß sie von einem großen Ideale getragen seien. Und dieses Ideal darf und soll kein anderes sein, als das, einen immer größeren Teil unseres Volkes zur Teilnahme an allen höheren Gütern der Kultur, an Bildung und Wohlstand zu berufen, das soll und muß die große, im besten Sinn des Wortes demokratische Aufgabe unserer Entwicklung sein, wie sie das große Ziel der Weltgeschichte überhaupt zu sein scheint.«

Quelle: H. Fenske (Hg.), Im Bismarckschen Reich 1871–1890 (Quellen zum politischen Denken der Deutschen im 19. und 20. Jahrhundert, Bd. 6), Darmstadt 1978, S. 92 f.

Aber auch den wachsenden Städten kam in der zweiten Jahrhunderthälfte eine besondere sozialpolitische Rolle zu. Zwar blieben sie, wie etwa im Deutschen Reich, weiterhin zuständig für die Armenfürsorge; daneben trat nun jedoch die viel weitergehende Aufgabe, allen Stadtbewohnern angesichts von Wasser- und Luftverschmutzung eine verbesserte Lebensqualität zu bieten. Auf lokaler Ebene eröffnete dies nicht nur vielfache politische Partizipationsmöglichkeiten für das liberale Stadtbürgertum; ganz entscheidend wurde hier auch das Expertenwissen, das in eine Vielfalt von urbanen Reformprojekten wie etwa den Kanalbau und die öffentliche Hygiene eingebracht wurde.

Wie auf nationaler Ebene sorgten auch (und gerade) in den Städten die neuen Industrien mit dem einhergehenden Wachstum der Bevölkerung für einen zunehmenden Handlungsdruck, zunächst vor allem im Bereich der sanitären Infrastruktur (Abfallbeseitigung, Abwasser, Trinkwasser, Kanalisation, Elektrizitäts- und Gasversorgung etc.). Die Hamburger Cholera-Epidemie des Jahres 1892, der fast 9.000 Menschen zum Opfer fielen, verdeutlichte, dass weiterhin großer Handlungsbedarf bestand. So hatte sich auch erst seit den 1880er Jahren die städtische Sterblichkeit derjenigen auf dem Land angeglichen. Durch den massiven Einsatz medizinischer und technischer Experten kam es zu einer dauerhaften Professionalisierung der Verwaltungsstäbe. So entstand nach und nach eine expandierende städtische Leistungsverwaltung und Daseinsvorsorge, die neben ihren Leistungen auch eine Vielzahl von Arbeitsplätzen der öffentlichen Hand schuf; das war vorzugsweise bei den Eisenbahnen und der Post zu beobachten, die schnell zu den größten Arbeitgebern beispielsweise in England und Deutschland wurden: Im Jahre 1910 waren ca. eine Million Menschen im zivilen staatlichen Bereich des Deutschen Reiches beschäftigt. Von nachhaltiger Bedeutung war auch der Übergang von Schulen – mitsamt den Bildungsinhalten – in die kommunale Trägerschaft; vor allem in Regionen und Staaten mit einem starken katholischen Bevölkerungsanteil führte dies oft zu erbitterten und nachhaltigen Auseinandersetzungen. Gerade die Schulen mit ihren säkularisierten Bildungsangeboten wurden zu wesentlichen Pflanzstätten nationaler Gesinnung. Deren Wichtigkeit zeigt sich auch an den Staatsausgaben: Im Haushalt des Deutschen Reiches von 1901 waren 12 % des Budgets für Bildung vorgesehen, während es in Spanien hingegen nur 1,5 % waren.

Die Kommunalverwaltungen erwiesen sich als wegweisend für die weitere Entwicklung des Interventionsstaates, sie bilden bis heute eine wichtige Säule des Sozial- und Wohlfahrtsstaates. Allerdings wurde von zeitgenössischen Vertretern des Liberalismus auch hier intensiv diskutiert, wie weit der Staat (repräsentiert durch die Kommune) gehen dürfe und solle. In Großbritannien wurde der Begriff des »Munizipalsozialismus« erfunden, der – ähnlich wie die Sozialversicherung in Deutschland – ein Programm der Zähmung des Kapitalismus verfolgte, um die Lebenssituation in städtischen Slums zu verbessern und die dort lebenden Menschen stärker gesellschaftlich zu integrieren. Erstrebt wurden in erster Linie finanzierbare Preise von Strom, Gas und Wasser für alle Stadtbürger, nachdem der »freie Markt« gezeigt hatte, dass schon die unverzichtbare Grundversorgung in erster Linie diejenigen erreichte, die sich die dafür notwendigen Leitungen überhaupt leisten konnten. Vermittels wissenschaftlicher Stadtplanung sollte also die »Soziale Frage« im urbanen Raum gelöst und die Arbeiterschaft integriert werden. Der »Sozialismus«-Begriff erregte dabei fast nirgendwo Anstoß; alleine in Frankreich gab es auf kommunaler Ebene auch nennenswerte sozialistische Vertreter in den Stadtparlamenten, die im Munizipalsozialismus eine Vorstufe der Vergesellschaftung allen Eigentums erblicken wollten.

Mit diesen Prozessen einher ging auf internationaler Ebene eine »Verwissenschaftlichung des Sozialen« (Lutz Raphael), die höchst folgenreich war. Sozialwissenschaftler, Mediziner, Statistiker, Hygieniker und viele andere debattierten im internationalen Austausch darüber, mit welchen Techniken Individuen, aber auch ganze Gesellschaften, »verbessert« werden könnten. Wissenschaftliche Erkenntnis verband sich auf diese Art mit politischen Ordnungsvorstellungen, die im Sinne ihrer Entwickler administrativ im großen Stil umgesetzt werden sollten – ohne Rücksicht auf die Frage, welche Folgen das für manche Teile der Gesellschaft haben mochte. So wurden beispielsweise im Bereich der Hygiene Präventionsstrategien entwickelt, die sich in erzieherischen Maßnahmen gegenüber denjenigen Menschen zeigten, die verdächtigt wurden, durch falschen Lebenswandel die Krankheiten selbst zu verursachen. Erzwungene Disziplinierung und soziale Kontrolle waren daher notwendige Voraussetzungen solcher »Reformvorhaben«, im äußersten Falle dachten manche Experten auch über eugenische Maßnahmen nach, die nicht selten durch einen wissenschaftlich verbrämten Rassismus legitimiert wurden. Unter Berufung auf »wissenschaftliche Erkenntnisse« konnten Alkoholismus oder Prostitution, deviantes Verhalten ganz allgemein einer strikten Sozialkontrolle mit tiefgreifenden Zwangsmaßnahmen unterworfen werden. Abweichungen von der Norm konnten damit zum Politikum werden, weshalb gelegentlich auch von einer beginnenden Totalisierung des Staates angesichts ausgreifender Interventionsversuche gesprochen wird, die vor allem in der ersten Hälfte des 20. Jahrhunderts in den totalitären Regimen fast unbegrenzte Chancen zur Umsetzung erhielten. Die Utopie einer gut organisierten technologischen Gesellschaft und die »Perfektionierbarkeit des menschlichen Individuums« erwiesen sich aber als grundsätzlich kompatibel mit allen großen Ideologien, die das 19. Jahrhundert hervorgebracht hat.

2.6 Fazit

Nach der Französischen Revolution bildet sich in ganz Europa der moderne Staat mit seiner Einheit von Territorium, Volk und Gewalt heraus. Er war das Ergebnis lange zurückliegender Prozesse seit dem 16. Jahrhundert, die überall unterschiedlich abliefen. Gemeinsam war jedoch zumeist der kriegerische Ursprung moderner Staatlichkeit: Die Einführung stehender Heere machte eine systematische Abschöpfung der eigenen Ressourcen notwendig, und daraus entstanden mittel- und langfristig bürokratische Apparate, aus denen schließlich auf staatlicher Seite die heute noch gebräuchlichen Fachressorts der politischen und Verwaltungsebenen entstanden. Andererseits erwies sich zugleich eine rationale Organisation als notwendig: Zugangsvoraussetzung sollte alleine die individuelle Leistungsfähigkeit der Beamten sein, die außerdem nicht mehr länger dem Staatsoberhaupt, sondern dem Staat verpflichtet waren.

Dabei war es prinzipiell und bei allen Unterschieden im Detail unerheblich, ob es sich um eine Republik oder Monarchie handelte: Alle (männlichen) Bürger hatten die gleichen einklagbaren Rechte. Die weiterhin vorherrschende Staatsform war die Monarchie, die nun in der Regel konstitutionalisiert war. Das besagte noch wenig über die Verfassungsrealitäten, aber tendenziell gab es keinen Weg mehr zurück hinter die – wie stark auch immer – eingeschränkte Macht des Monarchen. Lebensfähig erwiesen sich die Monarchien vor allem, indem sie sich nationalisierten, also ein Bündnis mit der wohl wichtigsten Ideologie um 1900 eingingen.

So zentral der nationale Gedanke und der Nationalismus für die politische Ideengeschichte aber auch war: Die Vorherrschaft des Nationalstaates als Organisationsform war noch nicht erreicht und erfolgte erst sukzessive im Anschluss an den Ersten Weltkrieg, als die multiethnischen Imperien zusammenbrachen. Die Kriegsniederlage war entscheidend für diesen Zerfallsprozess, nicht der übernationale Charakter der Imperien selbst. Tatsächlich konnten Imperien und Nationalstaaten miteinander verschmelzen, indem beispielsweise letztere ihre politische Kultur imperial aufwerteten, während auf der anderen Seite beispielsweise das Zarenreich eine nationalistische Russifizierungspolitik betrieb.

Am klarsten zu erkennen war der »moderne« Staat, wie es ihn heute – in weit ausgeprägterer Form – weiterhin gibt, im Sozial- und Interventionsstaat. Die ersten Versicherungen wurden in Deutschland unter Bismarck eingeführt, der damit klare politische Ziele gegen liberale und sozialdemokratische Gegner im Reichstag verfolgte. Es entsprach aber auch einer breiten Strömung in der bürgerlichen Zivilgesellschaft in ganz Europa, die schärfsten Auswüchse des Industriekapitalismus durch staatliche Maßnahmen abzudämpfen, also die Menschen beispielsweise gegen Krankheit und Invalidität zu versichern. Das mittelfristige Ziel bürgerlicher Sozialreformer, die zahlenmäßig rasch wachsende Industriearbeiterschaft in den Staat zu integrieren, gelang damit weitgehend, auch wenn die Transferleistungen anfangs noch sehr bescheiden waren.

3 Recht

3.1 Vorbemerkungen

Rechtsgeschichte ist zwar ebenso ein Teil der Geschichtswissenschaft wie die Kultur-, Sozial- oder Politikgeschichte. Geschrieben und erforscht wird sie in Deutschland jedoch weniger von professionellen Historikern als von Fachjuristen mit historischer Expertise. Daher ist sie institutionell auch der rechtswissenschaftlichen Fakultät zugeordnet: Die Geschichte des Rechts gehört fest zum akademischen Kanon der juristischen Ausbildung, während sie im Geschichtsstudium seit langer Zeit stark vernachlässigt und in Handbüchern so gut wie gar nicht mehr thematisiert wird. Eine Ausnahme bilden dabei die Verfassungsgeschichte und, eng dazugehörend, das Wahlrecht, gelegentlich auch das Völkerrecht als Regelungsinstanz zwischenstaatlicher, inter- oder supranationaler Beziehungen. Zwar werden auch diese bevorzugt von Juristen untersucht; aber anders als für Rechtsgebiete wie das Privat-, Straf- oder Handelsrecht fühlen sich Historiker bei Verfassungsfragen traditionell viel eher zu einem fachkundigen Urteil berufen, da konstitutionelle und Wahlrechtsfragen auch als rechtliche Grundlagen moderner Staatlichkeit begriffen werden. Vor allem das »lange« 19. Jahrhundert war ein Säkulum der Verfassungen, ausgehend von den transatlantischen Revolutionen in den USA und Frankreich mit ihren unterschiedlichen Verfassungsentwürfen, den Revisionsbestrebungen der 1840er Jahre über die nationalstaatlichen Konstitutionen vor allem Italiens und Deutschlands in den 1860/70er Jahren, bis hin zum zaristischen Russland, das 1906 als letztes Land in Europa eine kodifizierte Verfassung erhielt. Verfassungen sind Grundlagentexte über das politische Grundverständnis von Nationen und Nationalstaaten und tauchten folgerichtig erstmals in enger Verbindung mit diesen auf: Die Geschichte von Nationalstaaten, aber ebenso von übernationalen Imperien, ist daher auch stets als Verfassungsgeschichte zu verstehen. Dabei ist es unerheblich, ob es tatsächlich eine geschriebene Verfassung gibt: Großbritannien hatte und hat selbstverständlich eine politische »Verfassung« – auch wenn sie bisher nicht schriftlich niedergelegt wurde.

Auch das Wahlrecht hat Historiker immer schon interessiert, vor allem in der Geschichte des 19. Jahrhunderts. Niemals vorher oder nachher stand dieses Recht derart im Zentrum politischer Auseinandersetzungen: Die Frage, wer wählen durfte und wer nicht, welche konkreten Bestimmungen das Wahlrecht einschränkten – darüber wurde in ganz Europa diskutiert. Die Antworten darauf waren meist nie abschließend, sondern wurden so lange einem permanenten politischen Revisionsprozess unterworfen, bis am Ende das allgemeine, gleiche und geheime Wahlrecht für alle Erwachsenen eingeführt war.

Herausragende Bedeutung für das 19. Jahrhundert haben schließlich auch die fast überall durchgeführten Kodifikationen des bürgerlichen Rechts, die vielfach bis heute (mit entsprechenden Anpassungen) Gültigkeit besitzen. Das Privat- oder Zivilrecht regelt die Rechtsbeziehungen freier Individuen untereinander, unter Anerkennung ihrer grundsätzlichen Gleichberechtigung. Darin liegt ihr bleibender Stellenwert für alle europäischen Gesellschaften, auch wenn zu zeigen sein wird, dass Gleichheit vor dem Gesetz keineswegs Gleichheit in der Realität bedeuten muss.

3.2 Völkerrecht

Seit jeher gehörte es zu den elementaren Souveränitätsrechten eines Staates, Krieg zu führen (*ius ad bellum*). Das Völkerrecht ist daher formal als Versuch zu verstehen, ein Regelwerk zwischen gleichberechtigten »Völkerrechtssubjekten« zu etablieren, das auf Verträgen oder auf

Gewohnheitsrechten beruht. Erst in jüngerer Zeit treten neben die Staaten – als wesentliche Völkerrechtssubjekte – auch internationale Organisationen, die mit gleicher Rechtsqualität ausgestattet sind. Bis zum Ersten Weltkrieg galt diese Kategorie jedoch nur für die europäischen (Groß-)Mächte. Erst danach setzte eine »Globalisierung des eurozentrischen Völkerrechts« (Cemil Aydin) ein. Da das Völkerrecht auf der Grundlage der Rechtsgleichheit der Vertragspartner beruht, entstehen seine Rechtsquellen zum einen nicht aus der Hoheit einer übernationalen Gesetzgebungsinstanz, sondern aus bi- und multilateralen Verträgen zwischen staatlichen Rechtssubjekten, die sich gegenseitig als gleichwertig anerkennen. Zum anderen ist es nur solange gültig, wie es von den beteiligten Partnern als legitim anerkannt wird. Ein internationales System, das kollektive Sicherheit verbürgen soll, ist daher nur dann dauerhaft lebensfähig, wenn zumindest die mächtigsten Beteiligten sich einig sind über ihre Ziele der Konflikteinhegung und sich gleichzeitig auch bereit zeigen, diese – wenn notwendig – mit Macht durchzusetzen und zu garantieren.

Die erste Hälfte des 19. Jahrhunderts war in dieser Hinsicht geprägt von der Pentarchie der europäischen Großmächte, die sich in den napoleonischen Kriegen 1814 zunächst zur Quadrupelallianz gegen Frankreich zusammengeschlossen hatten. Nach dem Wiener Kongress war die Friedenssicherung vor allem zwischen diesen Mächten das vornehmliche Ziel, hinzu trat die Unterbindung neuerlicher Revolutionen in einzelnen Staaten, zur Not mithilfe von bewaffneten Kollektivinterventionen oder international vereinbarter Garantien. Die Neutralität Belgiens ist ein Beispiel dafür: Sie wurde im Londoner Protokoll von 1839 von allen Großmächten garantiert und aufrecht erhalten, bis sie im August 1914 durch den Einmarsch des Deutschen Reichs verletzt wurde. Ein weiteres Ziel kam hinzu: Nach den napoleonischen Erfahrungen sollte jeder weitere Versuch verhindert werden, durch Gebietserweiterungen auf dem Kontinent erneut eine hegemoniale Stellung zu erringen. Mit dem Krim-Krieg (1853–1856) brach dieses System zusammen: Vor allem Frankreich und Großbritannien richteten sich gegen russische Ambitionen auf dem noch zum Osmanischen Reich gehörenden Balkan, aber auch das Verhältnis zwischen Österreich und Russland (das auf Unterstützung der Habsburger gehofft hatte) war dauerhaft zerrüttet. Die italienischen und deutschen Einigungskriege seit 1859 zerstörten schließlich das Machtgefüge in Europa nachhaltig, insbesondere trat das Deutsche Reich nach dem Sieg über Frankreich 1870 in eine halbhegemoniale Position auf dem Kontinent, während Frankreich auf Jahre hinaus geschwächt wurde. Gleichwohl gelang es auch in dieser Zeit, einen Krieg zwischen mehr als zwei Großmächten zu verhindern, und dabei blieb es bis zum Ersten Weltkrieg.

Dem Versuch, etablierte staatliche und gesellschaftliche Prinzipien mithilfe der Pentarchie abzusichern, stand aber nicht nur die immer weiter um sich greifende Idee des Nationalstaates entgegen, die jeder »Nation« – die zunehmend als Souverän begriffen wurde – einen eigenen Staat zu versprechen schien. Mindestens ebenso bedeutsam für die Entwicklung des Völkerrechts wurden der mit der Globalisierung, Industrialisierung und Technisierung rasch zunehmende Verkehr und Handel, der immer häufiger internationaler Regelungen bedurfte. Somit gab es nun zwei wesentliche Zweige des Völkerrechts: Das Verkehrsrecht zwischen den Staaten mit seinen technischen und ökonomischen Regelungen, daneben das Kriegsrecht. In beiden Zweigen zeigte sich nun auch der Übergang vom Naturrecht zum positiven Recht: Eine Vielzahl internationaler Verträge und Kodifikationen waren die Folge.

Infobox 3: Liste von »Verwaltungsunionen« und internationalen (zivilgesellschaftlichen) Organisationen

Gründungsjahr	Name	Gründungsort/ Sitz
1863/64	Internationales Rotes Kreuz	Genf
1865	Internationale Fernmeldeunion	Bern
1873	Institut für Internationales Recht	Gent
1874	Weltpostverein	Bern
1875	Internationales Büro für Maß und Gewicht	Sèvres (Paris)
1875	Internationale Staatsschuldenkommission	Konstantinopel

Gründungsjahr	Name	Gründungsort/ Sitz
1883	Internationales Büro zum Schutz industriellen Eigentums	Bern
1888	Internationaler Frauenrat	Washington, DC
1889	Interparlamentarische Union für internationale Schiedsgerichtsbarkeit	Bern
1900	Ständiger Schiedsgerichtshof	Den Haag
1904	Weltbund für Frauenstimmrecht	London
1907	Office international d'hygiène publique	Paris

Namen in der Regel auf Deutsch und in der üblichen Gebrauchsform, die vom ursprünglichen Namen abweichen kann; Sitz bei Gründung der Institution.

Mit diesen multilateralen Übereinkünften ging seit den 1860er Jahren eine Gründungswelle internationaler Organisationen einher, die von den Zeitgenossen »Verwaltungsunionen« genannt und zumeist auf der Grundlage multilateraler Staatsverträge gegründet wurden. Es wurde jeweils ein Exekutivorgan geschaffen, das unter der Aufsicht des Staates stand, in dem die Union ihren Sitz hatte. Es zeigte sich aber, dass auch international vernetztes privates Engagement dazu in der Lage war, internationales Recht zu setzen. Ein wichtiges Beispiel in einer Zeit rapider technischer Neuerungen und Erfindungen auf allen möglichen Gebieten war der Patentschutz, da erst so internationale Rechtssicherheit für Industrielle und ihre Innovationen geschaffen werden konnte. Im Rahmen der Wiener Weltausstellung trafen sich 1873 Vertreter aus Politik, Industrie und Handel mit dem Ziel, entsprechenden Druck auf die Regierungen zur Sicherung des geistigen Eigentums auszuüben. Die Bemühungen resultierten in zwei Konventionen, die den Schutz von Erfindungen ebenso gewährleisten sollten wie den des geistigen Eigentums. 1893 wurden die daraus resultierenden Institutionen zusammengefasst im »Bureau international réuni pour la protection de la propriété intellectuelle«, das fortan seinen Sitz in Bern hatte. In einem »bürgerlichen Zeitalter«

war auch hier die Idee individualisierter und einklagbarer Eigentumsrechte zu erkennen, wie sie sich bereits in den europaweit verbreiteten Privatrechtskodifikationen seit Jahrhundertbeginn etabliert hatte. Im deutschen Patentrecht von 1877 blieben aber noch über einen längeren Zeitraum Medikamente und Nahrungsmittel ausdrücklich von der Patentierung ausgenommen, weil diese dem Wohle aller dienen sollten.

In den Jahren zuvor waren weitere wichtige »Verwaltungsunionen« entstanden; sie gingen zumeist auf staatliche Initiativen zurück und konstituierten sich in der Folgezeit als Expertengremien, die – im Idealfall – unabhängig von politischen Erwägungen technische oder andere Fragen grundlegender Natur klären sollten. Bekannte Beispiele sind die »Internationale Telegraphenunion« von 1865 (1934 in »Fernmeldeunion« umbenannt) sowie der Weltpostverein von 1874. Trotz ihrer herausragenden Bedeutsamkeit für die internationale Kommunikation waren sie nicht in einer der großen Hauptstädte angesiedelt, sondern in der Schweiz. Auch das neutrale Belgien entwickelte sich schnell zu einer Metropole internationaler Organisationen. Der Hauptgrund dafür war dann doch politischer Natur, da die Großmächte eifersüchtig auf ihr Prestige achteten; die Ansiedlung der Büros in Kleinstaaten stellte daher eine pragmatische und befriedende Lösung der Mächtekonkurrenz auf diesem Gebiet dar.

Die global verflochtenen Verkehrswege machten aber nicht nur internationale Abkommen über Maße, Gewichte, Währungen oder Patente notwendig. Die industrialisierte Moderne mit ihren rasch wachsenden Städten und Handelsbeziehungen stellte ebenso eine große Herausforderung an die hygienischen Verhältnisse dar, die in einer Reihe von internationalen Sanitätskonferenzen seit der Jahrhundertmitte diskutiert wurden. Die Gründung einer »Verwaltungsunion« gelang jedoch erst 1907 und war nur auf die internationale Verbreitung von Wissen angelegt, das durch eine hohe Zahl von Fachkongressen zunehmend unübersichtlicher wurde.

Die internationalen Übereinkünfte der »Verwaltungsunionen« waren also keineswegs »unpolitisch«, erst recht nicht zivilgesellschaftliche Vereinigungen wie der internationale Frauenrat, der sich der Wahlrechtsfrage annahm. Wesentliche politische Fragen der Zeit blieben jedoch Aufgabe der staatlichen Regierungen, und sie wurden zumeist auf internationalen Konferenzen gelöst. Das zentrale völkerrechtliche Problem vor 1914 war die Kriegsführung. Krieg selbst war und blieb ein akzeptiertes Mittel der Politik: Entstehende Staaten führten Kriege zur Nationalstaatsgründung, auch Imperialmächte nutzten immer wieder militärische Gewalt zur Durchsetzung ihrer Interessen in den Kolonien (▶ Kap. 7.2). Aber nicht zuletzt aufgrund der fortschreitenden Technisierung der Waffengewalt wurden mehrere Versuche unternommen, die Kriegsführung zu »humanisieren«, wenn Kriege schon nicht verhinderbar erschienen. Die Genfer Konvention von 1864 ging bereits in diese Richtung, indem sie erstmalig die Versorgung Verwundeter bei Kampfhandlungen sicherzustellen suchte. Von den Großmächten waren zu Beginn jedoch nur Preußen (das Deutsche Reich ab 1906) und Frankreich beteiligt; Großbritannien und Russland schlossen sich aber alsbald an, ebenso Österreich-Ungarn nach den Erfahrungen des Krieges von 1866. In den folgenden Jahrzehnten kam es zu einigen großen internationalen Kongressen, die Streitigkeiten zwischen den Großmächten schlichten sollten. Zu erinnern ist dabei an die Kongo-Konferenz in Berlin 1884/85, deren Schlussakte die bevorstehende Aufteilung des afrikanischen Kontinents regelte und damit neues Kolonialrecht schuf. Am gleichen Ort waren bereits 1878 mit dem Berliner Vertrag neue Grenzen auf dem Balkan gezogen worden; neu waren hier aber auch die Schutzklauseln zugunsten nichtchristlicher Minderheiten, was auch dem Schutz der jüdischen Bevölkerung dienen sollte (▶ Kap. 7.3). Wie so oft im Völkerrecht setzte diese Klauseln jedoch niemand durch, aber Minderheitenschutz in einer Zeit sich homogenisierender Nationalstaaten wurde nun als neues völkerrechtliches Instrument vorgedacht.

Große völkerrechtliche Bedeutung erlangten in dieser Zeit schließlich die beiden Haager Konferenzen der Jahre 1899 und 1907. Die Initiative ging vom russischen Zaren aus; dieser war jedoch weniger pazifistisch gesinnt als wegen der immensen Kosten des europäischen Rüstungswettlaufs besorgt. Gleichwohl tagten beide Konferenzen unter reger Anteilnahme der internationalen Friedensbewegung. Als wichtigstes Ergebnis wurde die Haager Landkriegsordnung verabschiedet, die wie die Genfer Konvention als Instrument zu sehen ist, die Kriegsführung zu humanisieren und zu zivilisieren. Die meisten der 44 beteiligten Staaten unterzeichneten das Abkommen sofort, darunter auch die Großmächte. Geregelt wurden u. a. der Kombattanten-Status im Gegensatz zu Zivilisten, die Rechtsstellung von Kriegsgefangenen, die vertretbare Wahl der Kriegsmittel (Verbot von Giftgas) oder die Rechte der Bevölkerung in besetzten Gebieten. Angesichts nachmaliger Kriegsgreuel in den Balkankriegen und im Ersten Weltkrieg erscheinen die Bemühungen retrospektiv schnell als gescheitert, zumal in Den Haag schon 1899 der ständige Schiedshof eingerichtet wurde, dem allerdings keine verbindliche Regelungskompetenz zukam; insbesondere Frankreich, Deutschland und Österreich-Ungarn beharrten auf ihren Souveränitätsrechten, die – zumindest in dieser Frage – keiner supranationalen Instanz untergeordnet werden sollten.

Mit den Pariser Vorortverträgen im Anschluss an den Ersten Weltkrieg begann eine neue Phase des Völkerrechts. Die Verhandlungen waren der letzte große Friedenskongress in der Tradition des Westfälischen Friedens; diese Praxis wurde nicht wiederholt. Es wurden einige neue Grundprinzipien entwickelt, die bis heute Gültigkeit haben: Erstmals galten nun alle Staaten der Welt als völkerrechtlich gleichgestellt, und das bedeutete auch, dass ein Krieg zwischen zwei Staaten die Sache aller im »Völkerbund« Versammelten sei. Mit diesem Gremium wurde ab 1920 erstmals eine Einrichtung geschaffen, die den internationalen Frieden durch allseits akzeptierte Schiedsgerichte bewahren sollte. An die Stelle des nationalen Selbstschutzes trat nun der Gedanke der »kollektiven Sicherheit«, der jedoch erst nach 1945 volle Wirkung entfalten konnte. In Verbindung mit den Locarno-Verträgen von 1925 (Aufnahme Deutschlands in den Völkerbund) und dem Briand-Kellogg-Pakt von 1928 wurden Angriffskriege nun geächtet, das *ius ad bellum* also massiv eingeschränkt; alleine Verteidigungskriege blieben völkerrechtlich gebilligt. Ermöglicht hatten diese weitgehenden Reformansätze die verheerenden Erfahrungen des Weltkrieges mit Millionen von Toten bei den beteiligten Mächten. Letztlich scheiterte der Völkerbund aber an den Realitäten des totalitären Zeitalters und damit der fehlenden Bereitschaft mancher Staaten, sich internationalem Recht zu unterwerfen – die Idee kollektiver Sicherheit wurde jedoch nach dem Zweiten Weltkrieg mit den Vereinten Nationen wieder aufgenommen.

3.3 Verfassungs- und Wahlrecht

Wie weiter oben bereits analysiert (▶ Kap. 2.3), entwickelten sich nahezu alle Staaten Europas im Laufe des 19. Jahrhunderts zur konstitutionellen Monarchie. Das heißt zunächst: Es gab einen Monarchen, dessen traditionelle Vorrechte durch eine (geschriebene) Verfassung eingeschränkt wurden; an die Stelle monarchischer Willkür sollten nun Recht und Gesetz treten. Wie stark oder schwach die Einschränkung der monarchischen Prärogative jeweils war, konnte sehr unterschiedlich sein. Hinzu kamen meist zwei Kammern oder Parlamente: Zum einen ein »Oberhaus«, dessen Sitze oft auf Lebenszeit vergeben waren und das vom Monarchen berufen wurde. Daneben gab es ein »Unterhaus«, dessen Abgeordnete auf Zeit gewählt wurden und zusammen mit dem Monarchen und dem »Oberhaus« mindestens an der Gesetzgebung beteiligt waren. Bei Verfassungen handelt es sich also in einem ganz rudimentären Sinne um die Rechtsnormen, die die wesentlichen Organisationsprinzipien eines Staates festlegen und damit Herrschaft verrechtlichen und – im Regelfall – eine Gewaltenteilung zwischen Exekutive, Legislative und Judikative festschreiben. Die Verfassung steht dabei über allen anderen Gesetzen.

Vor und nach 1870 war es eine zentrale Verfassungsfrage, in welchem Umfang die Parlamentarier der oben genannten Organe an der Exekutive beteiligt waren. Das war insgesamt noch eher selten der Fall. Das klassische Beispiel für eine parlamentarische Monarchie ist Großbritannien: Hier wurde spätestens seit den 1830er Jahren die Regierung aus der Mitte des Parlaments gewählt, und seit Queen Victoria mischte sich keine Monarchin mehr in die Regierungsbildung ein. Ähnlich verlief die Entwicklung in Norwegen ab 1884, auch Italien hatte spätestens mit der Wahlrechtsänderung von 1912 eine starke Exekutive auf der Grundlage des Parlaments. Insgesamt hielten sich konstitutionelle Monarchien mit einem qua Verfassung starken Monarchen und solche mit stärkeren Parlamenten die Waage. Jedoch waren die wenigsten europäischen Staaten um die Jahrhundertwende so republikanisch verfasst wie Frankreich (seit 1875 mit seinen nur drei *Lois constitutionnelles*) und die Schweiz. Monarchie blieb die vorherrschende Staatsform (15 von 20

Staaten hatten einen Regenten), die allerdings zunehmend unter Druck geriet. In Deutschland, Österreich-Ungarn und Russland überlebte sie die Kriegsniederlage trotz aller Anpassungsbereitschaft nicht.

Die Wurzeln des modernen Verfassungsstaates, wie er sich – nach dem Beispiel der amerikanischen Verfassung von 1787 – im Europa des 19. Jahrhunderts durchsetzte, liegen in Großbritannien – dem einzigen europäischen Land, das bis heute keine schriftlich fixierte Konstitution besitzt. Nach wichtigen Vorläufern wie der »Petition of Rights« (1628) und der »Habeas-Corpus-Akte« (1679), die das Individuum vor monarchischer Willkür schützen sollten, wurde mit der »Glorious Revolution« bereits 1688 die Souveränität des Parlaments durch den Monarchen anerkannt; das blieb lange Zeit ein Alleinstellungsmerkmal der britischen Monarchie. Spätestens in der ersten Hälfte des 19. Jahrhunderts hatte sich der Parlamentarismus als unbestrittene Regierungsform auf der Insel durchgesetzt – nur nicht der Gedanke an eine kodifizierte Verfassung, hier blieb Großbritannien ebenso auf seinem Sonderweg wie die zaristische Autokratie, die erst nach Kriegsniederlage und Revolution im Jahre 1906 ein Grundgesetz erließ, dessen Grundcharakter mit Scheinkonstitutionalismus zu umschreiben ist: Sie kannte weder Gewalteilung noch Volkssouveränität.

Auf dem Kontinent hatte sich eine erste große Verfassungsbewegung mit den französischen Konstitutionen seit 1791 und ihrem Export in den Revolutionskriegen in Bewegung gesetzt – am Ende waren es 16 Verfassungen (bis 1958), die Frankreich zum »konstitutionellen Laboratorium Europas« (Jörn Leonhard) machten. In 15-Jahres-Abständen rollten seit 1814 drei Kodifikationswellen durch Europa, deren stärkste die gesamteuropäische Verfassungsbewegung von 1848 war: Nahezu jedes Land sollte nun Verfassungsstaat werden und somit die Rechte der Exekutive gesellschaftlich breiter legitimieren als zuvor; aber Frankreich unter Napoleon III. zeigte seit 1852, dass es auch immer wieder gegenläufige Tendenzen geben konnte. Die nächste Verfassungswelle war eng mit den Nationalstaatsgründungen in Mittel-, Süd- und Südosteuropa seit den 1860er Jahren verbunden und fand ihr Ende auf dem Balkan im Jahre 1878. Die »Konstitutionalisierung« Europas war damit in der Hauptsache abgeschlossen. Mit dem Ende des Ersten Weltkrieges sowie den anschließenden Staatsgründungen und Bürgerkriegen entstand eine

Reihe neuer Staaten, zumeist Republiken, die jedoch schnell im Taumel des Totalitarismus wieder untergingen.

Die Zeit seit den 1860er Jahren wurde als Phase des (Hoch-)Konstitutionalismus bezeichnet, in der einerseits bereits bestehende Verfassungen liberal ausgebaut und die Unterhäuser gestärkt wurden: So wurde beispielsweise 1911 dem britischen Oberhaus nur noch ein suspensives Vetorecht von zwei Jahren eingeräumt. Anderswo kam es zu einer Ausweitung parlamentarischer Gesetzesinitiativen oder der Weiterentwicklung der Ministerverantwortlichkeit. Die Vielfalt war groß, auch wenn manche Verfassungen (wie etwa die belgische) vielfach kopiert oder als Inspiration herangezogen wurden; auch hier gab es einen gemeineuropäischen Austausch von Experten. Nur im Detail sind gravierende Unterschiede zu erkennen, wie zum Beispiel in der deutschen Reichsverfassung von 1871, die mit dem Artikel 21 eine Parlamentarisierung nach englischem Vorbild *de iure* ausschloss: Ein Mitglied des Reichstags konnte nicht zugleich der Exekutive angehören. Erst kurz vor Kriegsende wurde die Verfassung im Oktober 1918 geändert, die Parlamentarisierung kam jedoch zu spät, um der Monarchie neue Legitimation zu verleihen.

Bei der Frage nach der heute weitgehend üblichen Deklaration von Menschenrechten in einer Verfassung zeigt sich im Rückblick ein kritisches Bild. Hatten sie noch als Novum zur französischen Verfassung von 1791 gehört und waren durchaus in der transatlantischen Verfassungsgeschichte eingeführt, so führten sie im 19. Jahrhundert ein weitgehendes Schattendasein; die oft kopierte belgische Verfassung (z. B. in den neuen Balkanstaaten) von 1831 bildete hier eine Ausnahme. Andernorts begnügte man sich mit der Formulierung zentraler Freiheiten wie derjenigen der Presse oder der Gleichheit vor dem Gesetz. Es kann festgehalten werden, dass »Konstitutionalisierung« im Grunde wenig über die Realverfassung eines Staates aussagt, das gilt bis heute. Dennoch war dieser Prozess im nachrevolutionären Europa ein großer Fortschritt auf dem Weg zu mehr Demokratie, da – mit allen zu benennenden Einschränkungen – moderne Verfassungsprinzipien wie Gewaltenteilung, Rechtsgleichheit und Parlamente eingeführt wurden.

Auch der Blick auf das Wahlrecht muss ambivalent ausfallen. Die Begriffe Verfassung, Parlamentarisierung, Demokratisierung und Wahlrecht gehören durchaus eng zusammen und prägten über weite Strecken die politische Geschichte des 19. Jahrhunderts. Es zeigt sich jedoch schnell, dass kein unmittelbarer oder gar kausaler Zusammenhang zwischen ihnen besteht. Wenn besonders Demokratisierung und wachsende Gleichheit zu den säkularen Prozessen des 19. Jahrhunderts zu zählen sind, dann lenkt dies in Verbindung mit dem Verfassungsrecht automatisch auch den Blick auf das Wahlrecht. Und tatsächlich waren Auseinandersetzungen über diese fundamentalen politischen Rechte ein Dauerthema seit der Französischen Revolution. Im Hinblick auf die politische Zielvision staatsbürgerlicher Gleichheit (*egalité*) könnte man sagen, dass die Geschichte des Wahlrechts im 19. Jahrhundert die Geschichte seiner vielfältigen Einschränkungen erzählt. Das theoretische Ideal – allgemeines, gleiches und freies Wahlrecht für Frauen und Männer – gab es nach 1870 nirgendwo in Europa.

Infobox 4: Die Entwicklung des Wahlrechts in England

Wahlrechtsreform	Auswirkung
1832 Reform Act	Änderung der Wahlkreiseinteilung und nahezu Verdoppelung der Wählerschaft auf ca. 640.000
1867 Second Reform Act	Verdoppelung der Wählerschaft
1872 Ballot Act	Einführung des geheimen Wahlrechts
1884 Third Reform Act	Wahlrecht für Landarbeiter; 40 % der Männer bleiben ausgeschlossen durch Bindung an einen bestimmten Zensus
1911 Parliament Act	Verkürzung der Legislaturperiode von 7 auf 5 Jahre
1918 Fourth Reform Act	Wahlrecht für alle Männer ab 21 und Frauen ab 30 (zensusgebunden)
1928 Equal Franchise Act	Wahlrecht für alle Frauen ab 21

Andererseits schritt die Ausweitung des Wahlrechts jedoch durchaus voran – was nicht heißen soll, dass es im Einzelfall nicht zu Rückschritten kommen konnte. Bemerkenswert ist hier der evolutionäre Weg, der seit 1832 in Großbritannien beschritten wurde: Die stetigen Wahlrechtsreformen reagierten auf den sozialen Wandel in der Gesellschaft und stärkten zunehmend das städtische Bürgertum auf Kosten der Aristokratie, so dass schließlich die »Adelsherrschaft« auf der Insel zu einem Ende kam. Ansonsten zeigten sich hier wie auf dem Kontinent noch zahlreiche Möglichkeiten zur Einschränkung der Wählerzahlen, manche erwiesen sich zählebiger als andere. Hier können nur einige beispielhaft aufgeführt werden:

1) Frauen waren vom aktiven und passiven Wahlrecht ausgeschlossen, damit ca. 50 % der Erwachsenen. In den europäischen Ländern gab es unterschiedlich intensive feministische Wahlrechtsbewegungen, 1904 wurde in Berlin der »Weltbund für Frauenstimmrecht« gegründet. Besonders aktiv waren die Vertreterinnen des Frauenstimmrechts in England, wo Wahlrechtsfragen eine traditionell große politische Bedeutung hatten. Hier gab es auch die extremste Bewegung, die Suffragetten um Emmeline Pankhurst, die auch vor massiver Gewaltanwendung (Straßenschlachten, Bombenattentate und Brandstiftungen) nicht zurückschreckten. Auf dem Kontinent konzentrierten sich die bürgerlichen Frauenbewegungen vielfach noch stärker auf praktische Alltagsfragen (Bildung, Arbeit, Eigentum), während die Sozialistinnen schon vor der Jahrhundertwende das Frauenwahlrecht einforderten (▸ Kap. 4.4). Erstmals wählen durften Frauen in Finnland seit 1906, und sie konnten dort auch gewählt werden. Nach dem Ersten Weltkrieg wurde das Frauenwahlrecht fast überall obligatorisch.
2) Weit verbreitet war die Einschränkung durch einen Zensus, also eine bestimmte Steuerhöhe. Im Deutschen Reich waren 3 Mark eher symbolischer Natur; das Dreiklassenwahlrecht in Preußen bevorteilte jedoch klar die Besitzenden in ihrem politischen Einfluss. Ähnliche Regelungen gab es in Schweden bis 1866, in Finnland wurde bis 1906 sogar noch nach ständischem Proporz gewählt.
3) Viele Länder banden das Wahlrecht an ein Mindestmaß an Bildung, was namentlich in südeuropäischen Ländern mit ihrer erst verspätet

einsetzenden Alphabetisierung zum Tragen kam. Auf liberaler Seite war mangelnde Bildung seit Jahrzehnten ein vielgenutztes Argument, besonders die ländliche Bevölkerung von Wahlen auszuschließen, da man (nicht zu Unrecht) ein konservatives Wahlverhalten fürchtete. Italien führte 1912 zwar das allgemeine Wahlrecht ein, Analphabeten (zu dieser Zeit im Landesschnitt ca. 46 %) mussten jedoch mindestens 30 Jahre alt sein. Aber auch die Bevorteilung von Bildung war geübte Praxis: Belgien führte 1893 zwar das allgemeine Wahlrecht ein, Reiche und Gebildete erhielten jedoch zusätzliche Stimmen; die Niederlande folgten dem Beispiel kurz darauf.

4) Die Stimmabgabe war lange Zeit nicht geheim und bot lokalen Autoritäten wie Arbeitgebern, Landräten oder Präfekten die Möglichkeit, Druck auf die Wähler auszuüben. Vielfach dokumentiert sind diese Versuche im Deutschen Reich; das aber bedeutet keineswegs, dass diese Praxis hier häufiger geübt worden wäre als anderswo. Vielmehr ist es ein Hinweis darauf, wie aufmerksam die Wahlen insbesondere von den Sozialdemokraten beobachtet wurden. Wo immer nötig und möglich, erstatteten sie Anzeige, und nicht selten wurden die Ergebnisse daraufhin annulliert; Ähnliches ließ sich auch in Frankreich beobachten. Erst die Einführung normierter Urnen und Wahlkabinen (»Australian Ballot«) schuf Abhilfe, nachdem die geheime Wahl per Gesetz eingeführt worden war (Belgien 1877, Frankreich 1900, Dänemark 1901).
5) Die Zuschnitte der Wahlkreise ist ein bis heute praktiziertes Instrument zur Bevorteilung oder Benachteiligung unliebsamer Wählerschichten. Ein frappierendes Beispiel ist das Deutsche Reich, wo die Einteilung seit der Reichsgründung nicht mehr verändert worden war. Angesichts großer Wanderungsströme und einer rapide wachsenden Stadtbevölkerung entstand so ein massives Ungleichgewicht zugunsten der ländlichen Räume: Der Wahlkreis Schaumburg-Lippe hatte 1898 genau 5.986 Wähler, während im industrialisierten Bochum-Gelsenkirchen 84.031 Männer zur Urne gerufen wurden. Die Stimmen waren damit nicht mehr gleich viel wert; vor allem in Verbindung mit Mehrheitswahlsystemen kann dies zu massiven Ungerechtigkeiten führen. In England hatte diese Entwicklung zum Reform Act von 1832 geführt, da die sogenannten *rotten boroughs*

weiterhin im Parlament repräsentiert waren, obgleich sie regelrecht verwaist waren.

Infobox 5: Prozentualer Anteil der männlichen Wahlberechtigten an der Gesamtbevölkerung

Land	1830	1870	1910
Frankreich	0,5	22–26	29
Belgien	1,1	2,2	21–23
Ungarn	1	6,5	6,2
Großbritannien	2,1	8	18
Niederlande	3,5	2,9	14
Schweden	9	5,6	19

Quelle: W. Reinhard, Geschichte der Staatsgewalt. Eine vergleichende Verfassungsgeschichte Europas von den Anfängen bis zur Gegenwart, 2. Aufl. München 2000, S. 431.

Ein vorläufiges Fazit zeigt, dass die bloße Existenz eines Parlaments und ein noch so liberales Wahlrecht nur wenig über den Grad an Demokratisierung aussagen. Ein eingeschränktes Wahlrecht wie in England konnte die Grundlage einer stabilen parlamentarischen Monarchie sein, in der der Monarchin keine wesentliche politische Bedeutung zukam – und das progressivste allgemeine Wahlrecht für Männer bot wie in Deutschland keine Gewähr dafür, dass sich die Regierung aus der Mitte des Parlaments heraus bilden konnte. Parlamentarisierung und Demokratisierung sind daher keine Prozesse, die notwendig aufeinander bezogen sein müssen (▶ Kap. 2.4). Aber das Wählen wurde nach und nach zum Massenphänomen, zunächst durch die wachsende Bevölkerung, dann aber eben auch durch die bisweilen enorme Ausweitung der Wählerschaft nach 1870. Das hatte wiederum konkrete Folgen für das Wählen.

Ein abschließender Blick auf die teils sehr unterschiedlichen Wahlkulturen differenziert das Bild noch weiter. Wahlkultur fragt nach dem Wählen als soziale Praxis, also: Wie »funktionierte« Wählen in den einzelnen Ländern, wie wurden Wahltage von den Menschen begangen? Aus Spanien, Portugal oder Rumänien sind beispielsweise Absprachen vor der Wahl bekannt, das heißt: Zwar wurde gewählt, aber das Ergebnis stand schon zuvor fest. Was zunächst wie ein Relikt aus vordemokratischen Zeiten klingt, erweist sich bei genauerem Blick auf die europäischen Wahlkulturen als zumindest nicht unübliche Praxis, die auch in Staaten mit etablierten Wahlgängen vorkommen konnten. In Frankreich blieb es auch in republikanischer Zeit üblich, mithilfe der vor Ort mächtigen Präfekten den Behörden genehme (republikanische) Kandidaten durchzubringen, zum Beispiel indem man die Wähler konservativer Kandidaten an der Stimmabgabe hinderte. 1876 wurden sogar 102 Wahlen kassiert, in denen Gegner der Republikaner gewonnen hatten. Auch der Ausschank von Alkohol im Vorfeld eines Wahlgang zur Gefügigmachung der Wähler war keine Seltenheit: 1902 wurden in einem Département 19.000 Liter Schnaps zusätzlich vor der Wahl ausgeschenkt. Solche Vorgänge waren im »Musterland der Demokratie« alles andere als unbekannt, im Gegenteil: Großbritannien war geradezu das Paradebeispiel politischer Korruption mit vielfach praktiziertem Stimmenkauf. Das war nicht nur von den Kandidaten so gewollt, auch viele Wähler versuchten, mit ihrer Stimme Kasse zu machen. Wahlkämpfe und -tage waren bisweilen von extremer Brutalität geprägt, alkoholisierte Gegner prügelten aufeinander ein oder versuchten, sich gegenseitig an der Stimmabgabe zu hindern – das hatte eine lange Tradition, Wahltage wurden wie Jahrmärkte erlebt, mit viel Show, Alkohol und derbem Witz. Allerdings zeigte sich hier auch ein praktischer Effekt des weitgehend allgemeinen Wahlrechts: Je mehr Wähler es gab, desto weniger war es möglich, einzelne Stimmen zu kaufen – es wurden am Ende zu viele. Diese Praxis verlor daher zunehmend an Bedeutung, und mit dem Ersten Weltkrieg hörten auch die Gewaltexzesse auf. Hinzu kam: Das Wahlrecht für Frauen schien eine zivilisierende Wirkung zu haben, da diese sich in ihrer politischen Meinung von Alkohol und Gewalt nur wenig beeinflussen ließen. Auch in Deutschland gab es, wie erwähnt, Manipulationsversuche; lange herrschte die Praxis vor, dass die Wähler ihre farbigen Stimmzettel von den Parteien am Wahllokal erhielten und dann dem Wahlleiter zu übergeben hatten, der sie in die Urne beförderte – vor den Augen der Anwesenden, zu denen auch Arbeitgeber gehören konnten. Erst 1903 verabschiedete der Reichstag ein Gesetz zur geheimen Stimmenabgabe, nachdem es zuvor elfmal im preußisch dominierten Bundesrat durchgefallen war. Ansonsten waren Wahlgänge hier, ähnlich wie in der Schweiz, von einer großen Regelhaftigkeit gekennzeichnet, wie sie nach dem Ersten Weltkrieg in ganz Europa üblich wurde.

3.4 Privatrecht

Das 19. Jahrhundert brachte in fast allen Nationalstaaten Europas Kodifikationen des Privatrechts (synonym auch: Zivilrecht) hervor, in denen die Rechtsbeziehungen zwischen natürlichen und juristischen Personen geregelt werden. Kodifikation im juristischen Sinne bedeutet eine auf vollständige und systematische Erfassung des gesamten Stoffes angelegte Sammlung von Gesetzen, die einem (oder mehreren) Rechtsgebieten angehören. Die Vielfalt Europas zeigte sich auch auf diesem Gebiet, auch hier gab und gibt es »Sonderwege«. An erster Stelle ist hier Großbritannien zu nennen, dessen historische Rechtsentwicklung vom römischen Recht völlig unbeeinflusst blieb (mit der Ausnahme Schottlands). Hier entwickelte sich ein eigenständiger Rechtskreis und bildete früh das »Common Law« aus. Es war und ist in erster Linie »Richterrecht« oder »Fallrecht«, das heißt: Es gibt zwar durchaus wegweisende Gesetze wie die Zivilehe, die 1836 vom Parlament beschlossen wurde. Entscheidender sind jedoch bis heute Präzedenzfälle, auf die sich die Richter (für die es vor dem 19. Jahrhundert keinen regulären Rechtsunterricht gab) bei ihren Urteilen berufen; ihnen kommt daher für die Rechtsentwicklung eine wesentlich größere Bedeutung als ihren Kollegen auf dem Festland zu. Ähnlich verlief die Entwicklung im sogenannten skandinavischen Rechtskreis, der auf altgermanischem Recht fußt; allerdings erlangte das römische Recht hier durchaus überall dort Bedeutung, wo das überkommene Recht keine Lösungsmöglichkeiten anbot. Schließlich bildete auch Russland im 19. Jahrhundert insofern eine Ausnahme von der allgemeineuropäischen Entwicklung, als es zwar 1832 zu einer Kodifizierung kam, diese jedoch nur unsystematisch und lückenhaft erfolgte; sie blieb bis zur Oktoberrevolution 1917 in Kraft.

In West- und Mitteleuropa hatten sich davon abweichende Rechtskreise entwickelt, die in der Rechtswissenschaft unterschiedlich gekennzeichnet werden. Ihnen gemeinsam war zumeist eine althergebrachte Rezeption des römischen Rechts, nicht selten vermittelt über das Gemeine Recht (*ius commune*), eine Mischung aus tradierten Rechtsgewohnheiten, Kirchenrecht und römischem Recht. Ihnen allen war letztlich gemein, dass sie – statt wie im englischen Rechtskreis – nicht auf rechtliche Regelungen fallweise setzen wollten, sondern auf allgemeingültige und dauerhafte Regeln in Form von Kodifikationen.

Die Bildung von Nationalstaaten stellte in privatrechtlicher Hinsicht in erster Linie die Staaten vor große Herausforderungen, die aus zuvor eigenständigen Gebieten mit eigenen Rechtsformen gebildet wurden (unifizierender Nationalstaat; ▶ Kap. 2.3). Das Ziel musste es mittelfristig sein, die unterschiedlichen Rechte im nationalen Rahmen zu vereinheitlichen. Das deutsche Bürgerliche Gesetzbuch (BGB) ist daher auch ein Beispiel für die Homogenisierungstendenz des Nationalstaates: Aus historisch gewachsener rechtlicher Vielfalt entstand die Einheitlichkeit des Privatrechts, wie es bis heute in den europäischen Nationalstaaten Bestand hat. Das Deutsche Reich ist ein typisches Beispiel für einen neuen Nationalstaat, in dem teilweise jahrhundertealte Rechte vereinheitlicht werden sollten: In den linksrheinischen Gebieten galt weiterhin der französische Code Civil, während in den angestammten preußischen Gebieten das Allgemeine Landrecht von 1794 (ALR) Gültigkeit bewahrte; weite Teile Nord- und Süddeutschlands behielten das Gemeine Recht. In Baden und Württemberg galt noch das Badische Landrecht, während Sachsen bereits ein eigenes Bürgerliches Gesetzbuch besaß. Diese Rechtsvielfalt wurde erst mit dem BGB beendet, an dem seit den 1870er Jahren gearbeitet wurde; Gültigkeit hat es seit dem 1. Januar 1900 bis heute. In Italien waren unterschiedliche Codices seit den 1820er verabschiedet worden, die nach der Gründung des Nationalstaates anstelle einer neuen nationalen Kodifizierung (1865) ihre Bedeutung verloren. In der Schweiz lagen die Dinge ähnlich wie in Deutschland, wenn auch in kleinerer Form: Hier galten Adaptionen des Code Civil, des österreichischen »Allgemeinen Bürgerlichen Gesetzbuchs« (ABGB) von 1812 und das sogenannte Pandektenrecht, in manchen Kantonen gab es zunächst gar keine Neuerungen. Erst durch die Verfassung von 1874 erlangte die Bundesgesetzgebung auch privatrechtliche Kompetenzen; daraus entstand 1907 das Zivilgesetzbuch, das ab 1912 Gültigkeit besaß.

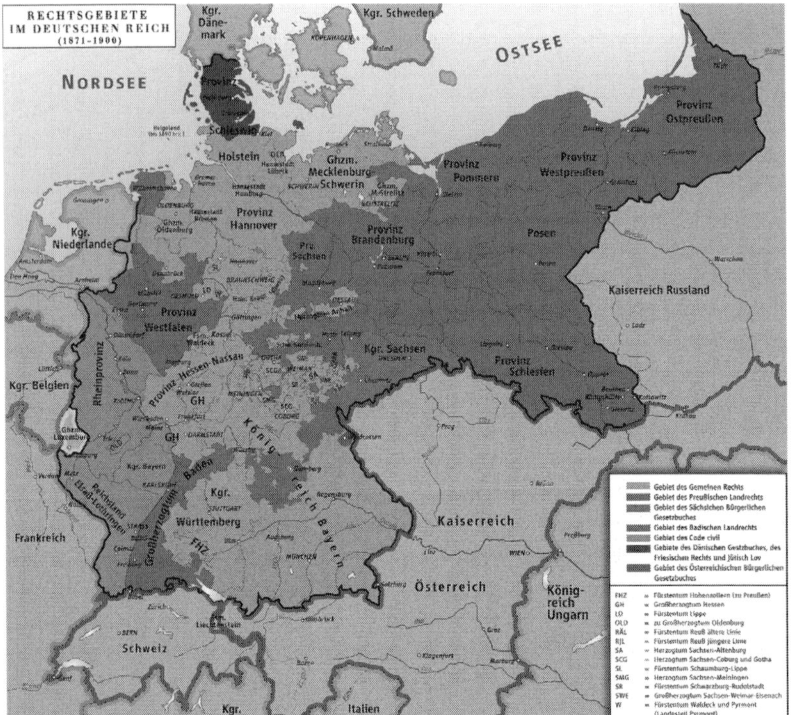

Abb. 6: Rechtsgebiete im Deutschen Reich vor dem 1.1.1900.

Zwar wird als erste Zivilrechtskodifikation der bayerische »Codex Maximilianeus Bavaricus civilis« von 1756 betrachtet, der damit noch in die Zeit des Ancien Régime fällt; auch das umfassende ALR in Preußen mit seinen fast 20.000 Artikeln war noch vorrevolutionär und galt mit seiner Einführung daher manchen schon als überholt, zumal es auch ständerechtliche Regelungen fortschrieb. Ideengeschichtlich ist danach aber die Bedeutung der Aufklärung sowie der Französischen Revolution auch für die Rechtsgeschichte nicht zu unterschätzen. Das gilt einerseits faktisch für den wegweisenden Charakter der Napoleonischen »Codes«, wobei der Code Civil von 1804 als erste nachrevolutionäre Kodifikation die weiteste Verbreitung fand. Napoleon exportierte diese modernen Gesetzesbücher mit seinen Feldzügen, und auch nach 1815 behielten viele Staaten diese Kodifikationen bei: Zu nennen sind hier (ohne außereuropäische Einflussgebiete) unter anderen Belgien, Italien und Polen, auch in Spanien und Portugal wurde er rezipiert. Aber auch ideell sind die Kodifikationen Kinder der Aufklärung, da sich in ihren Grundideen die Leitbegriffe Freiheit und Gleichheit widerspiegeln; Gesetze sollten alleine von den Repräsentanten des Wahlvolkes beschlossen werden, nicht länger von Monarchen oder der Rechtsprechung, wie es der Tradition des Gemeinen Rechts entsprach. An die Stelle der Brüderlichkeit trat hingegen das Eigentum, worauf gleich zurückzukommen sein wird. Mit der Anpassung des Zivilrechts an die nachständische bürgerliche Gesellschaft wurde die Durchsetzung individueller Rechtsgleichheit vor dem Gesetz ebenso notwendig wie die Berücksichtigung einer sich modernisierenden Gesellschaft mit neuen Bedürfnissen, insbesondere in wirtschaftlicher Beziehung. In vielen Ländern geschah dies sukzessive im 19. Jahrhundert im Zuge beschleunigter gesellschaftlicher und ökonomischer Wandlungsprozesse. Je stärker sich die Märkte miteinander verflochten, desto intensiver war das Bedürfnis nach rechtlicher Vereinheitlichung (▶ Kap. 5); zum Teil fielen diese Rechtsgebiete (Handelsrecht etc.) auch in den Bereich des Zivilrechts.

Der Bürger trat dem Staat jetzt als Individuum gegenüber, nicht mehr als Teil eines Standes mit (eingeschränkten) Sonderrechten. Die Zivilrechtskodifikationen vereinheitlichten nicht nur die Rechtsgebräuche in den Nationalstaaten; sie schufen auch »bürgerliches Recht« in dem Sinne, dass dieses nun jedem Bürger zugänglich sein sollte. Um 1800 bedeutete das zunächst, dass die Sammlungen nicht mehr in Latein abzufassen waren. Tatsächlich sollten sie aber auch allgemeinverständlich und jedem dienlich sein, der seine Rechte studieren wollte. Das gelang beispielsweise beim BGB viel weniger, da es auf einer hochgelehrten systematisierenden Rechtstradition (Pandektenwissenschaft) beruhte, die für Fachjuristen im 19. Jahrhundert führend war. Ganz anders hingegen die Schweiz: Hier musste das Zivilgesetzbuch alleine aus praktischen Gründen für alle nachvollziehbar sein, da es kantonal das Institut nicht vorgebildeter Laienrichter gab. Auch das ABGB in Österreich war sprachlich bewusst einfach gehalten und erhielt Einfluss auf das serbische (1844) und später das Schweizer Zivilgesetzbuch.

Das Privatrecht stellt also kodifiziertes bürgerliches Recht dar und gewährleistet nicht nur die Gleichheit der Rechtssubjekte, sondern schützt auch ihr Eigentum. Schon beim Code Civil stand weniger das Verhältnis der Privatpersonen untereinander im Zentrum als ihr Bezug zum Eigentum. Rein begrifflich bezeugen das auch die am Pandektenrecht orientierten fünf Teile des BGB, wie sie sich ähnlich auch in den anderen Kodifikationen finden: Allgemeiner Teil, Schuldrecht, Sachenrecht, Familienrecht, Erbrecht. Mit der fortschreitenden Industrialisierung erwuchsen aus diesem Eigentumsbegriff vielfältige Probleme in einer Zeit, als die Masse der Menschen besitzlos war und das Wahlrecht noch vielfach an Besitz oder Steuerleistung gebunden blieb. So galt etwa in Russland noch lange Zeit eine Regelung, die Herrschaft als Teil des Eigentumsrechts über Land und Leute verstand und daher keine Trennung zwischen Privateigentum und Öffentlichkeit kannte. Mit dem Privatrecht breitete sich auch die Industrialisierung und der Gedanke der Vertragsfreiheit aus: »Freie Lohnarbeit« wurde zu einer Grundlage des Kapitalismus, Arbeit dabei rechtlich zunächst als »Sache« betrachtet, als Eigentum des Arbeiters, über das er frei verfügen könne. Arbeitsverträge wurden so zu Mietverträgen, die Arbeit selbst von der Person des Arbeiters getrennt und zur Ware, aller ethischen und sozialen Implikationen entkleidet. Die sozialen Probleme einer kaum eingeschränkten Vertragsfreiheit (Ausbeutung, soziale Verelendung) wurden schnell erkannt und nicht nur von den Gewerkschaften und den sozialistischen Parteien der zweiten Jahrhunderthälfte aufgegriffen. Mit dem aufkommenden Arbeitsrecht wurde die Vertragsfreiheit vielfältig eingeschränkt (Fabrikgesetze, Arbeiterschutzgesetze etc.), am Ende des Jahrhunderts wurde schließlich der Weg in den Sozial- und Interventionsstaat beschritten (▶ Kap. 2.5).

Während das Privatrecht die sozioökonomische Ungleichheit zwischen Lohnarbeitern und Arbeitgebern zunächst festschrieb, bis dann sukzessive eine Reihe arbeitsrechtlicher Regelungen die Zustände zu mildern versuchte, blieben andere Ungleichheiten noch länger erhalten. In allen Kodifikationen blieb der Patriarchalismus bestehen, wurde unter Verweis auf »natürliche Gegebenheiten« neu »legitimiert« und teilweise sogar noch verschärft. Ein vielziertes Beispiel ist der Artikel 213 des Code Civil, der in dieser Form bis 1938 gültig blieb: »Der Mann ist seiner Frau Schutz, die Frau ihrem Manne Gehorsam schuldig.« Auch die Rechtsfähigkeit der Frauen war weitgehend eingeschränkt und wurde naturrechtlich begründet, was wiederum gravierende Folgen für den so wichtigen Eigentumsbegriff hatte. Im Geltungsbereich des Code Civil waren Ehefrauen (die rechtlich strikt zu unterscheiden waren von Nichtverheirateten oder Witwen) zwar eigentumsfähig, zugleich aber auch handlungsunfähig, da sie der absoluten Hausherrschaft des Ehemannes unterworfen waren. Diese starke Abhängigkeit zeigte sich auch in der Regel, dass Französinnen, die einen Ausländer heirateten, dessen Staatsangehörigkeit annehmen mussten; eine vergleichbare Regelung galt auch in England. Im Gemeinen Recht, das in Teilen Deutschlands noch bis 1900 galt, waren die Regelungen oft liberaler, wurden aber meist von lokalen und landesrechtlichen Bestimmungen überlagert, so dass auch hier die Verfügungsgewalt des Ehemannes über das gemeinsame Eigentum festgeschrieben war. Insgesamt war die Lage in Deutschland jedoch ambivalent, da es hier immerhin Ausnahmeregelungen beispielsweise für unverheiratete Frauen gab. Ganz anders war die rechtliche Lage im Common Law, wie es in Großbritannien, aber auch in den USA verbreitet war. Bis in die 1870er Jahre hinein wurde die Lage der Frauen von Kritikern mit der Sklaverei verglichen; mit den Vorstellungen einer bürgerlichen Gesellschaft rechtlich freier Individuen hatte die Situation im Empire nichts zu tun. Hier war die Trennung zwischen verheirateter und unverheirateter Frau noch strikter: Während Ledige (*feme sole*) die gleichen bürgerlichen Rechte wie Männer hatten (ausgenommen die Teilnahme am öffentlichen Leben, also vor allem Wahlrecht und öffentliche Ämter), hörten Verheiratete (*feme covert*) mit dem Tag der Eheschließung auf, rechtlich überhaupt als Person zu gelten. Dieser unter rationalen Maßstäben unhaltbare Zustand wurde zwischen 1870 und 1893 mit den drei »Married Women's Property Acts« abgeschafft.

Aus rechtshistorischer Perspektive überrascht es nicht, dass Teile der entstehenden bürgerlichen Frauenbewegung auf dem Kontinent oftmals weniger an den »großen« politischen Fragen wie dem Wahlrecht interessiert waren, sondern an der pragmatischen Auflösung restriktiver Bestimmungen vor allem in Bildungs- und Berufsfragen (▶ Kap. 4.4). Das war vor allem in der frühen Phase der Frauenbewegungen in Frankreich und Deutschland der Fall: Um die eigenen Forderungen nach rechtlicher Gleichberechtigung nicht zu delegitimieren, verzichtete man auf elementare Ansprüche wie das Wahlrecht. In Frankreich wollte man nach den verstörenden Erfahrungen der Commune 1871 jeglichen Eindruck der Radikalität vermeiden – und die Einforderung des Frauenstimmrechts galt als radikal. In weiten Teilen Deutschlands kam erschwerend hinzu, dass Frauen die politische Betätigung in Vereinen seit 1850 verboten war, und anders als die Forderung nach dem Wahlrecht galt der Einsatz für bessere Bildungsmöglichkeiten nicht als politisch. Erst 1908 wurde auch dies durch das neue Reichsvereinsgesetz erlaubt.

Das Recht zur freien Religionsausübung hingegen war nach 1870 weit verbreitet und konstitutionell legitimiert, der zunehmend rassistisch motivierte Antisemitismus und die damit einhergehenden Benachteiligungen blieben in Teilen Europas jedoch virulent (▶ Kap. 7.3); neue rechtliche Einschränkungen wurden jedoch nur in Russland nach 1881 eingeführt. Auch die Spannungen zwischen den christlichen Bekenntnissen waren weiterhin verbreitet: Portugal führte erst 1910 die Religionsfreiheit ein, protestantische Vorbehalte gegenüber dem Katholizismus führten zeitweilig sogar zu Sondergesetzen wie im Deutschen Reich (Kulturkampf) oder zu einer diskriminierenden gesellschaftlichen Praxis wie in Großbritannien. Zu wiederkehrenden Gewaltausbrüchen führten die zunehmenden Spannungen zwischen Christen und Muslimen, die bis zur nationalistischen Aufladung religiöser Bekenntnisse friedlich miteinander gelebt hatten. Aber das waren Entwicklungen, die jenseits privatrechtlicher Fragen lagen.

3.5 Fazit

In rechtlicher Hinsicht war das 19. Jahrhundert eine Zeit des Bürgertums und des Liberalismus, und damit auch ein Spiegel gesellschaftlicher Machtverhältnisse (▶ Kap. 4). Es war ein Zeitalter der Verfassungen ebenso wie ein Zeitalter der Privatrechtskodifikationen, in dem sich liberale Vorstellungen über die Beschneidung monarchischer Vorrechte, die Ausweitung des Wahlrechts und Vorstellungen individueller Freiheits- und Eigentumsrechte weitflächig durchsetzen konnten. Mit den großen Kodifikationen auf dem Kontinent verlor das jahrhundertealte Gemeine Recht seine Bedeutung für immer. Im Verfassungs- wie im Privatrecht verknüpften sich jeweils die Erbschaft der Aufklärung und des politischen Liberalismus sowie der nach Einheitlichkeit strebende Nationalstaat.

Im Kampf um das Wahlrecht konkretisieren sich die partizipativen Ansprüche der wachsenden Massengesellschaften in Europa, die seit der Französischen Revolution mit dem Ruf nach staatsbürgerlicher Gleichheit (für Männer) verbunden waren. Somit stehen die fast überall beobachtbaren Fortschritte in der Ausweitung dieses Rechts stellvertretend für die sukzessive Durchsetzung rechtsstaatlicher Prinzipien, bis nach dem Ende des Ersten Weltkrieges überall das gleiche Wahlrecht – und nun im Normalfall auch für Frauen – Geltung erlangte. Rein rechtlich war damit der Endpunkt erreicht.

Dem Weg zur privatrechtlichen Gleichheit standen erhebliche Bereiche der fortdauernden Ungleichheit gegenüber, die nur ansatzweise mit weiteren Gesetzen aufgefangen wurden. Insbesondere die Rechte der Frauen blieben prekär, sowohl privat- als auch wahlrechtlich. In vielen Ländern standen sie *de iure* auch am Ende unserer Epoche – und teils noch weit darüber hinaus – unter der Herrschaft des Ehemannes oder eines Vormundes. Religiöse Unterschiede wurden zwar von den Verfassungen eingeebnet, was die faktische Ungleichbehandlung religiöser Minderheiten aber keineswegs ausschloss. So war am Ende der wirtschaftlich agierende Bürger weitgehend frei in seinen Entfaltungsmöglichkeiten, während das gesellschaftliche Individuum mitunter noch wesentlichen (gewohnheits-)rechtlichen Einschränkungen unterliegen konnte.

4 Gesellschaft

4.1 Vorbemerkungen

Die klassische Sozial- und Gesellschaftsgeschichte, wie sie sich seit den 1960er Jahren in der Geschichtsschreibung etablierte, beschäftigte sich nicht nur, aber oftmals mit der Analyse sozialer und kultureller Ungleichheiten und Differenzierungen. Zu denken ist dabei an unveränderliche und fluide Merkmale wie Alter, Geschlecht, Stand/Klasse, Beruf, Lebensweise, Familie, Mobilität, Wohnen, Bildung (und Bildungschancen) – in Verbindung damit aber auch an Konflikte und Gewalt im Allgemeinen, Verteilungs- und Klassenkämpfe im Besonderen. Mittlerweile werden diese Gegenstandsbereiche im Zuge einer kulturgeschichtlichen Erweiterung ergänzt durch eine stärkere Fokussierung auch selbstbestimmter Zugehörigkeiten. Das heißt: Das soziale Leben der Menschen in der industrialisierten Moderne wird nicht mehr nur als Ausdruck ökonomischer Lebenslagen verstanden, die mit der Etablierung der freien Lohnarbeit auf vertraglicher Grundlage im Kapitalismus einhergingen und fundamentale Wandlungsprozesse von der feudalen zur Klassengesellschaft verursachten. In der jüngeren Forschung werden – ergänzend zu diesen unbestrittenen Prozessen – nun auch individualisierte Erfahrungen etwa von Alten und Jungen, Männern und Frauen, Stadt- und Landbewohnern stärker als zuvor in den Blick genommen. Der gesellschaftliche Modernisierungs- und Differenzierungsprozess nach 1850 bot diverse und ggf. konkurrierende Identifikationsmöglichkeiten an: Ein Stahlkocher in Essen war beispielsweise nicht nur »Arbeiter« – er hatte ebenso ein Selbstverständnis von nationaler Identität und Geschlecht, fühlte sich vielleicht einer politischen Ideologie oder einer Religion zugehörig und oftmals arbeitete er an einem anderen Ort als dem, in dem er geboren war. Die Liste der identitären (Selbst-)Zuschreibungen ließe sich problemlos verlängern.

Ganz unabhängig von Fragestellung und Blickwinkel ist jedoch einleitend wichtig zu konstatieren, dass es eine europäische Gesellschaft im 19. Jahrhundert nicht gegeben hat; ein solcher Begriff mag allenfalls für die zahlenmäßig ausgesprochen schmale Schicht des transnational verflochtenen Adels gelten. Mitunter wird auch mit einigem Recht infrage gestellt, ob es überhaupt *eine* englische oder deutsche Gesellschaft gegeben habe: Zu groß erscheinen die Unterschiede zwischen Stadt und Land, zwischen Fabrik- und Landarbeit. Diese Ansicht knüpft an die Feststellung an, dass es keine industrialisierten Staaten gab, sondern nur »fortschrittliche« Regionen oder Räume.

Im Folgenden werden zunächst die Gesellschaften quantitativ in ihrer Gesamtheit betrachtet: Wie entwickelte sich die Bevölkerung, wo lebte sie und wie bewegte sie sich? Es gab fast überall klare Tendenzen zur Massengesellschaft, die ganz neue Interaktionsmöglichkeiten mithilfe der Massenkommunikation entwickelte. Anschließend wird anhand der wichtigsten gesellschaftlichen Klassen die Struktur der Gesellschaften analysiert, bevor am Schluss mit dem Blick auf die Geschlechterverhältnisse eine klare Bruchkante nicht nur des sozialen Lebens dieser Zeit, sondern ebenso der historischen Betrachtung markiert wird.

4.2 Das Zeitalter der Massen

Der Begriff der »Masse« ist ausgesprochen vieldeutig im Zusammenhang mit der Periode nach 1870. Zum einen beschreibt er zahlreiche zählbare Phänomene wie das sich fortsetzende Bevölkerungswachstum auf dem ganzen Kontinent, dann die damit zusammenhängende Migration von Millionen Menschen, innerhalb Europas und in andere Kontinente; schließlich ist auch der Prozess der seit Jahrhundertmitte einsetzenden Urbanisierung in erster Linie ein Ergebnis des Bevölkerungswachstums:

Die Stadt bot neue Lebensräume und -möglichkeiten, vor allem Arbeit in den sich in und um Städte ansiedelnden Industrien – oder in Städten, die sich um Industriestandorte bildeten. Jenseits dieser zunächst quantitativen Phänomene mit ihren zahlreichen sozialen und politischen Auswirkungen erwies sich aber der Begriff »Masse« auch als Reflexionsfeld für Sozialwissenschaftler, Philosophen und Kulturkritiker in der Zeit der Jahrhundertwende. Vor allem setzte sich eine Klassifizierung dieser Massen nach vermeintlich nationalen Kategorien durch, was zu einem immer stärker werdenden Wunsch nach ethnischer Geschlossenheit führte. Erst die Einteilung in »Nationen« machte es logisch möglich, nationale »Minderheiten« zu konstruieren. Gleichzeitig wurden die Menschen aber auch »gruppiert«, als Angehörige von Schichten oder eben Klassen statistisch registriert. Die ethnisch-nationale und soziale Kategorisierung von Menschenmassen ist ein wesentlicher Bestandteil der europäischen Moderne (▶ Kap. 7.4).

Im Vergleich zur Jahrhundertmitte hatten sich die Lebenszusammenhänge der meisten Menschen stark gewandelt, nicht nur Eisenbahnen und das neue Automobil erwiesen sich als Symbole einer beschleunigten Zeit, in der viele Sicherheit und Halt zu verlieren glaubten. Auch das Fahrrad als Massenware beschleunigte den individuellen Verkehr. Mit den gängigen Mitteln der Politik war auf diese Beschleunigungserfahrung nicht mehr zu reagieren; es entstanden politische Massenmärkte und Parteien, die keine losen Vereinigungen von Honoratioren mehr waren, sondern zu bürokratisierten »Maschinen« mit eigenen Parteibeamten wurden (Max Weber).

Bevölkerung

Das gesamte 19. Jahrhundert in Europa ist von einem starken und konstanten Bevölkerungswachstum geprägt. Alleine zwischen 1870 und dem Ersten Weltkrieg gab es einen Zuwachs von rund 50 %, von ca. 300 auf 450 Millionen Menschen – und dies trotz großer Emigrationsströme, die seit dem Pauperismus dieses Wachstum begleiteten. Die folgende Tabelle zeigt einige ausgewählte Länder in absoluten Zahlen, darüber hinaus für manche Staaten auch das durchschnittliche natürliche

Infobox 6: Bevölkerung ausgewählter europäischer Staaten 1870–1910

Land	Bevölkerung (in Millionen)					Natürliches Bevölkerungswachstum im Jahresdurchschnitt (in Promille)	
	1870	1880	1890	1900	1910	1850/64	1900/13
Belgien	5,0	5,5	6,1	6,7	7,4	8,1	9,3
Dänemark	1,8	2,0	2,2	2,4	2,8	11,8	14,1
Deutschland	39,2	45,3	49,5	56,4	64,9	9,8	13,8
Frankreich	36,8	37,5	38,3	39,0	39,2	3,1	0,9
Großbritannien (ohne Schottland)	22,7	26,0	29,0	32,5	36,1	12,2	11,3
Irland	5,4	5,2	4,7	4,5	4,4		
Italien	26,7	28,2	30,0	32,4	34,7		
Niederlande	3,6	4,0	4,5	5,1	5,9	8,7	15,2
Norwegen	1,7	1,9	2,0	2,2	2,4	14,9	13,1
Österreich	20,6	22,1	23,9	26,2	28,6	9,1	14,8
Rumänien	5,0	5,4	6,0	6,0	7,2		
Russland	66,6	76,0	98,5	99,5	130,8		
Schweiz	2,7	2,8	3,0	3,3	3,8		
Serbien	1,6	1,7	2,2	2,5	2,9		
Spanien	16,3	16,8	17,8	18,6	20,0		
Europa	303,4	332,0	365,6	398,7	447,8		

Quelle: W. Fischer (Hg.), Handbuch der europäischen Wirtschafts- und Sozialgeschichte. Bd. 5: Von der Mitte des 19. Jahrhunderts bis zum Ersten Weltkrieg, Stuttgart 1985, S. 14.

Wachstum, aus dem beispielsweise für Frankreich und Großbritannien ein Rückgang der Geschwindigkeit zu ersehen ist. Lediglich Irland fällt aus dem Muster heraus, seine Bevölkerung sank seit der Mitte des Jahrhunderts um ein gutes Drittel.

Was waren die Gründe für die gesamteuropäische Entwicklung? In der sozialwissenschaftlichen Forschung wurde das Modell des demografischen Übergangs von Gesellschaften im Industrialisierungsprozess entwickelt, das als Idealtyp auch heute noch diskutiert wird: Ausgehend von einer hohen Sterblichkeit (Mortalität) bei gleichzeitig hoher Geburtenrate (Fertilität) kommt es in der »transformativen Phase« zu einem nachhaltigen Bevölkerungswachstum, da zunächst die Sterblichkeitsrate zu sinken beginnt, bevor auch die Zahl der Geburten rückläufig wird. Am Ende pendeln sich beide Raten auf einem niedrigen Niveau ein. Soweit das Modell, das sich in dieser Form kaum in der Realität findet. So ist beispielsweise im industriellen Vorreiterstaat Großbritannien, ähnlich wie in Frankreich, zunächst die Fertilität gestiegen. Insgesamt konnte gezeigt werden, dass eine sinkende Mortalität keineswegs das Resultat einer sozioökonomischen Modernisierung sein musste: Ein direkter Zusammenhang zwischen kapitalistischer Produktion, Heiratsfrequenz und Heiratsalter kann nur in einigen Regionen wie Sachsen, Ostelbien oder Moldau nachgewiesen werden. Was aber fast überall zu beobachten war: Ein teilweise starkes Ansteigen unehelicher Fruchtbarkeit seit der Mitte des 19. Jahrhunderts, gerade in agrarischen Regionen. Andererseits bleiben in der Gesamtheit die Gründe für den langsamen Niedergang der Fertilität seit den 1870er Jahren weitgehend ungeklärt – ein Prozess, der in Frankreich schon viel früher einsetzte. Vermutlich waren es hier (wie später auch in anderen Ländern) in erster Linie die unterschiedlichsten Mittel der Geburtenkontrolle.

Was jedoch mit Bestimmtheit zu sagen ist: Der Niedergang der (Kinder-)Sterblichkeit war ein wesentlicher Faktor des Bevölkerungsanstiegs, und dafür lassen sich zahlreiche Gründe anführen, die allerdings – je nach Land und Betrachtungszeitraum – nicht unumstritten sind. Medizinhistorisch wurde von einem »epidemiologischen Übergang« gesprochen, in dessen zweiter Phase sich Europa seit der Mitte des 19. Jahrhunderts befand: Durch medizinische und hygienische Fortschritte etwa der städtischen Abwasserbeseitigung kam es zu einem deutlichen

Rückgang von Infektionskrankheiten wie Cholera oder Typhus (während gleichzeitig die Lebenserwartung in Hafen- oder Industriestädten durch Luftverschmutzung etc. geringer blieb als auf dem Land). Auch der nach und nach wachsende Lebensstandard und in seinem Gefolge eine verbesserte Ernährung werden als Gründe angeführt. Insgesamt blieb die Varianz in den europäischen Staaten und Regionen jedoch groß, vor Ort konnten Details wie rechtliche Heiratsbeschränkungen immer noch eine große Rolle spielen. Schließlich belegen die Zahlen für die durchschnittliche Lebenserwartung den immensen Fortschritt zumindest in Mittel- und Westeuropa: Durfte ein dänischer Junge im Jahr 1845 auf durchschnittlich 42,6 Lebensjahre hoffen, so lag diese Zahl 1910 schon bei 56,2 – ein Zuwachs von über 30 %. Ähnliche Zahlen erreichte auch das stark industrialisierte und in dieser Hinsicht vor allem urbanisierte Großbritannien.

Urbanisierung

»Stadtluft macht frei« ist ein überlieferter Rechtsgrundsatz aus dem Mittelalter und verdeutlicht, dass Städte eine eigene Rechtskategorie waren. Auch heute noch gibt es unterschiedliche Rechte von Stadt und Dorf in der Verwaltungspraxis, etwa beim Marktrecht, bei Messen oder Volksfesten. Seinen ursprünglichen Charakter als Rechtskategorie verlor die Stadt im 19. Jahrhundert jedoch zunehmend und entwickelte sich zu einer rein quantitativen Größe. Als Städte gelten seither auf Dauer angelegte verdichtete menschliche Siedlungen, in denen sozial heterogene Individuen leben. Je nach Staat zählt man alle Ansiedlungen dieser Art ab 2.000 oder 5.000 Einwohnern dazu.

Wenig überraschend gilt es auch hier wieder, beim Gesamtüberblick über das Phänomen Urbanisierung die europäische Vielfalt nicht aus den Augen zu verlieren. »Urbanität« war nichts, das alle Gesellschaften im gleichen Maße erfasste. So kann man für die Jahrhundertmitte für ganz Europa eine Urbanitätsrate (Anteil der in Städten lebenden Menschen) von 18,5 % angeben, die bis 1910 auf 35,8 % angestiegen war. Rechnet man jedoch die Zahlen für das industriell noch relativ unterentwickelte Russland heraus, dann lebten vor dem Ersten Weltkrieg sogar schon 43,5 % aller Menschen in einer Stadt. In der Forschung wurden daher vier Räume der Urbanisierung seit den 1850er Jahren unterschieden: Nordeuropa ging von einem geringen Niveau aus und urbanisierte sich dann mit großer Geschwindigkeit. Dänemark folgte dabei im Grunde dem westeuropäischen Modell (inkl. Deutschland) mit den höchsten Urbanitätsraten. Als drittes erlebte der seit der Antike städtisch geprägte Mittelmeerraum keine Phase des urbanen Wachstums. Ähnlich, aber auf einem viel niedrigeren Niveau, verlief die Entwicklung schließlich auf dem Balkan, der vor dem Weltkrieg mit knapp 23 % noch wenig urbanisiert war.

Überall war der Zusammenhang mit der industrialisierten Wirtschaft relativ deutlich: Je industrialisierter eine Region, desto mehr Städte hatte sie. In Großbritannien lebten vor 1914 fast drei Viertel der Einwohner in urbanen Gegenden (über 40 % davon in Städten mit über 100.000 Einwohnern), während es auf dem industriell noch unterentwickelten Balkan mit seinen Dorfstrukturen teilweise nicht mehr als 10 % waren.

Bis heute beeindrucken vor allem die Wachstumszahlen der großen Metropolen, wie sie sich seit der Jahrhundertmitte auch im Weltmaßstab entwickelten. Der Blick auf die Großstädte allein ist jedoch trügerisch. Zwar waren sie einerseits ein wichtiges Experimentierfeld für ein selbstbewusstes Bürgertum, das insbesondere in den Städten die vielfältigen Chancen praktisch umsetzte, selbst gestaltend einzugreifen. Zur Jahrhundertmitte waren das noch die großen Projekte urbaner Neuplanungen wie in Paris, die international genau beobachtet und kopiert wurden. Von Großstädten wie London gingen auch wichtige Impulse für hygienische Verbesserungen wie die Abwasserentsorgung aus. Quantitativ wichtiger war aber einerseits der Ausbau kleinerer Zentren, die oft durch ein weitgespanntes Netz von Eisenbahnlinien näher aneinander rückten und einen wichtigen Teil dazu beitrugen, die »Nation« kommunikativ »erfahrbar« zu machen (▸ Kap. 6.3). Ein weiterer wichtiger Trend vor dem Weltkrieg war schließlich das Zusammenwachsen größerer Agglomerationen aus mehreren Städten wie im Ruhrgebiet, Norditalien oder Süd-Ost-Lancashire.

Infobox 7: Die zehn größten europäischen Städte 1850 und 1913

1850		1913	
Stadt	**Einwohnerzahl**	**Stadt**	**Einwohnerzahl**
London	2.380.000	London	7.300.000
Paris	1.053.000	Paris	4.850.000
St. Petersburg	524.000	Berlin	4.000.000
Moskau	448.000	St. Petersburg	2.400.000
Berlin	437.000	Wien	2.150.000
Wien	431.000	Moskau	1.900.000
Liverpool	422.000	Manchester	1.600.000
Neapel	409.000	Birmingham	1.500.000
Manchester	404.000	Glasgow	1.500.000
Glasgow	345.000	Hamburg	1.500.000

Quelle: F. Lenger, Metropolen der Moderne. Eine europäische Stadtgeschichte seit 1850, München 2013, S. 53.

Mit der Industrialisierung wurde der Hauptgrund für die partielle Urbanisierung Europas bereits benannt. Aber was bedeutete das konkret? An schnell wachsenden deutschen Kleinstädten wie Essen lässt sich das gut beobachten: 1843 lebten hier ungefähr 7.000 Menschen, bevor sich die Anzahl bis 1871 versiebenfachte, als aus der Kleinstadt ein Zentrum der Stahlerzeugung geworden war. Um 1900 waren es 120.000, vor dem Weltkrieg schließlich fast 350.000 Menschen. Mit der Industrialisierung siedelten sich schnell wachsende Firmen in Städten an, wo sie ein großes Reservoir an Arbeitskräften anzogen; das rapide Wachstum war nur möglich durch die Migration aus ländlichen Gegenden. Es entwickelten sich aber nicht nur neue Städte, auch zum Teil jahrhundertealte Handelssiedlungen, Residenzstädte und Hafenstädte wuchsen. Neben industrieller Arbeit kam hier der Ausbau von Dienstleistungs- und Verwaltungsfunktionen zum Tragen. Namentlich der öffentliche Dienst mit seinen zahllosen Angestellten und Arbeitern expandierte um den Jahrhundertwechsel. Die Firma Krupp war im Deutschen Reich 1907 der größte private Arbeitgeber mit ca. 65.000 Mitarbeitern, lag damit aber weit abgeschlagen hinter der »Preußisch-Hessischen Staatseisenbahn« mit ca. 486.000 Beschäftigten, gefolgt von der Reichspost mit 314.000. In Großbritannien lagen die Verhältnisse ähnlich: Hier lag das »General Post Office« an der Spitze, gefolgt von mehreren lokalen Eisenbahnverwaltungen. Industrieansiedlungen beförderten schließlich auch oft die Modernisierung städtischer Räume: Neue Fabriken wurden an den Stadtrand verlegt, ähnlich wie Schlachthöfe, Friedhöfe oder Krankenhäuser, während den urbanen Ballungsräumen die kommunale Verwaltung erhalten blieb. Seit dem Jahrhundertwechsel wurden sie zu Zentren des bürgerlichen Vergnügens und der Kultur – während es in den Arbeitervierteln und Montanstädten immer wieder zu großen und mitunter gewalttätigen Streiks kam, zu brutalen ethnisch-nationalen oder religiös-konfessionellen Konflikten zwischen Einheimischen und Zugereisten oder auch zu Lebensmittelunruhen, wenn Unterschichten für eine gerechtere Preisbildung kämpften.

Städte wurden zu »Schrittmachern der Moderne« (Friedrich Lenger), die mit ihrem pulsierenden Straßenverkehr sinnbildlich für eine Welt standen, die sich im beschleunigten Wandel befand. So ging die Verstädterung gelegentlich einher mit einer Großstadt- und Kulturkritik, die in der Stadt den Hort von Kriminalität, Sittenlosigkeit, Gottlosigkeit und Degeneration zu erkennen glaubte, nicht zu vergessen der allgegenwärtige Schmutz in den Vierteln der Unterschichten. »Stadt« stand nicht selten für mangelhafte Gesundheit, und tatsächlich lag die Sterblichkeit in wachsenden Städten zunächst noch höher als auf dem Land, wegen des Rückgangs des Stillens starben außerdem viele Kinder früher oder waren weniger gesund. Die stadtkritischen Stimmen machten aber nicht zwingend die Mehrheit der Urteile aus; vergleichende Studien fehlen, es scheint aber, als seien antiurbane Diskurse mit einem zusätzlich völkischen Einschlag vor allem im Deutschen Reich zu beobachten gewesen, viel seltener in anderen Staaten.

Migration

Mit der Hungerkrise in Irland und dem kontinentalen Pauperismus des Vormärz setzte die erste große Migrationswelle ein, die zahlreiche Europäer den Weg über den Atlantik wählen ließ. Seit der Mitte des Jahrhunderts stammten die meisten Migranten noch aus West- und Zentraleuropa, vor allem Irland und Deutschland, dazu viele Schweden und Norweger. Die höchsten Auswandererquoten Zentraleuropas wurden in dem Jahrzehnt ab 1880 erreicht und waren eine Reaktion auf die Agrarkrise in Europa. Eine weitere Welle folgte seit den 1890er Jahren aus Süd- und Osteuropa: Zwischen 1898 und 1914 verließen beispielsweise 150.000 Italiener ihre Heimat, meist aus dem Süden, von denen jedoch viele enttäuscht zurückkehrten. Dauerhaft blieben ca. 1,5 Millionen Italiener in der »Neuen Welt«. Ungleich größer war der Bevölkerungsverlust für Griechenland, hier kehrte seit 1890 ca. ein Sechstel seiner Heimat den Rücken. Im gleichen Zeitraum wanderten auch viele Menschen aus Spanien und Österreich aus, schließlich sehr viele Juden aus Russland und vom Balkan (▶ Kap. 7.3). Betrachtet man den Kontinent vom Wiener Kongress bis zum Ersten Weltkrieg, dann sind in dieser Zeit ca. 60 Millionen Europäer ausgewandert, davon 34 Millionen in die Vereinigten Staaten von Amerika. Zwischen 1841 und 1915 verlor Westeuropa ca. 25 % seines Bevölkerungswachstums durch Emigration.

Diese transatlantische Wanderung wird heute vor allem mit den europäischen Bevölkerungsbewegungen verbunden, angetrieben von Hunger und Not, bisweilen auch von politischer Verfolgung nach 1848. Aber sie machte nur eines von vielen Mustern der Migrationsgeschichte aus. Für den Kontinent selbst blieb die innereuropäische Migration rein zahlenmäßig immer wichtiger, zumal angesichts stark verbilligter Reisemöglichkeiten durch Massenverkehrsmittel wie die Eisenbahn. Genaue Zahlen können nicht genannt werden, aber einige Muster scheinen klar: Die innerstaatliche wie die transnationale Migration orientierte sich am Arbeitsplatzangebot der industriell fortgeschrittenen Zentren, und dabei entwickelten sich einige bekannte Gebiete mit einem Bevölkerungsüberschuss; in ländlichen Räumen wie Ostelbien gab es nach wie vor starke Wanderungsbewegungen von saisonalen Arbeitskräften. Die meisten Migranten waren jung und männlich und holten unter

Umständen ihre Ehefrauen und Kinder nach. Innereuropäisch blieb die Quote hoch: 1907 lebten in Deutschland ca. 48 % außerhalb ihrer Geburtsgemeinde, davon 33 % außerhalb des Gliedstaates oder der Provinz, in der sie geboren waren.

Besondere Regionen waren die neuentstandenen Industriegebiete in Belgien, im Ruhrgebiet oder im Norden Englands. 1914 lebten und arbeiteten etwa eine halbe Million katholische Polen im Ruhrgebiet und machten dort bis zu 10 % der Bevölkerung aus. Nach dem Ersten Weltkrieg verließen weit über 60 % davon diese Region wieder und siedelten zurück in den neu entstandenen polnischen Nationalstaat. Zuvor hatten sie sich in der Fremde niedergelassen, wo sie eigene Vereine, Clubs und sogar Gewerkschaften gegründet hatten. Ähnlich starke Wanderungsbewegungen erlebte Russland: In den westlichen Metropolen St. Petersburg und Moskau waren bis zu 75 % der Menschen Zugereiste. Auch Sibirien war eine innerrussisch stark frequentierte Siedlungskolonie. So wichtig die europäische Auswanderung war: Europa selbst blieb für die Europäer das wichtigste Migrationsziel – mit einer Ausnahme: Jüdische Familien aus Russland siedelten seit den 1880er Jahren oft vollständig Richtung Westen über; sie rechneten nicht damit, alsbald in friedlichere Verhältnisse zurückkehren zu können (▶ Kap. 7.3).

Politische Massenmärkte

Bevölkerungswachstum, Migration und Urbanisierung wurden nach 1870 qualitative Prozesse mit gravierenden Auswirkungen für die europäischen Gesellschaften. Das lässt sich an einigen Phänomenen der Zeit beispielhaft beobachten. So wurden selbst die bloßen Bevölkerungszahlen zunehmend politisiert, beispielsweise im Verhältnis zwischen Frankreich und Deutschland. Im Zeitalter der Wehrpflicht und der Massenheere fürchteten französische Experten, gegenüber dem Kontrahenten von 1870 immer weiter ins Hintertreffen zu geraten. So kam es 1889 zur Revision des Staatsbürgerschaftsrechts mit dem Ziel, auf diese Art mehr Rekruten zu gewinnen. In Großbritannien galt aus dem gleichen Grund schon seit 1870 das Prinzip, dass auf den Inseln geborene Kinder immer zu Briten wurden. Im Deutschen Reich hatte man dieses Problem zwar nicht, aber der Blick richtete sich immer wieder Richtung Ostgrenze, wo man die »russische Dampfwalze« aufgrund des enormen Bevölkerungswachstums im Zarenreich zu fürchten begann. Daran wird eines besonders deutlich: Trotz der gewaltigen technischen Fortschritte bei der Zerstörungskraft insbesondere der Artillerie blieb die Heeresgröße ein wichtiger Gradmesser für die Kampfkraft einer Nation (▶ Kap. 7.5).

Das rapide Bevölkerungswachstum und der in fast allen Staaten zu beobachtende Ausbau des Wahlrechts blieb auch nicht folgenlos für die Politik, die nach 1870 immer weniger eine Sache der Eliten war. Immer mehr Menschen interessierten sich für das politische Geschehen und nahmen massenhaft an öffentlichen Veranstaltungen teil. William Ewart Gladstone gilt als erster Politiker eines neuen Typs, der durch Massenversammlungen den Rückhalt der Wählerschaft zu erlangen versuchte. Ähnliches gilt für Staatsmänner wie Bismarck und Cavour, erst recht für Napoleon III. und seine bonapartistische Herrschaftstechnik. Mit diesen Politikern wurde auch die Außenpolitik zunehmend an die Zustimmung der Massen geknüpft; außenpolitische Themen, namentlich die Kolonialpolitik, wurden nun verstärkt in nationalen Wahlkämpfen instrumentalisiert. Vielfach wurde so der Versuch zur Nationalisierung der Massen unternommen, und nicht selten gelang dies auch.

Informiert wurden die Menschen von einer immer größeren Anzahl an zum Teil mehrfach täglich erscheinenden Tageszeitungen, von denen einige sich zur Massenpresse entwickelten. In den 1890er Jahren erreichte erstmals *Lloyd's Weekly* eine Auflage von über einer Million, zehn Jahre später gelang auch *Le Petit Parisien* der Sprung über diese Marke. Die Massenblätter informierten allerdings nicht nur, gelegentlich sogar eher selten, über die »große« Politik; oftmals befriedigten sie auch das Interesse an Klatsch und Tratsch auf den europäischen Höfen, nach Sensations- und Kriminalgeschichten. Auf dem Kontinent hatten sich die meisten Zeitungen einer bestimmten politischen Richtung angeschlossen, in Deutschland etwa waren die meisten Presseerzeugnisse klar einem politischen Lager zuzuordnen; in England war die Unabhängigkeit hingegen größer, das Selbstverständnis als Mittler zwischen Regierung und Öffentlichkeit bereits stärker ausgeprägt.

Abb. 7: Das *Petit Journal* vom 23.12.1894 berichtet über die Dreyfus-Affäre in Frankreich.

Diese kommunikative Verdichtung war undenkbar ohne die Fortschritte in der Drucktechnik und Verteilung, ebenso in der internationalen Kommunikation per Telegraf, später auch Telefon (▶ Kap. 6.3). Das wichtigste Medium dürfte jedoch die Personenbeförderung sein, die zunehmend auch für die Massen erschwinglich wurde, mithin die Menschen zusammenbrachte und ihre Kommunikationsmöglichkeiten gravierend erweiterte. Im Deutschen Reich verdreifachte sich zwischen

1890 und 1910 die Personenbeförderung: In dieser Zeit fuhr statistisch betrachtet jeder Deutsche ungefähr 600 Bahnkilometer im Jahr, mit einer Durchschnittsgeschwindigkeit von 80 Kilometern pro Stunde. All dies gehörte zu den Voraussetzungen, dass um 1900 auch eine Massenkultur der entstehenden Konsumgesellschaft entstehen konnte, die für wenig Geld weite Bevölkerungsschichten erreichen konnte und so zur Pluralisierung der Lebensweisen beitrug.

Das zentrale Phänomen der politischen Massenmärkte waren die Aus- und Umbildung der politischen Parteien zu Massenorganisationen (▶ Kap. 2.4). Das traf europaweit in erster Linie auf die Arbeiterparteien zu, die nicht alleine zahlreiche zahlende Mitglieder an sich binden konnten. Hier gab es zudem eine weitverzweigte Basis an Vereinen, die eine in sich geschlossene Arbeiterkultur repräsentierten. Dazu gehörten auch die Gewerkschaften mit zum Teil noch mehr Mitgliedern als die Parteien. In Großbritannien hatten sich schon sehr früh solche Vertretungen von Arbeiterinteressen herausgebildet, als dies auf dem Kontinent noch vielfach verboten war. Daher wurde hier auch erst sehr viel später die *Labour Party* gegründet als beispielsweise die SPD in Deutschland. Diese war europaweit die mit Abstand mitgliederstärkste Arbeitervertretung (1914 ca. eine Million) mit dem höchsten Organisationsgrad; alleine im Großraum Berlin hatte sie mehr Angehörige als ihr Pendant in ganz Frankreich. Konservative und liberale Parteien blieben überall weit hinter diesen Zahlen zurück; aber auch sie reagierten auf die Massenpolitik, indem sie beispielsweise sozialstaatliche Reformen einleiteten, um die Loyalität der Arbeiter zum Nationalstaat zu sichern. In weniger industrialisierten Staaten konnte auch die Organisation von Bauern in Massenparteien gelingen, Dänemark und Norwegen sind Beispiele dafür.

Teilweise eng mit der Politik verbunden, oft aber auch nur Ausdruck von Geselligkeit und Gemeinschaftssinn, waren die unzähligen Vereine, Clubs und Gesellschaften, die ein immer stärkeres Wachstum erlebten. Vorreiter war hier Großbritannien mit seinen liberalen Vereinsgesetzen. 1874 waren bereits über vier Millionen Britinnen und Briten assoziiert in »Friendly Societies« – Unterstützungsvereine, die auf gegenseitige Nothilfe im Falle von Arbeitslosigkeit, Krankheit oder Tod setzten – und zahlreichen anderen Organisationen, die meist noch eher unpolitisch waren. Das änderte sich seit den 1870er Jahren europaweit. Ihr Einfluss ist umstritten, aber zahlenmäßig waren die großen nationalistischen Vereine um 1900 nicht zu vernachlässigen, die über Themen wie Kolonialpolitik oder Flottenbau nicht nur intern diskutierten, sondern in Zeitschriften und Massenveranstaltungen eine rührige Propaganda betrieben. An die Mitgliederzahlen der Arbeitervereine reichten sie jedoch nicht heran. Während auf der einen Seite die Arbeiterschaft ihre Zusammenschlüsse bildete, vom Gesangverein bis zur Sterbekasse, gründeten auf der anderen Seite auch Industrielle und Agrarier Interessenvertretungen, die die Politik beeinflussen sollten. Hinzu kamen »nationale« Berufsvereine oder Gewerkschaften als Opposition zur Dominanz des Sozialismus auf diesem Sektor. Diese war jedoch kaum zu brechen: In Großbritannien waren vor dem Weltkrieg fast sechs Millionen Arbeiter unioniert, in Frankreich ca. eine Million; das industriell noch unterentwickelte und weniger urbane Spanien hatte dagegen nur knapp 150.000 organisierte Gewerkschaftsmitglieder. Auch Frauen schlossen sich nun vielfach zusammen (▶ Kap. 3.4 und 4.4), auch hier gab es »politische« Vereine wie beispielsweise den Dachverband der patriotischen Französinnen mit fast 600.000 Mitgliedern vor dem Krieg. Neben Frauenbildungsvereinen gab es zahlreiche Gründungen im Sozialwesen oder mit moralischem Anspruch (etwa gegen Alkohol oder Prostitution).

Im ausgehenden 19. Jahrhundert hatte sich das öffentliche Leben durch den Eintritt der Massen auf den politischen Markt grundlegend gewandelt. Sie spielten nicht mehr nur eine gelegentliche Rolle wie 1789 oder 1848. Die »chronisch werdende politische Mobilisierung« (Hans Rosenberg) revolutionierte das Zusammenleben dauerhaft.

4.3 Vom Ständestaat zur Klassengesellschaft

Im Jahre 1914 arbeiteten noch 50 % der Europäerinnen und Europäer in der Landwirtschaft – eine unglaublich hohe Zahl, auch wenn man sie mit den ca. 80 % vergleicht, die es noch wenige Jahre zuvor waren. Klar wird daran in erster Linie der rasante Wandel von einer agrarisch geprägten Ständegesellschaft, die jahrhundertelang von den gleichen Prinzipien und einem Arbeitsleben nach dem Gang der Sonne geprägt war, hin zu einer kapitalistischen Klassengesellschaft mit ihren Millionenheeren von Lohnarbeitern und Angestellten. So richtig solche allgemeinen Beschreibungen sind, so klar muss man jedoch die Entwicklungsgeschwindigkeiten in den einzelnen Staaten unterscheiden; selbst im nationalstaatlichen Rahmen konnte es große gesellschaftliche Unterschiede geben, so etwa zwischen dem hochindustrialisierten Ruhrgebiet im Westen und den agrarischen Weiten mit seinen nach wie vor einflussreichen Junkern im preußischen Osten, wo bis zum Ersten Weltkrieg sogar noch das überkommene Gesinderecht Gültigkeit besaß. Nimmt man Europa als Ganzes in den Blick, dann war es um 1900 weiterhin ein stark agrarisch geprägter Kontinent, auf dem der Industriesektor der Landwirtschaft erst nach und nach den Rang ablief. Aber Europa war groß und wies zahlreiche Differenzierungen auf, die auch schon in den vorhergehenden Kapiteln deutlich wurden. Ein Beispiel dafür ist die überall steigende Alphabetisierungsrate: Der moderne Staat bedurfte in einem rasch wachsenden Maße ebenso gut ausgebildeter Menschen wie die Industrie, deren Innovationen zunehmend wissensbasiert waren und von Akademikern vorangetrieben wurden. Aber: Zum einen zeigen die Beispiele Großbritannien und Belgien, dass eine Volkswirtschaft auch ohne große staatliche Bildungsinvestitionen erfolgreich sein konnte. Zum anderen gingen in vielen Staaten die Bildungsbemühungen nicht über elementare Fähigkeiten wie Lesen und Rechnen hinaus; höhere Lehranstalten wie Gymnasien und erst recht Universitäten blieben für Angehörige der Unterschichten weiterhin nicht erreichbar, weil sie die dafür anfallenden Kosten nicht hätten bezahlen können. Selbst Mädchen aus reichen Elternhäusern waren noch lange Zeit von weiterführender Bildung ausgeschlossen – alleine die Schweiz war hier eine wichtige Ausnahme, hier gab es vielfältige Möglichkeiten für Studentinnen schon vor dem Jahrhundertwechsel; die Quote ausländischer Studentinnen war daher enorm hoch. Ein Blick nach Österreich belegt eine weitere Tücke statistischer Angaben: Niederösterreich mit der Hauptstadt Wien hatte 1890 von allen Regionen der Doppelmonarchie eine Alphabetisierungsquote von 92,5 %, während Dalmatien am Ende der Skala lediglich 16,2 % aufwies. Ähnlich starke Unterschiede gab es in Südeuropa; ein klassisches Beispiel ist der industrialisierte Norden Italiens mit seinen Metropolen und der weiterhin agrarisch geprägte Süden. In Russland hingegen gab es bis 1917 überhaupt keine Schulpflicht.

Infobox 8: Verteilung der Beschäftigten auf die drei Sektoren in ausgewählten europäischen Ländern

Land	Jahr	Landwirtschaft	Industrie	Dienstleistungen
Großbritannien	1851	23 %	51 %	26 %
	1911	9 %	54 %	37 %
Deutschland	1849	56 %	24 %	20 %
	1907	35 %	40 %	25 %
Italien	1871	61 %	23 %	16 %
	1911	56 %	27 %	17 %
Frankreich	1856	52 %	27 %	21 %
	1911	41 %	30 %	29 %
Österreich-Ungarn	1869	67 %	20 %	13 %
	1910	53 %	24 %	23 %
Schweiz	1856	57 %	33 %	10 %
	1910	27 %	46 %	27 %

Quelle: W. Fischer (Hg.), Handbuch der europäischen Wirtschafts- und Sozialgeschichte. Bd. 5: Von der Mitte des 19. Jahrhunderts bis zum Ersten Weltkrieg, Stuttgart 1985, S. 126.

So zurückhaltend man mit vorschnellen Verallgemeinerungen sozialstatistischer Daten sein sollte (zumal in unserer Epoche nicht alle Staaten Daten auf einem gleich hohen Niveau erhoben haben und viele Unsicherheiten in der Quellengrundlage bestehen), so wichtig erscheint in historischer Perspektive dennoch der Versuch, die Herausbildung kapitalistisch geprägter Gesellschaften mit ihren Klassen oder Schichten zu beschreiben. Eine »europäische Gesellschaft« gab es keinesfalls, trotz zahlreicher internationaler Kontakte und Zusammenschlüsse; aber es gab kulturelle und soziale Konvergenzen der Klassenlagen, die lebensweltlich vergleichbar waren und auch gegenseitig wahrgenommen wurden. Wenn man so will: Europa war eine mobile und kommunikative Gesellschaft im Aufbruch, die stetig voneinander lernte.

Im Folgenden sollen diejenigen sozialen Klassen analysiert werden, die mit der Industrialisierung entweder entstanden oder nivelliert wurden. Für Europa als Ganzes sei an dieser Stelle aber nochmals betont: Nicht der Kontinent war industrialisiert, sondern nur industriell-urbane Kernregionen in Großbritannien, Belgien, Deutschland oder der Schweiz. Frankreich kann in dieser Hinsicht als europäisches Mittel angesehen werden: Hier lebten vor dem Weltkrieg noch ca. 60 % der Bevölkerung auf dem Land. Rurale Lebensformen waren zwar insbesondere im Westen im Rückgang begriffen, prägten aber den Süden, Südosten und Osten des Kontinents noch ganz erheblich.

Adel

Der Adel war eine Klasse im Niedergang – zahlenmäßig, politisch, ökonomisch und gesellschaftlich; will man es zurückhaltender formulieren: Die Adligen nahmen nach und nach »Abschied von Macht und Würden« (Dominic Lieven). Dennoch ließen sich überall in Europa Beharrungskräfte bis ins 20. Jahrhundert in einigen gesellschaftlichen Teilbereichen erkennen, hauptsächlich ist hier zwischen sozioökonomischen und kulturellen Faktoren je nach Land zu unterscheiden. In der Tendenz überall gleich war der zahlenmäßige Rückgang des Adels: In Osteuropa hatte er mit z. T. 5 % (Ungarn) der Bevölkerung den höchsten Anteil, während er in Deutschland auf bis zu 0,1 % abnahm. Damit verbunden war ein weiterer Konzentrationsprozess, nämlich der von Grund und Boden. In feudaler Zeit bildete Grundbesitz oft noch die alleinige Basis von Reichtum des Adels; nach 1850 änderte sich das jedoch sukzessive, in Mitteleuropa mussten viele Adlige ihre Güter verkaufen, teilweise auch in bürgerliche Hände. In manchen Ländern oder einzelnen Regionen »verbürgerlichte« sich nun das adlige Einkommen:

In Großbritannien mussten ab dem Zweitgeborenen ohnehin alle Adligen einem »Beruf« nachgehen, hier wurden Landbesitz und Vermögen komplett an den ersten Nachkommen vererbt (Primogenitur). Bürgerliche Arbeit auf dem Kontinent blieb jedoch die Ausnahme, hier und da (Schlesien, Österreich) gab es Adlige, die in der Industrie tätig waren oder eigene Unternehmen gründeten.

Mit fortschreitender Modernisierung von Staat und Verwaltung verlor der Adel jetzt auch seinen »natürlichen« Führungsanspruch in Politik, Militär und Kirche. Statt »edler Herkunft« waren nun nachweisbare Prüfungen in der bürokratisierten Leistungsgesellschaft wichtig, technisch-berufsmäßige Fähigkeiten galten mehr als Geschmack oder Umgangsformen (▶ Kap. 2.2). Gut ausgebildete Beamte übernahmen nach und nach als Vertreter des Staates die Aufgaben, die traditionell der Adel ausgeübt hatte. Hinzu kam die Demokratisierung der Politik; bezeichnend in dieser Hinsicht war der »Parliament Act« von 1911, der dem britischen Oberhaus fortan das letzte Wort über den Finanzetat entzog und es damit politisch an den Rand drängte. Manche adlige Vertreter arrangierten sich mit der Massenpolitik und strebten in die politischen Verbände, um dort im Sinne eigener Interessen Politik zu betreiben; dies war zum Beispiel im Deutschen Reich und Preußen der Fall, wo noch über 50 % der Landräte blaublütig waren und adlige Landwirtschaft weit verbreitet war. International blieb der Adel wichtig im diplomatischen Verkehr, auch im Militär – vornehmlich Kavallerie und Infanterie – behielten Adlige in den hohen Positionen ihre Vorrangstellung, mit gravierenden Einschränkungen etwa in der Artillerie, die wesentlich stärker bürgerlich geprägt war. Diese Relikte des Ancien Régime beruhten auf der monarchischen Verfasstheit der meisten europäischen Staaten, wie bereits dargelegt wurde (▶ Kap. 2.3). So sehr sich die Gesellschaft insgesamt transformierte, so gab es dennoch einige starke Traditionsüberhänge, die der Adel zu seinen Gunsten nutzen konnte. Er blieb eine international stark vernetzte Schicht, namentlich im Hochadel. Das gab es in dieser Form in keiner anderen gesellschaftlichen Klasse. Die engen Verbindungen zeigten sich beispielsweise, als die Throne der neuentstandenen Nationalstaaten auf dem Balkan mit mitteleuropäischen Herrschern besetzt wurden. Man wollte weniger vom gesellschaftlichen Glanz dieser europaweit anerkannten Fürstenhäuser profitieren, als vielmehr die eigene Staatlichkeit monarchisch legitimieren – in einer Zeit der Königreiche war das trotz des zunehmenden Nationalismus in erster Linie reines Machtkalkül (▶ Kap. 2.3).

Spätestens nach dem Ersten Weltkrieg war die große Zeit des europäischen Adels faktisch beendet; in den neuen – und instabilen – Demokratien gab es keine geburtsabhängigen Verwendungszwecke mehr, was nicht zuletzt dazu führte, dass sich Teile des Adels den antidemokratischen und totalitären Bewegungen der Zwischenkriegszeit anschlossen.

Bürgertum und mittlere Schichten

Über das Bürgertum ist gerade in Deutschland seit den 1980er Jahren sehr viel geforscht worden; allenfalls zur Arbeiterschaft gibt es eine vergleichbar ausdifferenzierte Forschungslandschaft. Aber anders als bei der Arbeiterschaft – zu der sich Bürger nach unten hin scharf abgrenzten – ist es bis heute nicht gelungen, einigermaßen klar zu definieren, was das Bürgertum historisch und soziologisch ausmacht; zu heterogen erscheinen die Lebenswirklichkeiten derjenigen Bevölkerungsschichten, die als »bürgerlich« zu charakterisieren sind und sich auch selbst so verstanden. Im Gegensatz zum Adel, zu dem die zu Jahrhundertbeginn noch starke Abgrenzung zumindest in den oberen bürgerlichen Schichten langsam schwand, ist das Bürgertum zahlenmäßig schwerer zu greifen; in Europa gab es ganz unterschiedliche Kriterien der statistischen Erfassung. Besitz im Sinne von Eigentum war dabei nur eine von vielen Kategorien. Darüber hinaus gab es eine Vielzahl an rechtlichen, ökonomischen und kulturellen Aspekten wie beispielsweise das Bildungsniveau. Problembehaftet ist auch die Begrifflichkeit als solche: Der deutsche Begriff »Bürger« hat bis heute in der politischen Sprache eine Bedeutungsvielfalt, die er in anderen Sprachen nicht hat. Das französische *citoyen* bezieht sich auf die Zeit der Französischen Revolution und die Proklamation staatsbürgerlicher Rechte für alle Angehörigen der Nation, unabhängig vom »Stand«. Stark auf ökonomische Zusammenhänge bezogen waren der französische *bourgeois* und die englischen *middle classes*, beide vor allem an Einkommen und Besitz gebunden, ebenso an die Art der Tätigkeit.

Worin sich die Forschung weitgehend einig ist: Bürgertum ist erstens ein urbanes Phänomen, weshalb mit dem Wachstum der Städte auch ein Anwachsen der bürgerlichen Schichten einherging. In Russland gab es daher lange Zeit keine dem mittel- und westeuropäischen Weg vergleichbare Mittelschicht von nennenswerter Größe, noch 1913 waren 80 % der Russen Bauern, nur 18 % lebten in der Stadt. Zweitens sind damit in erster Linie Männer gemeint, die ein relativ gutes Einkommen hatten. »Relativ« steht dabei im Verhältnis zur Arbeiterschaft. Gerade an der gesellschaftlichen Trennungslinie zwischen eher gering verdienenden Angestellten und gut bezahlten Facharbeitern zeigt sich aber auch ein nicht quantifizierbares Phänomen: eine kulturelle Schranke im Selbstverständnis, eben kein *Arbeiter* zu sein. Diese Kultur der gesellschaftlichen Selbstdifferenzierung zeigte sich gerade auch in geselligen oder Berufsvereinigungen des Kleinbürgertums oder der Angestelltenschaft.

Zusammengefasst ergibt sich somit eine breite Spanne an Berufen, die sich hinter dem Begriff des Bürgertums verbergen können. Oben beginnend, gehörten Unternehmer, Spitzenbeamte und Professoren dazu, seit dem Jahrhundertwechsel langsam auch die angestellten Manager in Großunternehmen; dazu zu rechnen sind auch die klassischen Vertreter des Bildungsbürgertums wie Pfarrer und Lehrer, auch die stark zunehmenden freien Berufe wie Ärzte, Anwälte und Journalisten. Das Kleinbürgertum wurde hingegen insbesondere von Handwerkern, Kaufleuten oder Volksschullehrern repräsentiert. Neben diesem »alten Mittelstand« entwickelte sich im letzten Drittel des Jahrhunderts auch ein »neuer Mittelstand«, im Englischen bezeichnend *white-collar workers* genannt: Büro-Angestellte in den neuen Industrien wie Elektrotechnik und Chemie, die in der Hauptsache mit dem Kopf statt mit den Händen arbeiteten und daher weiße Kragen tragen konnten. Hier entwickelte sich übrigens auch zunehmend ein breites Betätigungsfeld für Frauen als Stenotypistinnen, Telefondamen und dergleichen mehr.

Wie umfangreich diese Großgruppe jeweils war, wird ganz unterschiedlich beziffert. In Mittelitalien sollen um 1900 über 60 % zur Mittelklasse gehört haben, während Großbritannien mit seinem schon stark entwickelten Dienstleistungssektor »nur« 45 % zu den *middle classes* zählte. So schwer ein Vergleich möglich ist, so klar wird aber auch die Grundtendenz einer ausgesprochen heterogenen, aber wachsenden sozialen Schicht. Ob sich deshalb von einem »bürgerlichen Zeitalter« sprechen lässt, wie es oft geschehen ist, mag trotzdem bezweifelt werden angesichts der noch stärkeren Expansion einer Formation, die – im Gegensatz zu allen anderen – nicht ohne den modernen Kapitalismus entstanden wäre: die Arbeiterklasse.

Arbeiter

Die Arbeiterschaft – womit hier vor allem die Industriearbeiterschaft in den urbanen Zentren gemeint ist – war nicht automatisch durch ein gemeinsames Klassenbewusstsein miteinander verbunden, schon gar nicht international. All das gab es zwar in der organisierten Arbeiterbewegung, auch den Internationalismus – bis im Juli/August 1914 eben doch das Bekenntnis zur eigenen Nation wichtiger wurde als das zur eigenen Klasse (► Kap. 7.5). Aber auch in den stark industrialisierten Gesellschaften, wo sie bis zu 50 % der Bevölkerung ausmachte, war die Arbeiterschaft vielfach segregiert: zwischen Ungelernten und Facharbeitern, zwischen Männern und Frauen, zwischen Katholiken, Protestanten und Atheisten, zwischen Einheimischen und Migranten usw. Gerade die großen Kohle- und Stahlreviere waren Schmelztiegel diverser Ethnien; das vermeintlich proletarische Klassenbewusstsein und die internationale Verbrüderung konnte darüber nur selten hinwegtäuschen. Selbst im Ruhrgebiet waren allenfalls 50 % der Bergarbeiter gewerkschaftlich organisiert. Dennoch beförderten gerade die repressiven staatlichen Maßnahmen gegen die Arbeiterbewegungen seit den 1870er Jahren (zum Beispiel Sozialistengesetze in Deutschland) die Entstehung einer vielfältigen Arbeiterkultur mit einem höchst lebendigen Vereinswesen, Bildungs- und Freizeitangeboten. Innerhalb der organisierten Arbeiterschaft konnte daher eine klassenbewusste Solidarität recht ausgeprägt sein, nicht zuletzt in Abgrenzung zum »Lumpenproletariat«, wie die Ungelernten abschätzig genannt wurden. Ähnlich wie das Bürgertum prägte die organisierte Arbeiterschaft ihre Identität durch Abgrenzung nach oben und unten aus.

In den industrialisierten Städten entwickelten sich seit der Jahrhundertmitte neue Lebenswelten, die spezifisch anders waren als zuvor auf dem Land, woher viele nachmalige Industriearbeiter stammten: Arbeitsplatz und Wohnort waren getrennt, die Arbeit selbst nicht mehr selbstständig, sondern von Lohnarbeit geprägt und damit dem Marktgeschehen unterworfen. Oftmals lockerten sich mit der Wanderung in die Städte auch die tradierten Bindungen zur eigenen Familie, womit ein wichtiger Teil des sozialen Sicherheitsnetzes verloren ging. Dies war einer der Hauptgründe für die Herausbildung von Unterstützungsvereinen und Gewerkschaften, die um die Jahrhundertwende fast überall zugelassen waren. Der moderne Interventions- und Sozialstaat (▶ Kap. 2.5) entstand erst und konnte die arbeitsbedingten Lebensrisiken wie Krankheit, Arbeitslosigkeit und Unfälle noch nicht in dem Umfang ausgleichen, wie es im Sozialstaatsmodell Nord- und Mitteleuropas nach dem Zweiten Weltkrieg der Fall war.

Mit der Arbeiterschaft als sozialer Klasse entstanden auch überall Arbeiterparteien als Interessenvertretungen, die in den einzelnen Ländern jedoch unterschiedlich stark organisiert waren und nicht alle die gleiche politische Bedeutung hatten. Stark war hingegen die sogenannte »Zweite Sozialistische Internationale« als Bündnis aller sozialistischen und sozialdemokratischen Parteien ab 1889; tonangebend waren hier aufgrund ihres hohen Organisationsgrades die deutschen Sozialdemokraten. Trotz nach wie vor bestehender revolutionärer Rhetorik waren diese Parteien meist pragmatisch und evolutionär ausgerichtet. In den Hauptströmungen ließ sich in Mittel- und Westeuropa eine zunehmende Integration in die nationalen Gesellschaften konstatieren. Das zeigte sich schließlich 1914, als in der Julikrise die Frage zu beantworten war, wie man sich im Kriegsfall verhalten wolle; in den europäischen Städten gab es zahlreiche Friedensdemonstrationen, die von der Arbeiterbewegung organisiert waren. Aber wie würde sich die politische Führung verhalten? Die serbischen Sozialisten blieben bei dem, was die »Internationale« immer gepredigt hatte: Keine Unterstützung für einen imperialistischen Krieg – beide Vertreter stimmten im Parlament gegen die Kriegskredite. Auch für ihre belgischen Genossen war die Sache klar, da Belgien von Deutschland völkerrechtswidrig überfallen worden war: Hier stimmte man wie in Deutschland, Frankreich und auch Österreich für die Unterstützung des Krieges, der auch ihrer Ansicht nach lediglich der »Vaterlandsverteidigung« diente (für die SPD war das Hauptargument, gegen die russische Autokratie zu Felde zu ziehen). Auch die britischen Sozialisten stimmten bis auf eine Minderheit zu, allerdings ist hier zu beachten, dass es in Großbritannien (noch) keine Wehrpflicht gab. Es war ein international vielbeachtetes Zeichen, als am 26. August 1914 mit Marcel Sembat und Jules Guesde zwei führende Sozialisten in die französische Regierung eintraten, um damit die »Union sacrée« zu beschwören: Die Einheit der Nation, nicht die der internationalen Arbeiterklasse.

Betrachtet man die europäischen Gesellschaften im Zusammenhang und die zum Teil massiven sozialen Ungleichheiten (die jedoch durch einen allseitigen Anstieg der Reallöhne ausgeglichen werden konnten), so erscheint es vor dem Horizont der Zeitgenossen, die noch die Pariser Commune vor Augen hatten, geradezu erstaunlich, dass es vergleichsweise wenige gewaltsame Konflikte größeren Ausmaßes gab. Zwar kam es zu zahlreichen großen Streiks und weiterhin auch zu Lebensmittelunruhen (bei denen es jedoch um die Preise, nicht die Grundversorgung ging), aber es gab keine Revolutionen. Diese fanden erst im Gefolge des Weltkrieges statt – in den Verliererstaaten, die die Grundversorgung ihrer Gesellschaften nicht mehr sicherstellen konnten und damit ihre politische Legitimation verloren hatten.

Mit dem Ende des 19. Jahrhunderts war der Übergang von der Stände- zur Klassengesellschaft abgeschlossen; zwar galten im Alltag hier und da noch ständische Vorrechte, aber davon abgesehen waren die meisten Gesellschaften nun marktorientiert: Der gesellschaftliche Status wurde nicht mehr vom Herkommen, sondern von individuellen Leistungskriterien und Marktchancen bestimmt – die zu neuerlichen sozialen Ungleichheiten führten. Nicht zuletzt aus Sicht der Frauen stellte sich der Begriff der »bürgerlichen Gesellschaft rechtsgleicher Individuen« ganz anders dar.

4.4 Geschlechterverhältnisse

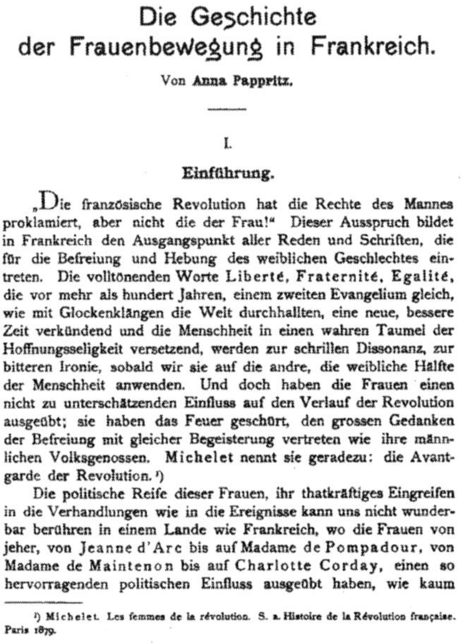

Die Geschichte
der Frauenbewegung in Frankreich.

Von Anna Pappritz.

I.

Einführung.

„Die französische Revolution hat die Rechte des Mannes proklamiert, aber nicht die der Frau!“ Dieser Ausspruch bildet in Frankreich den Ausgangspunkt aller Reden und Schriften, die für die Befreiung und Hebung des weiblichen Geschlechtes eintreten. Die volltönenden Worte Liberté, Fraternité, Egalité, die vor mehr als hundert Jahren, einem zweiten Evangelium gleich, wie mit Glockenklängen die Welt durchhallten, eine neue, bessere Zeit verkündend und die Menschheit in einen wahren Taumel der Hoffnungsseligkeit versetzend, werden zur schrillen Dissonanz, zur bitteren Ironie, sobald wir sie auf die andre, die weibliche Hälfte der Menschheit anwenden. Und doch haben die Frauen einen nicht zu unterschätzenden Einfluss auf den Verlauf der Revolution ausgeübt; sie haben das Feuer geschürt, den grossen Gedanken der Befreiung mit gleicher Begeisterung vertreten wie ihre männlichen Volksgenossen. Michelet nennt sie geradezu: die Avantgarde der Revolution.[1])

Die politische Reife dieser Frauen, ihr thatkräftiges Eingreifen in die Verhandlungen wie in die Ereignisse kann uns nicht wunderbar berühren in einem Lande wie Frankreich, wo die Frauen von jeher, von Jeanne d'Arc bis auf Madame de Pompadour, von Madame de Maintenon bis auf Charlotte Corday, einen so hervorragenden politischen Einfluss ausgeübt haben, wie kaum

[1]) Michelet. Les femmes de la révolution. S. a. Histoire de la Révolution française. Paris 1879.

Abb. 8: H. Lange, G. Bäumer (Hg.), Geschichte der Frauenbewegung. Bd. 1: Die Geschichte der Frauenbewegung in den Kulturländern, Berlin 1901, S. 361.

Zentrale Aussagen zu den Basisprozessen des 19. Jahrhunderts werden Makulatur, wenn man sie in geschlechtergeschichtlicher Perspektive betrachtet: Rechtsgleichheit, Wahlrecht, Emanzipation, Partizipation oder Bildung. Das bedeutet keineswegs, dass die Geschlechterperspektive Frauen vorzugsweise als passive oder leidende Geschöpfe wahrnimmt; dies würde den durchaus zunehmenden Teilhabechancen in nahezu allen europäischen Gesellschaften widersprechen. Gleichwohl sollten die massiven rechtlichen, politischen und sozialen Einschränkungen keinesfalls als bloße Randphänomene missverstanden werden. Das Deutsche Reich hatte eben kein »allgemeines« Wahlrecht auf Reichsebene, da 50 % der potenziell Wahlberechtigten kategorisch ausgeschlossen blieben. Gleichwohl gab es überall in den europäischen

Gesellschaften emanzipatorische Aufbrüche, die aber oftmals erst nach der Jahrhundertwende, teils Jahrzehnte später, erfolgreich waren. In der Schweiz dürfen Frauen erst seit 1971 auf Bundesebene ihre Stimme abgeben – in den Kantonen begann dieser Prozess in den 1950er Jahren, fand aber erst 1990 seinen Abschluss. Ein weiteres Beispiel dafür, dass es keinen unmittelbaren kausalen Zusammenhang zwischen Demokratie, Verfassung und Wahlrecht gibt (▶ Kap. 2.4).

Fragen wie diese wurden bereits im Kapitel »Recht« abgehandelt. An diese rechtlichen Grundlagen anknüpfend, soll es im Folgenden um die konkreten Lebensbedingungen von Frauen in Europa sowie die ideologischen Begründungen ihrer rechtlichen Benachteiligung gehen. Zu beachten ist dabei aber, dass es zwar seit vielen Jahren eine ausdifferenzierte Geschlechterforschung gibt; deren Ergebnisse wurden aber noch selten europäisch vergleichend rekapituliert, zumal nicht für alle Länder die Forschungs- oder Quellenlage gleich gut ist.

Im 19. Jahrhundert wurde vielseitig über die »Ordnung der Geschlechter« debattiert, also über die Frage, welche Aufgaben Frau und Mann in der Familie, im Staat oder in der Gesellschaft zu übernehmen haben. Das Ergebnis war eine hierarchisierte Polarisierung der Geschlechterordnung, deren Nachwirkungen bis heute spürbar sind. Grundlage für die privatrechtlich kodifizierte und auch politische Schlechterstellung der Frau war die Annahme von naturhaften Wesensunterschieden zwischen den Geschlechtern, die die Vorrangstellung des Mannes als naturgegeben und vernünftig erscheinen ließ. Die Frau repräsentierte dabei nicht nur das physisch »schwache« Geschlecht; ihr wurden auch wesenhaft andere psychische Grundlagen unterstellt, die sie für ein »öffentliches« Leben untauglich zu machen schien. Dieses wurde als Sphäre des Mannes aufgefasst: (Lohn-)Arbeit, Politik, Kriegsführung –, während der Frau das Private vorbehalten blieb: Familie, Haushalt, Kindererziehung. Diese Geschlechterdifferenz zeigte sich auch im Politischen. So galt der Kolonialismus als Projekt, in dem sich vornehmlich ledige Männer als stark und diszipliniert präsentieren sollten; die Indigenen wurden demgegenüber als schwach und abhängig wahrgenommen, also mit deutlich weiblichen Attributen konnotiert. Schließlich war auch die »Nation« männlich codiert, ohne freilich die Frauen auszuschließen; immerhin symbolisierten Frauengestalten wie die »Marianne« in Frankreich oder die »Germania«

in Deutschland die Nation. Zwar wurden weibliche Eigenschaften gerne auf Gegner im Inneren wie Äußeren projiziert, was als systematische Abwertung der Frau gedeutet werden kann. Sie erschienen dadurch aber nicht passiv: Durch ihren Verweis in die Privatsphäre kam ihnen eine wichtige erzieherische Rolle zu, das Private war damit politisiert.

Infobox 9: Karl Welcker über »Geschlechtsverhältnisse« (1862)

»Unsere heutige vollkommenere naturrechtliche und christliche Staatstheorie ordnet nicht mehr, wie die griechische und römische, die Menschheit dem Staate, dem Bürger den Menschen unter. Sie macht vielmehr das Menschenrecht zur Grundlage des bürgerlichen Rechts, gründet also die Gleichheit des letztern auf die Gleichheit des erstern. Und doch ist so vielfache Ungleichheit zwischen dem Manne und der Frau, so große Verschiedenheit ihrer Lebensaufgaben und ihrer Kräfte, also auch ihrer Rechtsverhältnisse, schon durch die Natur selbst bestimmt. […] Soll eine weiter fortschreitende Civilisation uns wirklich dahin führen, die Unterordnung der Frau unter den Mann und somit auch alle Festigkeit des Ehebandes und das wahre Familienleben aufzugeben, dahin, daß wir, statt der Weiblichkeit, Keuschheit und Schamhaftigkeit der Frauen, ihre gleiche unmittelbahre Theilnahme an unsern öffentlichen Wahl- und Parlamentsversammlungen und an den Staatsämtern, überhaupt an allen männlichen Bestrebungen und Kämpfen, auch den kriegerischen, als ihre höchsten Ehren und Güter ansehen sollen? […] So weist also wirklich schon die ganze physische Natur die beiden Geschlechter darauf hin, sich übereinstimmend mit der bestehenden Einrichtung gegenseitig zu ergänzen. Sie bezeichnet den stärkern, kühnern, freiern Mann als schaffenden Gründer, Lenker, Ernährer und Schützer der Familie und treibt ihn hinaus ins äußere Leben zum äußern Wirken und Schaffen, in den Rechts- und Waffenkampf, zu schöpferischen neuen Erzeugungen, zur Erwerbung und Vertheidigung. Sie bezeichnete die schwächere, abhängigere, schüchternere Frau zum Schützling des Mannes, wies sie an auf das stillere Haus, auf das Tragen, Gebären, Ernähren und Warten, auf die leibliche und humane

Entwickelung und Ausbildung der Kinder, auf die häusliche Bewirthung und Pflege des Mannes und der häuslichen Familie, auf Erhaltung des vom Manne Erworbenen, auf die Führung des Haushalts, auf die Bewahrung der heiligen Flammen des häuslichen Herdes. [...] Bei dem Manne überwiegt der schaffende Geist, die Vernunft, mit ihrer Absonderung, Reflexion und Abstraction [...]; bei dem Weibe das empfängliche Gemüth, das für Eindrücke leicht erregbare Gefühl, die Aufnahme durch die unmittelbare Anschauung der Dinge in ihrer Ganzheit und die Innerlichkeit. [...] Sicherlich war es aber eine sehr natürlich Bestimmung, daß alle freien Völker, daß die Germanen wie die Griechen und Römer die unmittelbaren politischen Stimm- und Entscheidungsrechte im bürgerlichen Gemeinwesen mit den Pflichten, dasselbe auf Leben und Tod zu vertheidigen, in regelmäßige Verbindung setzten. Wer den Krieg zu beschließen das Recht haben will, der muß ihn auch zu führen im Stande sein.«

Quelle: K. Welcker, Geschlechtsverhältnisse, in: K. v. Rotteck, K. Welcker (Hg.), Staats-Lexikon. Encyklopädie der sämmtlichen Staatswissenschaften für alle Stände. Bd. 6, 3. Aufl., Leipzig 1862, S. 434–447.

Diese klare Differenzierung zwischen männlicher und weiblicher Lebenssphäre ist unter anderem mit dem Hinweis kritisiert worden, dass in manchen Ländern (etwa Italien) kein vergleichbarer Diskurs über Begriffe wie »privat« und »öffentlich« geführt worden sei. Tatsächlich ist zu konstatieren, dass Geschlecht eine veränderliche Kategorie ist, die mit sehr unterschiedlichen Bedeutungen aufgeladen werden kann. Wir haben oben bereits gesehen, dass Geschlecht für sich alleine betrachtet genauso wenig aussagekräftig ist wie vergleichbare Differenzkategorien, also etwa Nationalität, Ethnie oder Klasse. Frauen waren also »auch« Arbeiterinnen und Bürgerinnen, waren arm oder reich und konnten nicht nur deshalb sehr unterschiedliche Auffassungen vertreten. Auch die zum Jahrhundertende stark zunehmende weibliche Erwerbsarbeit hatte starken Einfluss auf die Selbst- und Fremdwahrnehmung in der Geschlechterfrage; ohnehin ist immer wieder zu differenzieren zwischen Ledigen und Verheirateten. Gleichwohl muss festgehalten werden, dass alle Frauen rechtlich, ökonomisch und politisch in ihren Möglichkeiten zum Teil sehr stark eingeschränkt waren. Das galt in ganz Europa.

Neben der vorgeblich naturbedingten Andersartigkeit, die ihren legitimierenden Ausdruck in der privatrechtlichen Stellung der Frauen fand, belegte auch der sozioökonomische Wandel zu einer kapitalistischen Marktgesellschaft mit einem neuen Arbeits-Begriff die soziale Abwertung der Frau. Die Berufsstatistik für das Deutsche Reich sparte alles aus, was unter den Begriff der »Hausarbeit« fiel; wer also zuhause als Dienstmädchen, Köchin oder Haushälterin arbeitete, galt offiziell als nicht arbeitend – obwohl gerade im ländlichen Raum ein großer Teil des Familieneinkommens in der Hauswirtschaft erzielt wurde. Da schon die bürgerliche Erziehung, die prägend für die gesamte Gesellschaft war, das spätere Rollenbild als Hausfrau und Mutter vorprägte, blieb den Mädchen eine höhere Bildung zumeist verschlossen. Noch vor dem Jahrhundertwechsel wurden die Restriktionen jedoch hier und da aufgeweicht; nach und nach durften Frauen die Reifeprüfung ablegen und studieren. Voran ging hier die Schweiz, wo zum Jahrhundertwechsel die Studierendenschaft schon zu 20 % aus Frauen bestand – mit starken Anteilen aus dem europäischen Ausland. In Frankreich konnten Frauen seit 1863 studieren, in Großbritannien seit 1869, vier Jahre später folgte Schweden. In Deutschland war Baden zum Jahrhundertwechsel liberaler Vorreiter, Preußen folgte erst acht Jahre danach. Diesen Fortschritten gegenüber stehen die Gesellschaften im Osten und Südosten Europas, wo es zwar meistens auch eine Elementarschulpflicht gab, die Alphabetisierungsrate von Mädchen und Frauen jedoch oft weiter hinter der der Männer lag.

Der offensichtliche Widerspruch zwischen dem Ideal einer bürgerlichen Gesellschaft rechtsgleicher Individuen und der Realität weiblichen Daseins wurde erst in der zweiten Jahrhunderthälfte vermehrt skandalisiert. Frauen als politische Akteurinnen im Sinne einer Geschlechtergerechtigkeit hatte es schon zuvor gegeben; aber erst jetzt gründeten sich überall dort, wo es erlaubt war, immer mehr Vereine zur Verbesserung der gesellschaftlichen Stellung der Frau. Diese waren, wie oben bereits dargelegt, oftmals zunächst an vermeintlich »unpolitischen« Themen interessiert. In der französischen Frauenbewegung gab es bis in die 1880er Jahre hinein nur wenige, die als »Feministinnen« zu bezeichnen gewesen wären. Eine »Politik der kleinen Schritte« vermied es tunlichst, mehr zu fordern als bessere Bildung und eine Reform des Code Civil. In Deutschland erwies sich der »Allgemeine Deutsche Frauenverein« im Jahre 1865 als Keimzelle weiterer bürgerlicher Vereinsgründungen; unter dem Dach des »Bundes deutscher Frauenvereine« versammelten sich 1912 über 300.000 Mitglieder. Nach den Prinzipien von Selbsthilfe und Autonomie ging es in der bürgerlichen Bewegung vornehmlich um Bildungsfragen und Frauenarbeit; das Wahlrecht stand nicht auf dem Programm. Ganz anders auf dem sozialistischen Flügel, der im klaren Widerspruch zu den Bürgerlichen stand und ein alternatives Emanzipationskonzept verfolgte: Die Befreiung der Frau sei nur möglich durch eine gleichberechtigte Erwerbstätigkeit in einer revolutionierten Gesellschaft. 1904 kamen in Berlin 2.000 Teilnehmerinnen zur Weltfrauenkonferenz zusammen. Deutlich wurde hier nochmals die Spaltung zwischen bürgerlichem und sozialistischem Flügel, auch die Vorrangigkeit von Arbeits-, Berufs- und Bildungsfragen. Neu hingegen war, dass den teilnehmenden nationalen Verbänden nun erstmals, wenn auch noch zögerlich, empfohlen wurde, sich für das Frauenstimmrecht einzusetzen – wohl auch eine Reaktion auf den zur gleichen Zeit sich konstituierenden »Weltbund für Frauenstimmrecht«, der ebenfalls in Berlin tagte. Bis zum Ausbruch des Ersten Weltkrieges hatten sich schon 26 nationale Verbände angeschlossen.

Eine Bilanz muss notwendigerweise ambivalent ausfallen, zu groß waren die Unterschiede in Europa, aber auch unter den Frauen selbst. Einerseits gab es Fortschritte beim Wahlrecht, vor allem nach dem Weltkrieg. Andererseits blieben zahlreiche rechtliche Restriktionen noch länger bestehen, so dass für die Zeit um 1900 im Prinzip nirgendwo in Europa von einer Gesellschaft rechtsgleicher Individuen gesprochen werden kann. Im gesellschaftlichen Diskurs wirkten frauenfeindliche Ressentiments noch wesentlich länger fort; seit den 1960er Jahren kämpfte daher eine »zweite Welle« der Frauenbewegung international dagegen an.

4.5 Fazit

Der sozialgeschichtliche Blick auf die zweite Hälfte des 19. Jahrhunderts zeigt einerseits die Grenzen der Homogenisierung in der Moderne: Es gab gewaltige Entwicklungsunterschiede zwischen europäischen Regionen und Staaten, aber auch innerhalb der Nationen selbst. Bis um 1900 herum hatten sich fast überall soziale Klassen (oder Schichten) herausgebildet, deren wesentliche Zugehörigkeitskriterien nicht mehr denen einer Feudalgesellschaft entsprachen, sondern marktbedingt waren; sozialhistorisch gab es hier gelegentliche Traditionsüberhänge wie etwa in Preußen, Österreich oder Ungarn, Russland war auch in dieser Hinsicht ein Fall für sich. Entscheidend für die Klassenbildung waren vor allem Beruf und Besitz, ebenso die individuelle Leistungsfähigkeit. Das galt noch kaum für Frauen, die sich in zahlreichen Vereinen gegen Ende des Jahrhunderts zusammenschlossen, um für die Verbesserung ihrer Rechte zu kämpfen. Große Unterschiede gab es weiterhin zwischen Stadt und Land, in Italien beispielsweise versinnbildlicht im bis heute nicht aufgelösten Konflikt zwischen dem industrialisierten Norden und dem agrarischen Süden.

Was aber überall gleich war: Die Gesellschaften wuchsen (Irland ausgenommen), urbanisierten sich und wanderten: Millionen nach Nordamerika, noch mehr innerhalb Europas, andere nur einige zehn Kilometer in die nächstgrößere Stadt, wo sie auf zumeist industrielle Arbeit und ein Auskommen hofften. Sehr viele Menschen schlossen sich zusammen in Vereinen oder Interessengruppen: um sich gegenseitig zu unterstützen, gemeinsame Interessen zu pflegen oder diese zu propagieren; zunehmend »vergesellschafteten« sich auch vermeintlich nationale Interessen. Orchestriert wurde dies von einer Massenpresse und -kultur, in der fast jeder (und jede) eine Nische der eigenen Identität finden konnte.

5 Wirtschaft

Yaman Kouli und Guido Thiemeyer (Düsseldorf)

5.1 Vorbemerkungen

In den Geschichtswissenschaften gilt das 19. Jahrhundert als eines, dessen Anfang und Ende über 120 Jahre auseinander liegen. Die Französische Revolution von 1789 und das letzte Friedensjahr vor dem Ersten Weltkrieg 1913 markieren Start- und Endpunkt des »langen 19. Jahrhunderts«. In dieser Lesart war das 20. Jahrhundert entsprechend kurz (1914–1989). In der Wirtschaftsgeschichte Europas hat es sich jedoch als plausibler erwiesen, vom »langen 20. Jahrhundert« zu sprechen. Zahlreiche Entwicklungen, die bis heute fortwirken, nahmen in der zweiten Hälfte des 19. Jahrhunderts ihren Anfang. Viele heute weltbekannte Unternehmen, die die Wirtschaftsgeschichte Europas prägten, wurden damals gegründet: »Dr. Oetker« wurde 1891 gegründet, die Aktiengesellschaft »Badische Anilin- & Sodafabrik« (BASF) entstand 1865, der heutige Luxushersteller »Chanel Modes« wurzelt in einem 1910 eröffneten Hutladen und die britische Großbank HSBC (»Hongkong & Shanghai Banking Corporation Holdings PLC«) öffnete 1865 ihre Pforten. Vor diesem Hintergrund hat es sich als sinnvoller herausgestellt, die Anfänge der europäischen Wirtschaft des 20. Jahrhunderts im Ende es 19. Jahrhunderts zu lokalisieren.

Zwischen 1870 und 1913 wuchs die Weltwirtschaft solide mit 2,7 % jährlich. Die europäischen Staaten hatten hieran einen großen Anteil, war doch die Weltwirtschaft neben den USA hauptsächlich auf Europa konzentriert. 1850 kamen 82 % der weltweiten Wirtschaftsproduktion aus Europa und den USA, noch 1913 lag dieser Wert bei 81 %. Die Präzision dieser Zahlen ist limitiert, und Abweichungen um wenige Prozent sind zu erwarten. Trotzdem lag das ökonomische Gravitationszentrum der Erde zweifellos in Europa und Nordamerika. Noch heute stellt die Europäische Union den größten Binnenmarkt der Welt dar.

Es stellt sich mithin die Frage, zu welcher Neuerung es kam, dass eine so langfristige Entwicklung initiiert wurde. Es ist in der Historiografie überwiegend Konsens, dass die Wirtschaft Europas während des letzten Drittels des 19. Jahrhunderts von zwei Revolutionen geprägt wurde, die die Volkswirtschaften fundamental verändert haben. Die erste betrifft den wirtschaftlichen Strukturwandel im Kontext der zweiten Phase der Industrialisierung ab 1870, die zweite die wirtschaftliche Globalisierung. Beide Revolutionen spielen bis heute eine zentrale Rolle für die europäische Wirtschaft.

Im Folgenden wird zunächst auf die Industrialisierung und ihre Folgen für den zweiten großen Wirtschaftssektor, die Landwirtschaft, eingegangen. Anschließen wird die Einbindung Europas in die Welt und die gleichzeitig sich vollziehende innereuropäische Wirtschaftsintegration beschrieben. Und schließlich sollen die wirtschaftlichen Konsequenzen des Ersten Weltkrieges skizziert werden.

5.2 Industrialisierung

Die zweite Hälfte des 19. Jahrhundert war in Europa das Zeitalter der Industrialisierung. Für diese Aussage wird man wenig Widerspruch ernten, und doch: Eine eindeutige Definition für »Industrie« liegt bis heute nicht vor. Angesichts ihrer Bedeutung ist das überraschend, kommt man doch in einer Überblicksarbeit kaum an einer Berücksichtigung der Industrie vorbei. Doch worum handelt es sich genau? Man denkt zuerst an Kohle und Stahl, und zweifellos spielte die Schwerindustrie eine wichtige Rolle. Allein in Deutschland wurden Anfang des 20. Jahrhunderts jährlich 120 Millionen Tonnen Steinkohle gefördert, wobei im Jahre 1905 76 Millionen Tonnen – also beinahe zwei Drittel – aus der Ruhrgebietsregion stammten. Im langen Schatten des Ruhrgebiets darf jedoch nicht vergessen werden, dass Oberschlesien, das Saarland, das Lothringer Becken und auch Großbritannien (z. B. Northumberland Coalfield, Yorkshire Lancashire, dazu Nord- und Südwales und der Central Belt Schottlands) während des Untersuchungszeitraums ebenfalls zur europäischen Steinkohleförderung beitrugen.

Jenseits der Schwerindustrie wird die Annäherung an das Phänomen »Industrialisierung« komplexer. Das liegt unter anderem daran, dass sich der Prozess der Industrialisierung je nach Region und Wirtschaftszweig sehr unterschiedlich auswirkte. Immerhin werden ihr trotz der definitorischen Uneindeutigkeit bestimmte Eigenschaften zugesprochen, die es erlauben, dem Phänomen näherzukommen. Eine davon ist die Kapitalkonzentration. Sie spiegelt die Tatsache wider, dass die Produktion häufig darauf basierte, dass eine große Zahl von Beschäftigten an einem Ort – Fabrikgebäude, Kohleabbaugebiet etc. – arbeitete und für den Produktionsprozess kapitalintensive Maschinen zur Verfügung standen. Nicht in jedem Land stand den Banken hinreichend Kapital zur Verfügung, das sie über Kredite an die Unternehmer weiterreichen konnten. Konsequenterweise kam es in diesem Rahmen zum internationalen Kapitaltransfer, ein Prozess, der durch die Schaffung moderner Finanzinstrumente wie der Aktiengesellschaften flankiert wurde. Aktien und Anleihen waren damals zwar durchaus verbreitet, die Nachfrage nach Finanzierungsmöglichkeiten trug erheblich zur Internationalisierung des Kapitalmarktes bei. Insbesondere der Anleihemarkt erlaubte es beispielsweise britischen Investoren, ihre Mittel in den Ausbau der schwedischen Eisenbahn zu investieren. Das Vereinigte Königreich, Frankreich und Deutschland waren allein für beinahe drei Viertel aller weltweiten Kapitaltransfers verantwortlich. Die Effekte des Produktionswachstums, das aus dieser Strategie resultierte, lassen sich kaum überschätzen. Sie führten beinahe kausal in eine direkte Weltmarktabhängigkeit und legten die Grundlagen für die sogenannte erste Welle der Globalisierung. Das Produktionsniveau der Staaten führte dazu, dass die hergestellten Waren nicht mehr vom Binnenmarkt aufgenommen werden konnten. Damit sie Abnehmer finden konnten, mussten sie in andere Staaten exportiert werden. Dabei handelte es sich freilich weit überwiegend um europäische. Zwar verschob sich der Handel zwischen 1870 und 1913 zunehmend auf den nicht-europäischen Weltmarkt.

Doch noch im letzten Friedensjahr wickelten die meisten europäischen Staaten über 50 % ihres Handels mit Europa ab, im Fall von Dänemark und der Schweiz sogar mehr als 80 %. Ausnahmen waren nur Italien (42 %) und das traditionell mehr dem Welthandel zugeneigte Großbritannien (33 %). Ein Effekt der Industrialisierung stellte auch die zunehmende Konzentration der Stadtbevölkerung dar. Dieser Prozess war in praktisch allen Staaten Europas zu beobachten, auch wenn es im Detail Unterschiede gab (▶ Kap. 4.2).

Abb. 9: Die Bremer Hütte in Geisweid im Siegerland (ca. 1913).

Bis heute prägt der körperlich schwer arbeitende »Malocher« das Bild der Industrialisierung. Wegen dieser populärwissenschaftlichen Vorstellung des geschundenen Arbeiters geht jedoch häufig unter, dass zu Beginn des langen 20. Jahrhunderts der Aufstieg eines Produktionsmodells begann, das zunehmend auf wissenschaftlich produziertem Wissen beruht. Dies führte zur Entstehung von neuen Industriezweigen wie der chemischen und der elektrotechnischen Industrie. Es führte aber auch zur Transformation anderer Industriezweige wie etwa des Maschinenbaus. In der Historiografie haben hierfür verschiedene Bezeichnungen Eingang gefunden. Douglass North hat den Begriff der Zweiten Wirtschaftlichen Revolution geprägt. In der Literatur findet sich die Bezeichnung »zweite Industrielle Revolution« jedoch häufiger. Dieser Umbruch bezieht sich darauf, dass wirtschaftliche Produktion zunehmend auf wissenschaftlicher Forschung basierte. Der Begriff »industriell« verdeckt dabei, dass auch landwirtschaftliche Produktion – Zucker, Backpulver, Schokolade, Wein und Spirituosen etc. – auf kapitalintensiver Massenproduktion basierte, der Industrie mithin sehr ähnlich war. Die Landwirtschaft Europas wurde daher ebenfalls »industrialisiert«. Ein Indikator für diese Entwicklung war die Zahl der angemeldeten Patente. Zwar existierten Patente in manchen Ländern schon lange vor 1870, der internationale Handel und die damit verbundene Notwendigkeit des Schutzes kostenintensiver Innovationen vor Ideendiebstahl erhöhten jedoch die Dringlichkeit entsprechender Maßnahmen. Hinzu kam, dass Innovationen zunehmend aus komplexen Forschungszusammenhängen heraus entstanden und damit auch aus dieser Perspektive einen hohen Aufwand verursachten. Wie auch in den USA kam es zwischen den 1870ern und der Dekade vor 1913 zu einer Vervielfachung der angemeldeten Patente. Die genauen Zahlen unterschieden sich zwar von Land zu Land erheblich. Die Richtung der Entwicklung war jedoch in beinahe allen europäischen Staaten dieselbe.

5.3 Landwirtschaft

Auch wenn während der zweiten Hälfte des 19. Jahrhunderts der Aufstieg der Industrie begann, darf nicht vergessen werden, dass die Landwirtschaft nach wie vor eine wichtige Rolle spielte. Naturgemäß stellte sich das in den europäischen Staaten verschieden dar. In einigen Staaten Südeuropas (Spanien, Italien, Portugal) waren noch weit über 50 % der Beschäftigten in der Landwirtschaft tätig. Auch die Regionen Mittel-

und Osteuropas kamen aus ihrer Rolle der Kornkammer Europas nicht heraus. Das lag zum einen am Bevölkerungswachstum, das in der westlichen Welt bei jährlich rund 1,5 % lag (1870–1913). Dieses erhöhte schlicht den Bedarf an Kalorien und ist somit mit einer steigenden Nachfrage gleichzusetzen. Darüber hinaus kam es zu einer »Demokratisierung« von Produkten, die vorher nur wenigen Bevölkerungsschichten zugänglich waren. Zucker, einfache Schokolade oder Stärke sind die populärsten Beispiele, aber auch Fleisch und Molkereiprodukte wie Butter und Milch standen in bis dahin ungekanntem Umfang zur Verfügung. Ein wichtiger Grund für dieses Produktionswachstum war die Nutzung von schweren Maschinen und chemischen Düngern in der landwirtschaftlichen Produktion. Der Technikhistoriker Joachim Radkau geht sogar so weit zu sagen, dass die Agrarwirtschaft die Rüstungsindustrie in Friedenszeiten rettete. Beide Wirtschaftszweige benötigten schweres, geländegängiges Gerät, und beide benötigten Stickstoff: die Landwirtschaft als Dünger, die Rüstungsindustrie als zentralen Bestandteil bei der Herstellung von Sprengstoff. Den Umfang des Produktionswachstums kann man kaum überschätzen. Um ein Beispiel zu nennen: Anfang des 19. Jahrhunderts noch ein knappes Gut, wuchs die Produktion von Zucker bis zu Beginn des 20. Jahrhunderts auf ein Niveau, das faktisch auf eine Überproduktion hinauslief und 1907 in die Brüsseler Zuckerkonvention mündete.

Auch ein anderer Prozess prägte die Entwicklung. Ähnlich wie die Industrie- wurde auch die Agrarproduktion zunehmend ausdifferenzierter, so dass es auch in der europäischen Landwirtschaft zu einem Prozess kam, der den gesamten europäischen Handel auszeichnete: einer Arbeitsteilung in der Produktion. Einzelne Länder besetzten bestimmte Produktnischen, wodurch sie den Markt für Wettbewerber verschlossen. Das betraf komplexe Agrarprodukte. Französische Weine und Champagner, Schokolade aus Belgien oder Italien, irische Butter oder Käse aus der Schweiz stellten auch damals (Luxus-)Produkte dar, die sich einer großen internationalen Nachfrage erfreuten und die daher entsprechend in beträchtlichem Umfang exportiert wurden. Das wurde auch möglich, weil die Wissenschaft Konservierungsmöglichkeiten zugänglich machte, die die Haltbarkeit entscheidend erhöhten. Kühlschiffe erlaubten den Transport verderblicher Produkte über längere Strecken,

Konservendosen verlängerten die Haltbarkeit. Der nach dem französischen Naturwissenschaftler Louis Pasteur benannte Prozess der Pasteurisierung stand ebenfalls zur Verfügung. Ein etwas anderes Beispiel betrifft die Möglichkeiten der zuverlässigen Trocknung, die etwa Stärke zugänglich machte. Auch das sich wachsender Beliebtheit erfreuende Puddingpulver war bei Lichte betrachtet ein industrielles Agrarprodukt.

Die Ausdifferenzierung von landwirtschaftlichen Produkten und das enorme Produktionswachstum hatten zur Folge, dass der internationale Agrarhandel in hohem Maße wuchs. Tatsächlich überstieg das Wachstum des internationalen Handelsvolumens das Wirtschaftswachstum. Die Preise für Getreide und andere einfache Agrarprodukte gerieten damit erheblich unter Druck. Auf der einen Seite führte das zu Wohlstandsgewinnen seitens der Bevölkerung, für die diese Preissenkung faktisch einen Reallohnanstieg bedeutete. Für die Produzenten hingegen erwies sich der Wind internationaler Konkurrenz als zunehmend rau, sahen sie darin doch einen Beweis dafür, dass der internationale Freihandel mit einigen Nachteilen verbunden war. Diese Erfahrung und die schon eingangs genannte Wirtschaftskrise ebneten den Weg zur Abkehr von der Freihandelsdoktrin und zu Forderungen nach einer Abschottung der nationalen Märkte.

Das Ergebnis ist hier allerdings keineswegs eindeutig. Das lag zunächst daran, dass nicht alle Staaten in den Instrumentenkasten des Protektionismus griffen. Das Deutsche Kaiserreich (ab 1879), Frankreich (1892), Italien (1878), Österreich-Ungarn, Spanien und Schweden (1870er und 80er) führten Schutzzölle ein, die sich – wenn auch nicht immer – auf die Landwirtschaft konzentrierten. Sie waren das Resultat massiver Lobbyarbeit seitens der agrarischen Interessenvertretungen, die in einer nationalen Schutzzollpolitik den einzig effektiven Weg sahen, den europäischen Agrarmarkt vor der überseeischen Konkurrenz – insbesondere aus den USA – zu schützen. Dieser Trend verstärkte sich durch die Institutionalisierung der Lobbyverbände etwa in Frankreich (Société des agriculteurs, 1867), Italien (Lega de Difesa Agraria, 1885) und Deutschland (Bund der Landwirte, 1893).

Doch nicht alle Staaten waren an diesem Prozess beteiligt. Staaten wie die Niederlande, Belgien, die Schweiz und Dänemark sowie das Vereinigte Königreich setzten ihre liberale Handelspolitik fort. Beinahe wichtiger ist jedoch eine andere Beobachtung. Aller Rhetorik zum Trotz wuchs der internationale Handel weiter, die Zölle hatten im weltwirtschaftlichen Maßstab einen kaum messbaren Effekt. Die Globalisierung setzte sich fort.

5.4 Europa: Wirtschaftliches Zentrum der Welt

Schon zu Beginn des 19. Jahrhunderts war Europa das ökonomische Zentrum der Welt. Die Industrialisierung auf dem Kontinent wurde freilich auch durch die gezielte Ausbeutung anderer Kontinente möglich. Süd- und Lateinamerika sowie Afrika waren hiervon besonders betroffen. Nordamerika – USA und Kanada – hatten damals noch bei weitem nicht die wirtschaftliche Bedeutung, über die sie heute verfügen. Dasselbe gilt für Australien. In Asien hätte allenfalls China die Voraussetzungen besessen, ökonomisch mit den europäischen Staaten gleichzuziehen. Während in Europa die Bedeutung der Industrie anschwoll und 1900 knapp 30 % zur europäischen Gesamtproduktion beisteuerte, geriet das »Reich der Mitte« zunehmend ins Hintertreffen. Dies wirkte sich indirekt auch auf andere Bereiche aus. Der Aufstieg der Industrie zu dem zentralen Wirtschaftssektor erfolgreicher Volkswirtschaften führte zu einem Rückgang der Arbeitskräfte in der schlechter bezahlenden Landwirtschaft. Nimmt man ganz Westeuropa in den Blick, hat die Industrie zwar erst nach dem Zweiten Weltkrieg die Landwirtschaft als größten Arbeitgeber abgelöst. Doch schon Ende des 19. Jahrhunderts ging der Trend in diese Richtung, gelang es doch einer sinkenden Zahl von Agrarbeschäftigten immer mehr zu produzieren und so einen Anstieg der Produktivität herbeizuführen, was ohne einen Anstieg der Produktivität nicht möglich gewesen wäre. Der Modernitätsgrad eines Staates lässt sich folglich auch daran ablesen, wie produktiv die Landwirtschaft ist, mit wie wenigen Arbeitskräften sie auskommt und wie hoch der Anteil an der Industriebeschäftigung ist. Diese Perspektive ist freilich etwas simpel, da sie erstens nicht berücksichtigt, dass sich die Preisniveaus innerhalb der Landwirtschaft je nach Erzeugnis stark unterscheiden konnten: Schweizer Käse hatte eine höhere Wertschöpfung als Getreide. Zweitens gab es auch innerhalb der Länder erhebliche Unterschiede zwischen stärker agrarisch und mehr industriell geprägten Regionen. Trotzdem wurde aus dem Zusammenhang zwischen dem Modernitätsgrad eines Staates und dem Anteil der jeweils in Industrie und Landwirtschaft Beschäftigten die Gegenüberstellung von Zentrum und Peripherie abgeleitet. Diese Gegenüberstellung ist mithin nicht räumlich zu verstehen, sondern bezieht sich in erster Linie auf Entwicklungsgrade. Innerhalb Europas sind Deutschland, Frankreich und auch die Beneluxstaaten, dazu Großbritannien, die Schweiz und das Gebiet des heutigen Österreich, dem Zentrum zuzuordnen. Mittel- und Osteuropa, Russland und die Mittelmeerstaaten partizipieren eher an der Peripherie. Die Epoche zwischen 1870 und 1913 ist trotz dieser Aufteilung zugleich eine von wenigen in der europäischen Geschichte, während der es zu einer Annäherung des Produktionspotenzials unter den europäischen Regionen kam.

Die hohe Verflechtung der europäischen Wirtschaft mit der Welt zeigt sich auch auf dem Arbeitsmarkt. Das Land mit dem größten Bedarf an Arbeitskräften war kein europäisches, es waren die USA. Auch deshalb war sicherlich die Abwanderung in die USA (»Neue Welt«) quantitativ am bedeutsamsten. Zwischen 1870 und 1910 wanderten beispielsweise 366.000 Iren, 270.000 Norweger, 230.000 Briten und 200.000 Italiener in Richtung der USA aus. Insgesamt verließen zwischen 1850 und 1914 50 Millionen den Kontinent in Richtung Nordamerika. Aus makroökonomischer Sicht profitierten beide Seiten von diesem Prozess. In Europa gab es Mitte des 19. Jahrhunderts einen Arbeitskräfteüberhang, während umgekehrt die USA in hohem Maße neue Arbeitskräfte benötigten. Nicht umsonst diagnostizieren Wirtschaftshistoriker, dass es zu einer transatlantischen Wirtschaft kam, die sowohl im Fall von Produktpreisen als auch im Fall von Reallöhnen zu einer bemerkenswerten Preiskonvergenz führte.

Das Abwanderungsphänomen in die USA ermöglicht den Vergleich zwischen den USA und Europa auch auf anderen Sektoren. In den USA gab es Boden in ausreichender Menge, die Arbeitskraft jedoch war ein knappes Gut. In Europa stellte sich die Lage umgekehrt dar: Dort standen ausreichend Arbeitskräfte zur Verfügung, der Boden war hingegen knapp. Der Bevölkerungsüberhang – oder aus wirtschaftlicher Sicht: der Arbeitskräfteüberschuss – hatte entsprechend weitgehende Folgen. Er schuf nämlich Freiräume. Es wurde möglich, Fachkräfte zu qualifizieren, ohne dass gleich ungelernte Arbeitskräfte in zu geringem Umfang zur Verfügung standen. Für die Beschäftigten eröffnete sich die Möglichkeit, durch berufliche Qualifikation ihre Chancen auf dem Arbeitsmarkt zu erhöhen. Das stellte einen nicht zu unterschätzenden Anreiz dar, da auf diese Weise auch der Wert der eigenen Arbeitskraft und konsequenterweise das Realeinkommen erheblich gesteigert werden konnte. Das geschah von Land zu Land auf unterschiedliche Weise. In den deutschsprachigen Ländern dominierte das aus dem Handwerk stammende duale Ausbildungssystem, das auch sukzessive von der Industrie übernommen wurde. In Frankreich war eine betriebsinterne Ausbildung üblich. Unabhängig von der national charakteristischen Ausprägung war es in Europa – im Gegensatz zu den USA – zunehmend gängig, im Falle einer Ausbildung eine Spezialisierung anzustreben.

5.5 Der Europäische Wirtschaftsraum

Europa war eng mit der Welt verflochten, aber ebenso bedeutsam war die innereuropäische Integration der Wirtschaftsräume. Insbesondere die europäischen Gütermärkte waren zwischen 1870 und 1914 weitgehend liberalisiert. Die entscheidende Voraussetzung wurde von den Regierungen Englands und Frankreichs am 23. Januar 1860 geschaffen. Der Cobden-Chevalier-Vertrag war ein Handelsübereinkommen, mit dem die Zölle zwischen den beiden Ländern nahezu vollständig abgebaut wurden. Entscheidend war zudem eine Meistbegünstigungsklausel, die besagte, dass beide Länder die im Vertrag dem jeweils anderen zugestandenen Konditionen auch Drittstaaten gewähren sollten. So entstand schrittweise jener von den Zeitgenossen als »Freihandelssystem« bezeichnete gemeinsame europäische Markt für Güter. Ab den 1870er Jahren war der Güterhandel in Europa bis auf wenige Ausnahmen frei. Lediglich die USA und Russland waren nicht in das System eingebunden.

Nicht nur die Märkte für Güter waren vor 1914 im Prinzip liberalisiert, sondern auch jene für Kapital und Arbeit. Die wichtigsten Kapital-Exporteure waren private Banken in London und Paris, die Nachfrage kam von Regierungen und Privatunternehmen aus ganz Europa. Finanziert wurden insbesondere große Investitionen in die Infrastrukturen, wobei der Eisenbahnbau die wichtigste Rolle spielte. Kapitalverkehrskontrollen wurden in den skandinavischen Ländern zwar diskutiert, aber nirgendwo eingeführt. Regierungen intervenierten allerdings, als Länder wie Ägypten (1876) oder Griechenland (1893) zahlungsunfähig wurden. Man richtete internationale Kommissionen ein, mit deren Hilfe einerseits versucht wurde, den Geldgebern zumindest einen Teil der Investitionen zu erstatten. Gleichzeitig strebte man eine Reform der Finanzsysteme in den betroffenen Ländern an. Auch die Arbeitsmärkte waren vor dem Ersten Weltkrieg liberalisiert. Insbesondere die Regionen der Montanindustrie im deutschen Ruhrgebiet, in Nordfrankreich und Belgien zogen Arbeitskräfte an. Sie kamen in der Regel aus dem Osten und Süden des Kontinents. Anfang des 20. Jahrhunderts kamen jährlich 500.000 ausländische Arbeiter nach Frankreich, überwiegend aus den Nachbarstaaten Italien und Belgien. Zum gleichen Zeitpunkt arbeiteten 100.000 Niederländer in Preußen. In Barcelona waren 1877 von den 250.000 Menschen, die dort lebten, 100.000 ausländische Arbeiter. Auch Italien profitierte von 600.000 Arbeitsmigranten. Und folgt man dem Bevölkerungszensus, der 1907 in Frankreich angefertigt wurde, arbeiteten in der dortigen Industrie, Landwirtschaft und im Handel über 760.000 Ausländer. Auch die polnischen Arbeiter im Ruhrgebiet und in Nordwestfrankreich ließen sich in die Liste aufnehmen.

Was waren die Antriebskräfte dieser wirtschaftlichen Integration in Europa vor dem Ersten Weltkrieg? Zwei miteinander verbundene Prozesse spielen in diesem Kontext eine Schlüsselrolle: Erstens war die zweite Phase der Industriellen Revolution wichtig, in der insbesondere die Schwerindustrie, die Elektroindustrie und die chemische Industrie einen rasanten Aufschwung erlebten. Sie alle waren angewiesen auf Rohstoffe, die zum Teil aus fernen Regionen an die Industriestandorte transportiert werden mussten. Die Fertigerzeugnisse wiederum mussten aus den Industrieregionen zu den Abnehmern gebracht werden. Das bedeutete, dass die Wirtschaftsräume größer und enger miteinander verflochten werden mussten. Zweitens muss die technische Entwicklung, vor allem im Sektor der Infrastrukturen, genannt werden. Die Infrastrukturen des Verkehrs und der Kommunikation entwickelten sich in der ersten Hälfte des 19. Jahrhunderts zunächst auf nationaler Ebene (▶ Kap. 6.3). Innerhalb der Staaten entstanden Eisenbahnlinien und Telegrafennetze, deren Reichweite an den jeweils staatlichen Grenzen endete. Vorreiter in dieser Hinsicht war England, wo der Eisenbahnbau sehr schnell voranschritt, auf dem Kontinent nahmen Belgien und der deutsche Zollverein diese Rolle ein. Die erste grenzüberschreitende Strecke wurde in Europa zwischen dem Seehafen Antwerpen und Köln 1843 errichtet und mit privatem Kapital finanziert. In der Folgezeit wuchs das europäische Netz rasch an. 1840 gab es in Europa 3.000 Streckenkilometer, 1913 waren es 350.000 km. Insbesondere der grenzüberschreitende Verkehr benötigte eine Koordination. Die nationalen Systeme waren in vieler Hinsicht auf nationalen Standards aufgebaut, so dass die Züge zunächst nicht über die Grenzen fahren konnten. Das betraf die Betriebstechnik, aber auch die Tarife und die Administration der Eisenbahnen, die bis in die 1870er Jahre weitgehend privatwirtschaftlich betrieben wurden. Ab 1871 tagte jährlich eine »Europäische Reisezugfahrplankonferenz«, auf der die Fahrpläne für die grenzüberschreitenden Reisezüge harmonisiert wurden. 1872 entstand die »Internationale Speise- und Schlafwagengesellschaft«, ein transnationales Unternehmen, das zunächst die Schlaf- und Speisewagen in den Fernzügen betrieb und seit den 1880er Jahren auch eigene Züge auf die Schiene brachte. Ab 1883 betrieb sie beispielsweise den Orient-Express, einen Luxuszug, der Paris mit Konstantinopel verband. Ab der Mitte des 19. Jahrhunderts wurden auch Fernstrecken durch Europa geplant. Von besonderer Bedeutung waren die Alpenüberquerungen mit der Eisenbahn über den Semmering (gebaut zwischen 1842 und 1854), die Brenner-Strecke (1864–1867) und der Gotthard-Tunnel (1852–1882). Später griffen die Projekte auch über Europa hinaus, so zum Beispiel mit der Bagdad-Bahn (geplant ab den 1880er Jahren) und der Transsibirischen Eisenbahn (seit 1891).

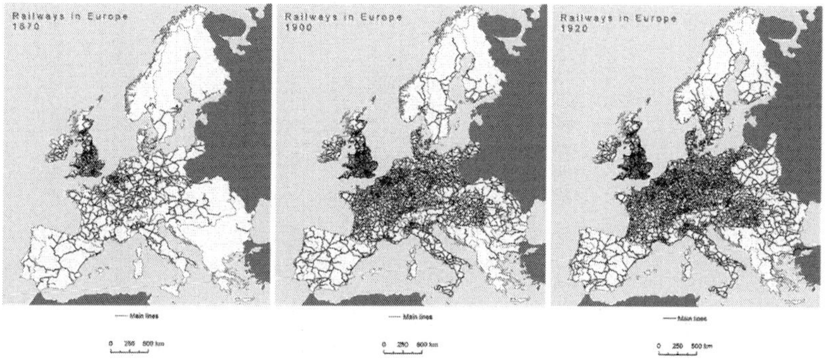

Abb. 10: Das europäische Schienennetz seit 1870.

Die Verflechtung der Eisenbahnverwaltungen war bis in die 1870er Jahre hinein vor allem von privatwirtschaftlichen Unternehmen vorangetrieben worden. Allerdings stellten sich zunehmend rechtliche Fragen im Verkehrssektor. Auch die Planung eines übernationalen Netzes in Europa machte feste Organisationsstrukturen auf internationaler Ebene notwendig. 1882 wurde ein multilaterales Abkommen zwischen den Regierungen ausgehandelt, in dem sich diese verpflichteten, einen europäischen Minimalstandard in Bezug auf die technische Ausstattung der Strecken, Lokomotiven und Wagen gegenüber den vielen privaten Eisenbahngesellschaften durchzusetzen. Dem Abkommen traten zunächst die Schweiz, Österreich-Ungarn, Frankreich, Italien und das Deutsche Reich bei, bevor es später ausgeweitet wurde. Auf schweizerische Initiative ging hieraus das 1893 gegründete »Zentralamt für internationalen Eisenbahnverkehr« in Bern hervor. Ziel dieser Organisation war die Harmonisierung des europäischen Eisenbahnrechts. Die Diversität der Rechtssysteme in den europäischen Staaten hatte sich angesichts des rasant steigenden internationalen Verkehrs als hinderlich erwiesen.

Ähnlich war die Entwicklung im Telegrafenwesen, das im Gegensatz zu den Eisenbahnen direkt durch staatliche Akteure bestimmt wurde. Auch hier entstanden schon in den 1850er Jahren Netze auf einzelstaatlicher Ebene, die ab 1865 in der »Union Internationale Télégraphique« zusammengefasst wurden. 1875 entstand der Weltpostverein, der zwar globalen Anspruch hatte, sein Zentrum jedoch lag in Europa (▶ Kap. 3.2).

5.6 Internationaler Goldstandard

Mit der Internationalisierung der Handelsbeziehungen veränderte sich auch das internationale Währungssystem zwischen 1871 und 1914. Vor allem die siebziger Jahre des 19. Jahrhunderts waren eine Zeit des dramatischen Wandels in dieser Hinsicht. In den 1860er Jahren hatten weltweit drei Währungsblöcke existiert, die durch unterschiedliche Metallstandards gekennzeichnet waren. Ein erster, von Großbritannien dominierter Block, definierte seine Währung durch einen Gegenwert in Gold. Zu ihm gehörten neben Großbritannien Brasilien, Australien, das Osmanische Reich und Portugal. Ein zweiter Währungsblock definierte seine Währung über einen konkreten Gegenwert in Silber. Ihm gehörten insbesondere die Staaten Ostmitteleuropas an. Aber auch die Habsburgermonarchie, die Niederlande, die skandinavischen Staaten, Indien und Mexiko hatten den Silberstandard. Und schließlich gab es die Lateinische Münzunion. Diese bestand aus Frankreich, Belgien, der Schweiz, Griechenland und Italien und definierte ihre Währung nach französischem Vorbild sowohl durch Silber als auch durch Gold, die daher in einem gesetzlich fixierten Austauschverhältnis zueinander standen. 1880 hatte sich die Situation vollständig verändert. Jetzt hatten alle großen Handelsnationen der Welt den Goldstandard eingeführt, der damit zum unumstrittenen Weltwährungssystem aufgestiegen war.

Warum hatte sich das Gold als Währungsmetall durchgesetzt? Entscheidend dürften zwei Gründe gewesen sein. Zum einen beschloss die Reichsregierung nach der Gründung des Deutschen Reiches 1871, die Goldwährung einzuführen. Damit wurde eine seit Jahren laufende Debatte innerhalb des Deutschen Zollvereins beendet. Einige südwestdeutsche Staaten hatten für den Anschluss an das französische System plädiert. Die süddeutschen Staaten orientierten sich an der Silberwährung. Gleichzeitig drängten die Handelskammern und die Liberalen im Reichstag auf eine Währungsvereinheitlichung. Es waren vor allem der liberale Abgeordnete Ludwig Bamberger und der Präsident des Bundeskanzleramtes, Rudolph von Delbrück, die nach der Gründung des Reiches für die rasche Einführung einer einheitlichen Währung in Deutschland auf der Basis des Goldes eintraten. Reichskanzler Otto von

Bismarck interessierte sich wenig für die währungspolitischen Fragen und ließ die Liberalen, auf die er in dieser Phase innenpolitisch angewiesen war, wirken. Am 4. Dezember 1871 wurde im Deutschen Reich die Goldwährung eingeführt. Diese Entscheidung hatte – zum zweiten – wegen der großen Bedeutung Großbritanniens und des Deutschen Reiches für den internationalen Handel Auswirkungen auf ganz Europa. Auch in Skandinavien war in den 1860er Jahren über eine Vereinheitlichung des Währungssystems diskutiert worden und die Vertreter dieser Regierungen hatten Verhandlungen mit der französischen Regierung über einen Beitritt zur Lateinischen Münzunion aufgenommen. Nach der Niederlage Frankreichs im Krieg von 1870/71 und der deutschen Entscheidung für die Goldwährung beschlossen die skandinavischen Staaten, sich dem deutschen (und britischen) Währungsraum anzuschließen. Am 19. Dezember 1871 unterzeichneten die Regierungen Schwedens, Norwegens und Dänemarks den Vertrag über die »Skandinavische Münzunion«, der in diesen Ländern eine gemeinsame Währung auf der Basis von Gold einführte. Gleichzeitig begannen auch in den Ländern der Lateinischen Münzunion Debatten über die Einführung des Goldstandards anstelle des bimetallistischen Systems. Mit dem Währungsvertrag vom Januar 1874 gingen auch Frankreich, Belgien, die Schweiz und Italien *de facto* zum Goldstandard über. Die deutsche Entscheidung für den Goldstandard hatte also einen Dominoeffekt zur Folge. Kurz vor Ende des 19. Jahrhunderts führten auch die USA, Russland und Japan den Goldstandard ein, so dass dieser zum global verbindlichen System wurde.

Der Goldstandard gilt noch heute für viele liberale Ökonomen als ideales internationales Währungssystem. Dadurch, dass die wichtigsten Währungen durch einen genau definierten Gegenwert in Gold gedeckt waren, entstanden automatisch auch fixe Austauschverhältnisse zwischen den Währungen, die nur in engen Grenzen schwanken konnten. Die Aufgabe der Notenbanken im System beschränkte sich darauf, jederzeit Gold zu einem fixen Preis gegen eigene Währung zu kaufen oder zu verkaufen. Durch den freien Austausch des Goldes war zudem ein automatischer Zahlungsbilanzausgleich gesichert. Aus historischer Sicht jedoch ist diese Interpretation differenziert worden. So konnte gezeigt werden, dass es zwar fixe flexible Wechselkurse gab. Aber die Notenbanken hielten sich keineswegs an die Regel der freien Konvertibilität von Gold in Geld, sondern versuchten vielmehr, Goldabflüsse zu verhindern, die als nicht im nationalen Interesse wahrgenommen wurden. Zudem gab es in allen Ländern des Goldstandards eine permanente Deflation, das heißt: Die Preise sanken. Dies ist aus ökonomischer Sicht mindestens ebenso problematisch wie eine Inflation. In den meisten Ländern wurde daher auch nach der Einführung des Goldstandards immer wieder über eine Währungsreform diskutiert. Die Zeit des Goldstandards endete im August 1914, als mit Beginn des Weltkrieges alle Regierungen die Goldeinlösepflicht der Notenbanken aufhoben. Alle Versuche, das System nach 1918 wieder zu etablieren, scheiterten an den wirtschafts- und währungspolitischen Verwerfungen der 1920er Jahre und an den im 20. Jahrhundert maßgeblichen Ansprüchen des Staates und der Gesellschaft an die Währungspolitik, die mit den Regeln des Goldstandards nicht mehr zu vereinbaren waren.

5.7 Der Erste Weltkrieg

Durch den Ersten Weltkrieg veränderten sich die Strukturen der europäischen Wirtschaft nachhaltig. Der bislang dominierende Freihandel wurde durch die Schließung der Grenzen und das Exportverbot, zumal von kriegswichtigen Gütern, beendet. Alle kriegführenden Regierungen erwarteten einen kurzen Krieg und ergriffen zunächst keine Maßnahmen, um eine Kriegswirtschaft zu etablieren. Dies geschah erst im Jahr 1916. Kriegswirtschaft bedeutete, dass der Staat nun massiv in die bislang freien Marktprozesse eingriff und die Produktion auf kriegsrelevante Güter lenkte. Konsumgüter hingegen wurden zurückgedrängt. Vier Kernprobleme prägten die Kriegswirtschaft aller europäischer Staaten: Das erste betraf das Verhältnis von Staat und Wirtschaft, das zweite die Rüstungsproduktion, das dritte die Sicherung der Ernährungsgrundlage und das vierte schließlich die Finanzierung des Krieges.

Mit dem Beginn des Krieges 1914 begannen alle Staaten mit massiven Eingriffen in die Wirtschaft, die bis zu diesem Zeitpunkt die Ausnahme waren. In allen kriegführenden Ländern entstanden neue Ministerien, Behörden und Kommissionen mit zum Teil sehr konkreten Aufgaben für die Kriegsindustrie. Im Deutschen Reich wurde dies vom Militär geregelt. Schon im Sommer 1914 wurde im preußischen Kriegsministerium eine Kriegsrohstoffabteilung eingerichtet, die für die Beschaffung und Verteilung von militärisch relevanten Rohstoffen zuständig war. Als Unterabteilungen entstanden in den Folgejahren eine große Zahl von »Kriegsgesellschaften«, formal private Unternehmen, die aber vollständig unter staatlicher Aufsicht agierten. 1916 wurde das »Hindenburg-Programm« aufgelegt mit dem Ziel, die Rüstungsproduktion effizienter zu gestalten und massiv zu steigern. Das mündete in der zweiten Hälfte des Krieges in eine Militärdiktatur. Ähnlich war die Situation in der Donaumonarchie. Dort wurde im März 1917 das Generalkommissariat für »Kriegs- und Übergangswirtschaft« gegründet. Auch diese Behörde verfolgte das Ziel, die wirtschaftlichen Aktivitäten des Landes vollständig auf die Rüstungsproduktion zu lenken. In Frankreich erkannte man ebenfalls schnell die Defizite in der Rüstungsproduktion. Im Gegensatz zum Deutschen Reich allerdings unterstand die Wirtschaftslenkung hier zivilen und nicht militärischen Akteuren. Ab 1915 leitete der Sozialist Albert Thomas die französische Rüstungsplanung. Ähnlich wie in Frankreich war die Situation in Großbritannien, wo 1916 das »Ministry of Munitions« gegründet wurde. Der Krieg führte so insgesamt zu einem massiven Anstieg der staatlichen Interventionen in die Wirtschaft, die sich auch an den Staatsquoten, dem Anteil staatlicher Ausgaben an der Gesamtwirtschaftsleistung, messen ließ: Im Deutschen Reich betrug die Staatsquote vor 1914 17 %, 1917 kam das Reich auf 70 %. Die Steigerungen in den anderen europäischen Staaten waren vergleichbar.

Infobox 10: Denkschrift Paul von Hindenburgs, Sommer 1916 (»Hindenburg-Programm«)

»Im Laufe des Krieges ist der Einfluß der Maschine immer mehr in den Vordergrund gerückt; die Bedeutung der lebenden Kräfte hat sich dagegen verringert; entscheidend ist nicht mehr allein der höhere Wert der Truppe, der nie hoch genug gestellt werden kann, *sondern* in steigendem Maße die Überlegenheit an Kanonen, Munition und Maschinengewehren. [...]

Wir können daher den Krieg nur gewinnen, wenn wir dem Heere soviel Kriegsgerät zuführen, daß es den feindlichen Armeen gleich stark gegenübersteht, und wenn wir die Ernährung des gesamten Volkes sicherstellen. Das ist bei den reicheren Mitteln, die unsere Feinde haben, nur möglich, wenn alles, was unser Land an Bodenschätzen birgt und was die Industrie und der Acker hergeben können, ausgenutzt wird *lediglich* für die Förderung des Krieges. *Dieses Höchstmaß an Leistungen kann aber nur erreicht werden, wenn das gesamte Volk sich in den Dienst des Vaterlandes stellt. Alle anderen Rücksichten müssen dagegen zurücktreten; sie können in einem Kampf, der um Sein oder Nichtsein des Staates, um die Unabhängigkeit, die Wohlfahrt und die Zukunft unseres Volkes entscheiden wird, keine Rolle spielen.* Nach einem siegreichen Kriege wird die heimische Friedenswirtschaft in neuer Blüte erstehen, gleichgültig, ob wir uns jetzt von ihr trennen oder nicht; nach einem verlorenen Feldzug aber wird uns das Festhalten an friedensmäßigen Zuständen nichts genützt haben. Wir würden aus der Geschichte der Völker gestrichen und wirtschaftlich zu völliger Abhängigkeit verurteilt sein. [...]

Es ist nach meiner Überzeugung von höchster Wichtigkeit, daß ein *Gesetz* zustande kommt, in welchem ausdrücklich die Wehrpflicht für die gesamte männliche Bevölkerung hinsichtlich der Dauer auf das 16. bis 60. Lebensjahr und hinsichtlich der Verwendung auf die gesamte Kriegswirtschaft ausgedehnt wird. [...] Jeder Mann muß seinem Können entsprechend in den Dienst gestellt werden, an der Drehbank, in der Schreibstube oder zu jeder anderen Betätigung, in der er dem Staat am meisten nützt.«

Quelle: R. vom Bruch, B. Hofmeister (Hg.), Kaiserreich und Erster Weltkrieg 1871–1918 (Deutsche Geschichte in Quellen und Darstellung, Bd. 8), Stuttgart 2000, S. 402–404.

Der Krieg und die mit ihm verbundene Konzentration auf die Rüstungsindustrie veränderte auch die Struktur der Wirtschaft. Im Deutschen Reich fiel die Industrieproduktion zwischen 1913 und 1918 um die Hälfte. Ähnlich war die Situation in Großbritannien und Frankreich, lediglich in den USA und Russland stieg die Industrieproduktion während des Krieges an. Ähnlich war die Situation in der Landwirtschaft. In allen europäischen Ländern sank die landwirtschaftliche Produktion drastisch ab, der Tiefpunkt war 1917 erreicht. Der Grund war vor allem der Mangel an den entscheidenden Produktionsfaktoren: Viele Männer wurden zum Kriegsdienst verpflichtet und fehlten als Arbeitskräfte auf dem Land. Auch Pferde und Wagen wurden requiriert, obwohl sie für die Ernte und die Bestellung der Felder notwendig waren. Hinzu kam der Mangel an Düngemitteln und Saatgut. Die Produktionseinbrüche konnten im Deutschen Reich wegen der Blockade durch die Entente nicht – wie das noch vor 1914 möglich gewesen war – durch Importe aus anderen Regionen der Welt ausgeglichen werden. Daher litt die deutsche Bevölkerung ab 1917 unter Hunger.

Ein weiteres großes Problem der Kriegswirtschaft war ihre Finanzierung. Grundsätzlich standen den Regierungen drei Möglichkeiten zur Verfügung: Sie konnten die Steuern erhöhen, Kredite aufnehmen oder die Geldschöpfung erhöhen. In allen kriegführenden Staaten wurden zur Finanzierung des Krieges die Steuern erhöht. Allerdings waren die Regierungen in dieser Hinsicht vorsichtig, weil Steuererhöhungen immer unpopulär sind und man um jeden Preis innenpolitische Auseinandersetzungen während des Krieges vermeiden wollte. Insbesondere in Deutschland und Frankreich wurden die Steuern daher vergleichsweise moderat um knapp 17 % erhöht. Etwas anders war die Situation in Großbritannien, wo sich die Steuererhöhungen auf 26 % beliefen. Wichtiger für die Finanzierung des Krieges wurden daher Kredite, die die Regierungen aufnahmen. Die deutsche Reichsregierung legte im Verlauf des Krieges neun Kriegsanleihen auf, in den meisten anderen europäischen Staaten waren es nicht ganz so viele. Die Bevölkerung wurde aufgefordert, Geld und Edelmetalle in diesen Anleihen anzulegen, die, so hoffte man, nach dem Krieg mit einer entsprechenden Dividende aus den zu erwartenden Reparationen wieder zurückgezahlt werden sollten. Diese Anleihen stießen bei der Bevölkerung auf großes Interesse, allein die Anleihe von 1917 (in einer Situation also, in der aus heutiger Perspektive die Chancen des Reiches auf einen Sieg schon sehr

Abb. 11: Aufruf zur Zeichnung der 7. Kriegsanleihe in Österreich, 1917.

schlecht standen) zeichneten sieben Millionen Deutsche. Sie verloren nach der Niederlage 1918 ihr investiertes Vermögen vollständig. Gleichwohl ist die auch in anderen Ländern hohe Nachfrage nach den Kriegsanleihen ein Beleg für die Erwartung des Sieges in der Bevölkerung. Nicht nur die eigene Bevölkerung wurde beliehen, man nahm auch Kredite bei anderen Regierungen auf. Dieser Weg war der deutschen Reichsregierung verwehrt, weil die wichtigsten Kapitalmärkte der Vorkriegszeit, Großbritannien, Frankreich und die USA, zu den Kriegsgegnern gehörten. Die wichtigste Kriegsfinanzierung in Deutschland war daher die Aufnahme kurzfristiger Kredite bei der Notenbank. Das bedeutete *de facto*, dass die Reichsbank mehr Geld in Umlauf brachte. Während man mit diesem Instrument in Frankreich und Großbritannien zurückhaltend blieb (hier war nur ein Fünftel der Kredite auf diese Weise finanziert worden), betrug der Anteil der kurzfristigen Kredite bei der Notenbank im Deutschen Reich 40 %. Dies führte mit einer gewissen Verzögerung nach dem Krieg in eine Hyperinflation, die erst 1924 durch eine Währungsreform überwunden werden konnte. Insgesamt führte der Krieg zu einem drastischen Anstieg der Staatsverschuldung. Alleine das Deutsche Reich hatte am Ende des Krieges eine Schuldenlast von 156 Milliarden Mark – im Vergleich zu 5,4 Milliarden im Jahr 1914. Ähnlich war die Situation in allen europäischen Ländern.

Auch nach dem Ende der Kampfhandlungen und dem Friedensvertrag im Jahr 1919 waren die wirtschaftlichen Folgen des Krieges keineswegs überwunden. Nun galt es, von der Kriegs- auf eine Friedenswirtschaft umzustellen. Auch hierzu waren wieder massive staatliche Interventionen in den Wirtschaftsprozess ebenso wie hohe Investitionen, vor allem im sozialstaatlichen Sektor, notwendig. Darüber hinaus hatte der Krieg aber auch langfristige wirtschaftliche Folgen: Es gelang bis 1945 nicht, das internationale Währungssystem wieder zu rekonstruieren, die 1920er und 1930er Jahre waren gekennzeichnet durch eine währungspolitische Anarchie, die die Krise von 1929 massiv verstärkte. Auch die Rolle des Staates im Wirtschaftsprozess änderte sich nachhaltig: Die aus dem 19. Jahrhundert überkommene passive Rolle des Staates im Wirtschaftsprozess ließ sich nicht mehr rekonstruieren. Die Bevölkerung der Staaten verlangte vielmehr von den Regierungen, dass sie in zunehmendem Maße Verantwortung für das Allgemeinwohl übernahmen. Dies betraf die Fragen sozialer Sicherheit ebenso wie jene der Daseinsvorsorge. Die Rolle des Staates im Wirtschaftsprozess änderte sich durch den Weltkrieg daher nachhaltig.

5.8 Fazit

Die Zeit zwischen 1870 und 1918 war prägend für die europäische Wirtschaft bis in die Gegenwart. Zum einen begann in der zweiten Phase der Industriellen Revolution die Dominanz der Schwerindustrie in Europa, die bis in die 1970er Jahre hinein eine Rolle spielen würde. Zusätzlich basierten wirtschaftliche Innovationen – und damit Produkte – zunehmend auf wissenschaftlichem Wissen, das zum Teil für den Produktionsprozess eine zentrale Rolle einnahm. Gleichzeitig nahm seither die Bedeutung der Landwirtschaft für die Gesamtwirtschaftsleistung in Europa beständig ab. Gleichwohl konnte die Landwirtschaft die wachsende Bevölkerung ernähren, weil es gleichzeitig einen starken Anstieg der Produktivität in diesem Sektor gab.

Die Jahre zwischen 1870 und 1914 sind auch die Jahre der wirtschaftlichen Globalisierung. Die globalen Handelsbeziehungen intensivierten sich, wobei Europa, im Gegensatz zur heutigen Situation, das unbestrittene Zentrum der Handelswelt war. Auch innerhalb Europas waren die Märkte für Güter, Kapital und Arbeit eng miteinander verflochten. Der Erste Weltkrieg konnte diese Strukturen nur kurzfristig unterbrechen. Er führte aber zu einer neuen Rolle des Staates im Wirtschaftsprozess. Die Regierungen schufen nun nicht mehr nur die Rahmenbedingungen für die Wirtschaft, sondern griffen massiv in die Strukturen und Prozesse des Wirtschaftens ein. Diese Entwicklung konnte auch nach 1918 nicht mehr aufgehalten werden.

6 Technik

Christian Henrich-Franke (Siegen)

6.1 Vorbemerkungen

Die Jahre zwischen 1870 und 1920 werden in der historischen Forschung als Hochphase technischer Innovativität eingestuft, die auch eine Beschleunigung der Zeit und eine Schrumpfung des Raums von bis dato beispielloser Intensität mit sich brachte. Uneinigkeit herrscht allerdings darin, welcher Zäsurcharakter einzelnen technischen Wandlungen zugesprochen wird. Zweifelsohne fand eine fundamentale Durchdringung von Wirtschaft und Gesellschaft durch und mit Technik statt. Der Erfolg oder Nichterfolg technischer Innovationen hing aber immer auch mit wirtschaftlichen, politischen, organisatorischen oder gesellschaftlichen Faktoren und deren komplexen Interdependenzen zusammen. Technik wurde zur Entwicklungsgrundlage und wirkte wie nie zuvor in andere Bereiche wie Politik, Wirtschaft, Gesellschaft, Gewalt und Recht ein. Im Zeitraum zwischen 1870 und 1920 nahm deshalb in Europa ein enormer Fortschrittsglaube Konturen an, der im Kern ein Glaube an die unbegrenzten Möglichkeiten technischer Machbarkeit darstellte. Selbst wenn dieser durch die Zerstörungen und die Gewalterfahrungen im Ersten Weltkrieg einen herben Dämpfer erhielt, vor allem bei den Verlierern des Krieges, so sollte er weit über das Jahr 1920 hinaus die europäischen Gesellschaften kennzeichnen.

Im Unterschied zur frühen (westeuropäischen) Industrialisierungsphase in der ersten Hälfte des 19. Jahrhunderts wandelte sich auch die europäische Landkarte technischer Innovativität in eine multipolare. Großbritannien verlor seinen unumstrittenen Status als »workshop of the world«. Dem Land fiel seit den 1870er Jahren nicht mehr die alleinige technologische Führungsrolle in Europa zu. Mit der sogenannten zweiten Industrialisierungswelle holten mehrere westeuropäische Staaten (bzw. deren Unternehmer, Wissenschaftler und Forscher) in unterschiedlichen technischen Innovationsfeldern auf, vor allem Deutschland bzw. das 1871 gegründete Deutsche Reich. Allmählich folgten Staaten wie beispielsweise bei den Kommunikationstechnologien die Skandinavier. Gleichzeitig wurde aber die technologische Lücke bzw. das technische Entwicklungsgefälle zwischen den westlichen und nördlichen Teilen Europas sowie den östlichen und südlichen immer größer, sowohl bei der Ausbreitung vorhandener Technologien in Wirtschaft und Gesellschaft als auch bei technischen Innovationen. Noch stärker als vor 1870 müssen dabei auch die USA als elementarer Bestandteil des europäischen Innovationskomplexes betrachtet werden, da sie an der (kooperativen) Entwicklung neuer Technologien ebenso führend beteiligt waren wie an der Diffusion der vorhandenen Technologien.

Im globalen Maßstab führte die technische Entwicklung der 1870er bis 1920er Jahre zu einem dramatischen Auseinanderdriften der technischen Entwicklungsniveaus, womit völlig neue Machtverhältnisse einhergingen. So sehr die Wirtschaft in dieser Zeit durch technische Innovationen eurozentrisch ausgerichtet wurde, so sehr schuf die Technik globale Machtasymmetrien, die Europa und Nordamerika einseitig begünstigten.

Wie komplex die Entwicklungszusammenhänge zwischen einzelnen Bereichen im hier betrachteten Zeitraum geworden waren, zeigte sich daran, dass für die technische Innovationstätigkeit die Etablierung und Stärkung von Patentrechten und Patentschutz ein wesentlicher Faktor war, der sich in vielen Ländern Europas zu entwickeln begann, u. a. bot das deutsche Patentrecht von 1877 einen größeren Schutz von technischen Innovationen. Generell stieg der Staat ab Mitte des 19. Jahrhunderts zum »Regulator« von Technologie auf, und zwar sowohl als Betreiber von Infrastrukturen bzw. großtechnischen Systemen aller Art wie auch als Beschützer von Innovationen und Innovatoren, u. a. indem der Staat nationale Technologieunternehmen durch Zölle vor Konkurrenz aus dem Ausland absicherte.

Im Folgenden werden exemplarisch generelle Trends und Linien behandelt, die sich im komplexen Gesamtzusammenhang technischer Entwicklungen ausmachen lassen. In drei Schwerpunktbereichen beschäftigt sich das Kapitel mit der Diffusion, Weiterentwicklung und Innovation von Technologie, internationalen Verbindungen und nationalen Eingrenzungen sowie der Professionalisierung von Technik.

6.2 Diffusion, Weiterentwicklung und Innovation von Technologie

Wenn hier die Ausbreitung der technischen Basisinnovationen der Jahre vor 1870, deren Weiterentwicklung sowie die technischen Innovationen im Zeitraum 1870 bis 1920 betrachtet werden, so ist die Trennung der drei Aspekte vornehmlich eine analytische. In der Realität bestanden vielfältige Interdependenzen, was auch daran lag, dass die massenhafte Ausbreitung von Technologien wie der Eisenbahn oder der Verhüttungstechnik massenhaft verfügbare Nebenprodukte abwarf, die verwertet werden konnten. Ein besonders prominentes Beispiel ist die Schwefelsäure als Nebenprodukt der Montanindustrie, aus der neue Stoffe mittels neuer Technologie gewonnen werden konnten.

Ganz wesentlich für den technischen Wandel innerhalb Europas war die Diffusion der vorhandenen Technologien über den Kontinent, die parallel zur industriellen Entwicklung von Nordwesten nach Südosten verlief. Während etwa Sizilien erst in den 1870er und 1880er Jahren langsam mit Eisenbahnen erschlossen wurden, die aber kaum industrielle Entwicklungsimpulse auslösten und neue Technologien verbreiteten, wurde in Westeuropa bereits damit begonnen, durch Neben- und Kleinstbahnen auch abgelegene Winkel an ein flächendeckendes Eisenbahnnetz anzuschließen. Ähnliche Diffusionsprozesse finden sich bei den anderen Basisinnovationen auch – egal ob man Verhüttungstechniken, die Telegrafie oder die diversen Einsatzbereiche der Dampfmaschine betrachtet.

Zur Ausbreitung der technischen Basisinnovationen nach 1870 gehörte auch deren Implementation bzw. Integration in die strategischen

Planungen des Militärs, was insbesondere bei den Eisenbahnen der Fall war. Deren strategische Bedeutung wurde erstmals durch Generalfeldmarschall Helmuth von Moltke (der Ältere) in den 1860er Jahren erkannt. Aufgrund der geografischen Lage Preußens und Deutschlands im Herz Mitteleuropas spielten schnelle Truppenbewegungen im Falle eines Krieges, vor allem wenn er an mehreren Fronten gleichzeitig geführt werden musste, hier eine besondere Rolle. Moltke errichtete deshalb 1864 eine Eisenbahnsektion im Generalstab (später dann mehrere Linienkommissionen). Seine Entscheidung, die Eisenbahn als Kriegstechnologie in die strategisch-operative Planung einzubeziehen, erwies sich als äußert erfolgreich, da die Eisenbahn sowohl im Krieg gegen Österreich als auch im deutsch-französischen Krieg einen entscheidenden Vorteil brachte.

In diesen Kriegen wurde Alfred Graf von Schlieffen militärisch »sozialisiert« und er erkannte die strategische Bedeutung der Eisenbahn, die umso wichtiger wurde, nachdem 1894 die Allianz zwischen Russland und Frankreich geschlossen war und sich das Deutsche Reich mit der heraufziehenden Möglichkeit eines Zwei-Fronten-Krieges und einer numerischen Unterlegenheit konfrontiert sah. Ein solcher Krieg konnte nur durch Schnelligkeit und die dadurch erzielten strategischen Vorteile gewonnen werden, die für Schlieffen von den Eisenbahnen abhingen. Das im Kriegsfall vorhandene Eisenbahnnetz innerhalb des Deutschen Reichs wie auch außerhalb des Reichs wurde so zur Grundlage militärisch-strategischer Überlegungen. Diese stellten bei den Netzplanungen in der zweiten Hälfte des 19. Jahrhunderts, die als massivste Ausbauphasen der Eisenbahnnetze in ganz Europa betrachtet werden müssen, wichtige Planungskriterien dar. Gleichzeitig mussten sich die taktischen Überlegungen an diese Veränderungen anpassen.

Schlieffen rechnete nicht mit einem schnellen Aufmarsch wegen eines wenig ausgebauten russischen Eisenbahnnetzes im Osten, so dass seine operativen Planungen von einem schnellen Sieg an der Westfront ausgingen, um dann mittels effektiver Eisenbahnsysteme die Truppen in den Osten zu befördern. Da der Plan in militärischen Kreisen auf Zustimmung stieß, mussten die infrastrukturellen Grundlagen geschaffen werden, was vor allem die Errichtung strategischer Bahnen im Südwesten in Richtung Frankreich nach sich zog. Wenngleich der Schlieffen-

Plan, dessen Abänderung durch Moltke den Jüngeren und dessen Umsetzung kontrovers diskutiert werden – insbesondere mit Blick auf den Ausgang des Krieges –, verdeutlicht er doch die enorme Bedeutung, die der neuen Kriegstechnologie Eisenbahn für die Kriegsführung ab Mitte des 19. Jahrhunderts zugesprochen wurde.

Ähnlich wie mit der Dampfmaschine so war auch mit der Elektrizität in der ersten Hälfte des 19. Jahrhunderts eine Basisinnovation von epochaler Tragweite in Europa entstanden, die allmählich in unterschiedlichen technischen Anwendungen eingesetzt wurde. Im Gegensatz zur Dampfmaschine steckte die Elektrizität trotz erster Anwendungen wie der elektrischen Telegrafie aber noch in den Kinderschuhen. Deshalb stellt sich in besonderem Maße die Frage, ob einzelne Techniken oder technische Anwendungen im Bereich der Elektrizität als Weiterentwicklung bestehender Technologien oder als fundamental neue Technologie eingestuft werden sollten. Dies gilt auch für die Entdeckung und Nutzbarmachung des Funkwesens. Schon die elektrische Telegrafie hatte seit den 1830er Jahren gezeigt, dass sich Nachrichten elektrisch übertragen ließen. Dass sie sich elektrisch aber auch drahtlos durch die Luft übertragen ließen, wurde erst einige Jahrzehnte später entdeckt. So sagte James Maxwell 1864 die Existenz elektromagnetischer Funkwellen theoretisch voraus, es gelang aber erst Heinrich Hertz im Jahre 1884, diese auch experimentell nachzuweisen. Für die praktische Anwendung schaffte Guglielmo Marconi im Jahr 1895 den Durchbruch, indem er vorhandene Ideen bündelte und öffentlichkeitswirksam eine erste Übertragung auf einer Strecke von fünf Kilometern realisierte; nur sechs Jahre später, im Dezember 1901, gelang es erstmals, den Atlantik zu überbrücken und eine Nachricht von Großbritannien in die USA zu senden. War die erste Funkübertragung im Jahr 1895 noch auf die Übertragung von Morsezeichen begrenzt, so wurde bereits 1900 erstmals eine Sprachnachricht übermittelt. Die erste provisorische Rundfunksendung folgte 1906.

Technisch basierte der Funk auf dem Prinzip, ein durch sinusförmige Wechselspannung erzeugtes Trägersignal, d. h. eine elektromagnetische Welle auszusenden und dabei Frequenz und Amplitude zu verändern bzw. zu modulieren. Der jeweilige Empfänger musste dann die entsprechende Sendung demodulieren, um sie zu entziffern. Der große Vorteil des Funks für die Übertragung von Nachrichten bestand darin, die Lücken in den bestehenden Kommunikationsnetzen von Telegraf und Telefon füllen zu können. Anders als beim Telegrafen oder beim Telefon mussten die Empfangsgeräte nicht an ein noch zu verlegendes Kabel angeschlossen werden. Der Funk ergänzte so die bestehenden Kommunikationsmittel anstatt mit ihnen in Konkurrenz zu treten. Die Grundlage der immer größeren Ausbreitung des Funks stellten technische Innovationen dar. Diese erhöhten die Arten, die Kapazitäten und die Reichweite der Übertragung. Für die Anfangsphase sind die Röhrensender, die Verstärkerröhre, die Hochfrequenzmaschine oder auch die Oszillatorschaltung zu nennen, die allmählich verschiedene Modulationsarten erlaubten.

Bei der Entwicklung der Anwendungsbereiche für die Funkkommunikation machte die Seeschifffahrt den Anfang, weil hier der Bedarf an Kommunikationsmöglichkeiten am größten war. Was folgte, war eine rasante Entwicklung der Funktechnologie. Eine Reihe von Funkdiensten wie die Navigation in der Luftfahrt, Richtfunk für die Nachrichtenübermittlung, der Amateurfunk oder der Rundfunk folgten dann ab den 1920er Jahren nach.

Der Nachteil des Funks waren die deutlich geringeren Übertragungskapazitäten, weshalb der Funk für individuelle Massenanwendungen zunächst nicht geeignet war. Die Empfangs- und Sendeanlagen waren groß und teuer. Zudem waren die nutzbaren Funkfrequenzen in ihrer Anzahl zu gering. Schon früh musste die Nutzung von Funkfrequenzen zwischen einzelnen Funkanwendungen und einzelnen Staaten koordiniert werden, um die verfügbaren Frequenzen aufzuteilen, technische Kriterien der Nutzung festzulegen und gegenseitige Störungen zu verhindern. Erste Schwerpunkte bei der Nutzung des Funks waren deshalb auch die Sicherheitskommunikation und die Navigation in der Hochseeschifffahrt, bei denen die Kosten nicht zu stark zu Buche schlugen wie bei einzelnen Personen oder Unternehmen. Da die Frequenzen im Kurzwellenbereich sich über viele tausende Kilometer senden ließen, entdeckten europäische Kolonialstaaten wie das Deutsche Reich, die im Welttelegrafenverkehr stark vom britischen Kabelnetz abhängig waren, den Funk, um unabhängig mit den eigenen Kolonien in Kontakt treten zu können.

Infobox 11: Der Untergang der Titanic und das Funkwesen

Ein Meilenstein in der Entwicklung des Funkwesens stellte der Untergang der Titanic am 12. April 1912 dar. Bis dahin existierten die Netze des Seefunks, vor allem der konkurrierenden Anbieter Marconi und Telefunken, nebeneinander. Insbesondere Funker, die Marconi-Geräte bedienten, durften von Bord aus nicht mit Funkern anderer Hersteller in Kontakt treten. Deshalb war es dem mit einer Marconi-Anlage ausgerüsteten Funker der Titanic nicht möglich, frühzeitig Hilfe herbeizurufen. Schiffe, die in der Nähe der Titanic unterwegs waren und Überlebende hätten aufnehmen können, erfuhren von der Katastrophe viel zu spät. Die Internationale Funkkonferenz von London im Jahr 1912 ergriff daraufhin eine Reihe von Maßnahmen, um mittels Funkverbindungen die Sicherheit auf See zu erhöhen. Hierzu zählte auch die sogenannte Pflicht zur Interkommunikation, nach der fortan alle Hersteller von Seefunkanlagen verpflichtet waren, Nachrichten anzunehmen und weiterzuleiten.

Technische Innovationen unterschiedlicher Bedeutung gab es viele in den Jahrzehnten nach 1870. Zu den prominentesten zählen dabei die Elektrotechnik und Chemieindustrie. Wie bereits angedeutet wurde, verlief die Grenze zwischen Weiterentwicklung und Innovation fließend. So auch bei der Elektrotechnik. Unter den vielen Innovationen der Elektrotechnik sticht die 1879 von Thomas Edison erfundene Glühbirne in vielerlei Hinsicht heraus, sollte sie doch Licht in den Alltag der Menschen bringen und zu einem völlig neuen Umgang mit Dunkelheit insbesondere in den expandierenden Städten führen. Zusammen mit Erfindungen wie den elektrischen Aufzügen (1880), der elektrischen Straßenbahn (1881) oder ersten städtischen Telefonnetzen (1880/81) begannen viele westeuropäische Großstädte wie Berlin, Paris, London, Brüssel oder Wien einen immer größeren Bedarf an Elektrizität zu entwickeln, der zur Errichtung immer leistungsfähigerer Kraftwerke führte. Deren Bau war möglich geworden, nachdem Sören Hjorth und Werner Siemens in den 1850er und 1860er Jahren das dynamoelektrische Prinzip entdeckt und nutzbar gemacht hatten, das es ermöglichte, elektrische Energie (Strom) in großen Mengen zu produzieren und für unterschiedliche Zwecke zu nutzen. Da der in den Kraftwerken produzierte Strom ab den frühen 1880er Jahren aber zunächst primär für die Beleuchtung genutzt wurde, standen am Tage ungenutzte Kapazitäten an Strom zur Verfügung, die für andere elektrotechnische Geräte in Privathaushalten wie in Unternehmen genutzt werden konnten. Die elektrotechnische Entwicklung und die Ausbreitung der Energieerzeugung gingen ab den 1880er Jahren Hand in Hand. Stromnetze und Kraftwerke, die zunächst Städte versorgten, gingen dazu über, ganze Regionen mit Strom zu versorgen. Flächendeckende nationale Netze bildeten sich in Europa in den frühen 1920er Jahren heraus, die dann auch grenzüberschreitend vernetzt wurden. Aufgrund der enormen Nachfrage nach Elektrotechnik entstanden in der Branche noch vor der Jahrhundertwende Großkonzerne wie Siemens, Philips, General Electric oder Bell, die die technische Entwicklung innerhalb Europas fortan prägen sollten.

Infobox 12: Werner (von) Siemens

Zu den Begründern der Elektrotechnik zählte der 1816 in Lenthe im Königreich Hannover geborene Werner Siemens. Er entdeckte u. a. das dynamoelektrische Prinzip, das wesentliche Impulse für die Errichtung von Kraftwerken gab. Zusammen mit Johan Georg Halske gründete er 1847 die »Telegraphen-Bau-Anstalt Siemens & Halske«, die bis heute als Siemens AG weiterbesteht und zu den bedeutsamsten Unternehmen der deutschen Industriegeschichte zählt. Der Name Siemens steht für bahnbrechende Erfindungen wie die erste elektrische Lokomotive, die elektrische Straßenbeleuchtung, den elektrischen Aufzug und vieles mehr. Siemens trat aber nicht nur als Erfinder auf, sondern stand Pate bei der Errichtung von Lehrstühlen für Elektrotechnik an den neu entstehenden Technischen Universitäten oder bei der Errichtung der Physikalisch-Technischen Reichsanstalt. Aufgrund seiner vielfältigen Verdienste wurde er 1888 in den Adelsstand erhoben.

Die Chemie stellte den zweiten Innovationssektor neben der Elektrotechnik dar, vor allem in den Bereichen Farbenproduktion und Pharmazie. Ein Paradebeispiel für die Entwicklung der Chemieindustrie ist die deutsche Bayer AG, die einen ähnlichen Entwicklungsverlauf wie andere Großunternehmen der Branche nahm. Das Unternehmen wurde 1863 als Hersteller von Teerfarbstoffen gegründet und machte sich in den 1860er und 1870er Jahren zunutze, dass für die Montanindustrie große Mengen von Schwefelsäure produziert wurden, die Zwischen- und Nebenprodukte abwarfen, die Bayer weiterzuverarbeiten begann. So wurde die Farbstofffamilie Anilin produziert, die dann allmählich durch den Farbstamm Fuchsin ergänzt wurde. Eine systematische Forschung betrieb das Unternehmen noch nicht. Vielmehr wurden Produkte vertrieben, die eher nebenbei entstanden waren bzw. nicht zwangsläufig bei Bayer selbst. Dies änderte sich erst 1881, nachdem das Unternehmen in eine Aktiengesellschaft umgewandelt wurde und damit Kapital für den Aufbau einer systematischen Forschungsabteilung zur Verfügung hatte.

Dieser begann 1881 durch die Anstellung der drei (promovierten) Chemiker Carl Duisberg, Martin Herzberg und Oskar Hinsberg, die für Bayer forschten und Erfindungen in den Bereichen der Farbenproduktion und der Pharmazie machen sollten. In den Anfangsjahren suchten die Unternehmensforscher enge Kooperationen mit Hochschulinstituten, bevor 1885 ein kleines wissenschaftliches Laboratorium von Bayer errichtet wurde, das in einem zweiten Schritt 1889/91 zu einem Forschungsinstitut mit modernster Apparatetechnik und einer eigenen Institutsbibliothek in Elberfeld ausgebaut wurde. Enge Verbindungen zu den Hochschulinstituten blieben weiterhin bestehen, so dass Personal und Wissen mitunter überlappten. Ein Eckdatum in dieser Phase war die Gründung einer eigenständigen pharmazeutischen Abteilung im Jahr 1888. Wie schon das Unternehmen selbst so entstand auch die pharmazeutische Abteilung mit dem Ziel der Verwertung eines Nebenprodukts der Farbenherstellung, Nitrophenol. Ein erstes erfolgreich auf den Markt gebrachtes Pharmaprodukt war das Fiebermittel Phenacetin. Aus der eigenen Forschung heraus generierte Bayer seine ersten Patente für Farben wie Crocein 3B (1881) oder Alizarinbordeaux (1888). Patente für Pharmaprodukte kamen allmählich hinzu, von denen das Schlafmittel Trional (1890) den Anfang machte.

Das für die Chemieindustrie (und die zweite Industrialisierungsphase) typische schnelle Wachstum auf der Basis immer neuer Produkte meisterte das Unternehmen zum einen wegen der eigenen systematischen Forschungstätigkeit und zum anderen durch Übernahmen kleinerer Chemieunternehmen wie der Alizarinfabrik Carl Leverkus. Es erfolgte ein Konzentrationsprozess von technischem Wissen, Erfindern und Erfindungen in größeren Clustern. In diesem Kontext verlagerte Bayer seine Produktion und einen Großteil des Unternehmens von Elberfeld an den Rhein ins spätere Leverkusen. In der Folgezeit differenzierte sich das Chemieunternehmen immer weiter in neue Produktions- und Forschungszweige aus, u. a. künstlichen Kautschuk (1904) oder auch die Schädlingsbekämpfung und künstliche Düngemittel (1914). Bis in die 1920er Jahre entstand so ein Industrieunternehmen mit einer sehr breiten Produkt- und Forschungspalette.

Elektrotechnik und Chemie waren zwar die großen Treiber der industriellen Entwicklung Europas nach 1870, hinzu kamen aber weitere technische Neuerungen, etwa erste Innovationen im Bereich der Bürotechnik bzw. der Datenverarbeitung, die eine Rationalisierung der zunehmenden Verwaltungstätigkeiten erlaubten, aber in der breiten Öffentlichkeit kaum wahrgenommen wurden. So wurde 1868 die Schreibmaschine patentiert und breitet sich ab den 1880er Jahren in den sich industrialisierenden Staaten schnell aus. Noch stärker für die Speicherung und Normierung von Daten konzipiert entstanden Mitte der 1880er Jahre Lochkartensysteme (Hollerithmaschine), die u. a. zur Erfassung von Krankendaten oder für Volkszählungen eingesetzt wurden. Ihr Erfinder, Herman Hollerith, gründete 1896 mit der Tabulating Machine Company ein Unternehmen, dass nicht nur als erstes Lochkartensysteme kommerziell verwertete, sondern auch den Grundstein für den späteren Weltmarktführer der Informationstechnik, IBM, legte. Die Lochkarte sollte noch für Jahrzehnte ein zentraler Baustein der Datenspeicherung und -verarbeitung bleiben.

Zu den herausstechenden Innovationen in den Jahren 1870 bis 1920 zählten immer auch kriegsrelevante Technologien. Sie sorgten dafür, dass der Krieg von einer Schlacht zwischen zwei Heeren, die sich auf einem vergleichsweise kleinen Schlachtfeld gegenüberstanden, zu einem Ereignis wurde, dass wie im Ersten Weltkrieg die komplette Gesellschaft über mehrere Jahre hinweg in den Dienst des Krieges stellte. Neben dem bereits beschriebenen Einfluss der Eisenbahnen (und der Telekommunikation) auf die Kriegsführung waren es vor allem massenproduzierte Waffen, die immer größere Wirkungen und Genauigkeit erzielten. Was die Handfeuerwaffen betrifft, so wurde zwischen 1870 und dem Ausbruch des ersten Weltkriegs die automatische Patronenzufuhr perfektioniert, u. a. durch Patronengurte und Wasserkühlung, die immer größere Schussfolgen erlaubten. Hinzu kamen Waffensysteme wie die Handfeuergranaten, die allesamt in einen Stellungskrieg mündeten, dessen Folgen kaum absehbar waren. Landgewinne aus den Schützengräben heraus waren in Anbetracht der Feuerkraft maschineller Gewehr mit teilweise mehr als 600 Schuss pro Minute praktisch nicht realisierbar. Insgesamt erforderten neue Kriegstechnologien eine schwierige Anpassung der Truppenteile an ein sehr ambivalentes Verhältnis von Mobilität und Stillstand. Einerseits sorgte etwa die Eisenbahn für eine neue Dimension der Beweglichkeit der Truppen und ihrer Soldaten. Andererseits erzeugten die Waffensysteme große Schwierigkeiten bei Landgewinnen und trugen so ganz wesentlich zu einem jahrelangen Stellungskrieg im Ersten Weltkrieg bei. Alles in allem wurde der Krieg immer weniger durch geschicktes Agieren auf dem Schlachtfeld gewonnen, sondern durch die ingenieurwissenschaftlichen Leistungen, die weit im Vorfeld der eigentlichen Schlacht erzielt wurden.

So sehr viele technische Innovationen des 19. Jahrhunderts sich nicht einem Erfinder zuschreiben lassen, sondern vielmehr das Produkt vielfältiger Forschungen und Experimente, einer grenzüberschreitenden Zirkulation von Ideen und eines eingeschränkten internationalen Patentschutzes waren, so sehr entwickelte sich technische Innovativität und Leistungsfähigkeit zu einem symbolischen wie wirtschaftlichen Wettstreit der Länder Europas, der viele Ausdrucksformen fand. Eine war das britische Warenzeichen »made in Germany«. Mit dem »Merchandise Marks Act« vom August 1887 wurde beschlossen, dass deutsche Produkte, die nach Großbritannien importiert wurden, fortan den Schriftzug »made in Germany« tragen mussten. Die britische Regierung wollte so auf minderwertige Qualität einiger deutscher Produktkopien, vor allem von Scheren aus Sheffield aufmerksam machen, bei deren Produktion deutsche Hersteller sich am Design des britischen Originals orientierten, aber minderwertiges Gusseisen statt Gussstahl verwendeten, was einen günstigen Preis erlaubte, der mit niedriger Produktqualität erkauft wurde. Da allerdings deutsche Industrieprodukte vor allem der chemischen und elektrotechnischen Industrie sich als qualitativ hochwertig erwiesen, stand »made in Germany« noch vor der Jahrhundertwende weltweit für qualitativ hochwertige Produkte.

Der symbolisch vielleicht bedeutsamste Wettlauf fand auf hoher See zwischen Großbritannien und Deutschland – zivil wie militärisch – statt. Möglich geworden war dieser durch die technischen Fortschritte in der Stahlerzeugung, die immer mächtigere Stahlplatten für den Schiffbau produzierte und damit größere Schiffe ermöglichte, die immer mehr Gewicht transportieren konnten. Waren noch Mitte des 19. Jahrhunderts – von wenigen Ausnahmen abgesehen – Holzschiffe gebaut worden, so entstanden ab den 1870er Jahren immer größere Stahlschiffe. Kriegsschiffe ließen sich fortan mit größeren Geschützen und Geschütztürmen bestücken und erlaubten den Transport größerer Truppenverbände. Passagierschiffe wiederum konnten immer mehr Menschen zu sinkenden Preisen transportieren, wodurch u. a. die Amerikaauswanderung angekurbelt wurde. Hatte Großbritannien ab Mitte des 19. Jahrhunderts die uneingeschränkte Vormachstellung auf den Weltmeeren innegehabt, so machte sich das Deutsche Reich um die Jahrhundertwende daran, Großbritannien beim Bau großer und leistungsfähiger Schiffe – zivil wie militärisch – zu übertreffen, was insgesamt zu einer enormen expansiven Entwicklung der Schifffahrt führte.

Im Wettstreit ging es eben auch um das Prestige ingenieurwissenschaftlicher Leistungsfähigkeit bei der Größe und Schnelligkeit von Schiffen. So steigerten die größten Passagierschiffe ihre Kapazitäten von 5.008 Bruttoregistertonnen (BRT) im Jahr 1874 (»Britannic«) über 17.274 BRT im Jahr 1899 (»Oceanic«) und 46.329 BRT im Jahr 1912 (»Titanic«) auf 54.282 BRT im Jahr 1914 (»Vaterland«). Mit der »Vaterland« (sowie deren Schwesterschiffen »Bismarck« und »Imperator«) war damit unmittelbar vor Beginn des Ersten Weltkriegs ein deutsches Schiff zum Größenprimus aufgestiegen. Bei Kriegsausbruch in New York liegend, wurde die »Vaterland« von der US-Regierung beschlagnahmt und nach 1917 für US-Truppentransporte im Krieg gegen Deutschland eingesetzt.

Noch verbitterter wurde der Wettstreit um das Blaue Band für die schnellste Atlantiküberquerung geführt. Hatten britische Reedereien mit auf britischen Werften gebauten Schiffen den Wettstreit um die schnellste Atlantikquerung praktisch unter sich ausgetragen, so markierte das Jahr 1897 eine Zäsur, als die von der deutschen Vulcan-Werft für den Norddeutschen Lloyd gebaute »Kaiser Wilhelm der Große« das Blaue Band für ein nichtbritisches Schiff gewinnen sollte – eine Ehre, die bis 1907 nur deutschen Schiffen zu Teil wurde. Wie sehr die britische Regierung dies als eine technisch-ingenieurwissenschaftliche Schmach empfand, zeigte sich daran, dass sie ein großzügiges Darlehen und umfangreiche Subventionen bewilligte, um der Cunard-Werft Neubauten zu finanzieren, mit denen das prestigeträchtige Blaue Band nach Großbritannien zurückgeholt werden konnte. Dies gelang schließlich im Oktober 1907 der Lusitania, die mit einer Geschwindigkeit von ca. 24 Knoten den Atlantik in westlicher Richtung erstmals unter einer Reisezeit von fünf Tagen überquerte. Bemerkenswerterweise wurde die Lusitania im Februar 1915 von einem deutschen U-Boot versenkt.

6.3 Internationale Verbindungen – nationale Eingrenzungen: Ambivalenzen der Vernetzung

Mit der Eisenbahn, dem Telegrafen, dem Telefon und dem Funk legten sich in der zweiten Hälfte des 19. Jahrhunderts große infrastrukturelle Systeme mit ihren vielfältigen Verbindungen wie ein Netz über Staaten, Kontinente und die Welt. Sie verknüpften Räume zu immer größeren Einheiten und bildeten die Grundlagen für wirtschaftliche wie gesellschaftliche Austauschprozesse völlig neuer Dimension, wobei die Vernetzung generell von einem sehr ambivalenten Trend aus nationaler Eingrenzung und grenzüberschreitender Verbindung gekennzeichnet war.

In allen Staaten Europas dienten großtechnische Infrastruktursysteme der Nationsbildung und Homogenisierung im Inneren sowie der Herausbildung eines nationalen Wirtschaftsraums (einer Volkswirtschaft). Dabei erfolgte der Ausbau national verästelter Netze zumeist in mehreren Schritten: Erst entstanden Verbindungen zwischen den Metropolen bzw. einseitig auf eine Metropole ausgerichtet, die allmählich um regionale und lokale Verbindungen erweitert wurden. Auch der Ausbau der Telekommunikationsnetze erfolgte in mehreren Schüben. In Preußen und Deutschland beispielsweise entstand ein erstes Telegrafennetz in den 1840er Jahren, angefangen von der ersten Strecke Berlin–Potsdam im Jahr 1846. Im Umfeld der 1848er Revolution und der Nationalversammlung in der Frankfurter Paulskirche wurde zur effektiveren Übermittlung politisch relevanter Nachrichten von Berlin ausgehend ein erstes unterirdisches Liniennetz von 2.700 km Länge errichtet. Im Verbund des »Deutsch-Österreichischen Telegraphenvereins« bestand so bereits 1850 ein 6.870 km langes Netz. Ein feingliedriges und betriebssicheres Telegrafennetz wurde im Deutschen Reich zwischen 1875 und 1889 errichtet. Es verblieb bis in die 1920er Jahre der Hauptträger der innerdeutschen telegrafischen Verbindungen. Parallel dazu entstanden in den größeren Städten ab den 1880er Jahren Telefonnetze mit lokal begrenzter Reichweite. Diese Ortsnetze schloss die Reichspostverwaltung allmählich mittels Oberlandleitungen zusammen, die aber sehr witterungsanfällig waren. So wurden im Winter 1909 große Teile des oberirdischen Netzes von Schnee und Eis so zerstört, dass das Rheinland über Wochen nicht mehr mit der Hauptstadt in Berlin kommunizieren konnte.

Ihren nationalen Auftrag konnten großtechnische Systeme noch effektiver erledigen, als der Staat dazu überging, Eisenbahnen und später Telefonnetze zu verstaatlichen. Die Verstaatlichung bedeutete aber auch, dass fortan strukturpolitische Ziele verfolgt werden konnten, die privatwirtschaftliche Unternehmen niemals angestrebt hätten. Eisenbahnen, die kommunale Versorgung und auch das Telefon wurden nach dem bestehenden Muster des Postmonopols verstaatlicht, um nach innen Räume zu kontrollieren, die Versorgung der Bevölkerung zu organisieren und die Wirtschaft zu fördern. Verstaatlichung war dabei ein langfristiger Prozess, der sich in den einzelnen Staaten Europas über mehrere Jahrzehnte erstreckte, u. a. beim Telefon von den 1870er Jahren bis in 1900er Jahre.

Noch während sich nationale Netze im Auf- und Ausbau befanden, setzte auch die nationale Vernetzung von und zwischen Kontinenten ein. In den Jahren zwischen 1870 und 1920 kristallisierten sich insbesondere in Europa und Nordamerika grenzüberschreitende Telekommunikationsnetze heraus. Die europäischen und nordamerikanischen Handels- und Kolonialmächte verbreiteten die Techniken des Verkehrs und der Telekommunikation über die Welt, um Kolonien effektiver beherrschen und generell Handel betreiben zu können. Sie waren es dann auch, die die Verbindung der Kontinente durch Unterwasser- bzw. Seekabel vorantrieben, so dass in der zweiten Hälfte des 19. Jahrhunderts ein globales Telegrafennetz entstehen konnte. In den 1860er und 1870er Jahren waren von Großbritannien ausgehend erste Verbindungen mit Telegrafenkabeln durch den Atlantik nach Nordamerika und das Rote Meer nach Indien verlegt worden. In den 1880er Jahren kamen dann die Verbindungen nach Australien und Südamerika hinzu, so dass die Welt erstmals telegrafisch vernetzt war. Europa erwies sich als das unbestreitbare Zentrum des Weltnetzes mit Großbritannien als dessen Schaltstelle. In den 1880er Jahren setzte die Verbesserung der vorhandenen Linien durch technische Neuerungen und Kapazitätssteigerungen sowie eine stärkere Verästelung über den Globus ein. Mit der Errichtung des Pazifikkabels im Jahr 1901 wurde erstmals die weltumspannende Telegrafie möglich. Bis zum Ausbruch des Ersten Weltkriegs waren alle wesentlichen Teile der Welt telegrafisch verbunden, was auch dadurch beschleunigt wurde, dass die europäischen Staaten nun jeweils eigene Kabel in die unterschiedlichen Weltteile verlegten, um im Konfliktfall von Großbritannien unabhängig zu sein. Auf den Hauptstrecken durch den Atlantik bestanden wegen der hohen Nachfrage Mehrfachverbindungen mit vergleichsweise hohen Transportkapazitäten, während in den peripheren Regionen wie dem Pazifikraum die Kabel nicht rentabel betrieben werden konnten.

Innerhalb Europas erlaubten es die neuen Kommunikations- und Verkehrssysteme, wichtige Barrieren zu überwinden, die zuvor Handels- und Erfahrungsräume getrennt hatten, wie beispielsweise die Alpen, den Ärmelkanal oder das Mittelmeer. Neue Streckenführungen bei der Eisenbahn waren im 19. Jahrhundert ein zentrales Thema, um Transportströme zu verlagern und damit neue Verkehrsräume wie Verkehrs-

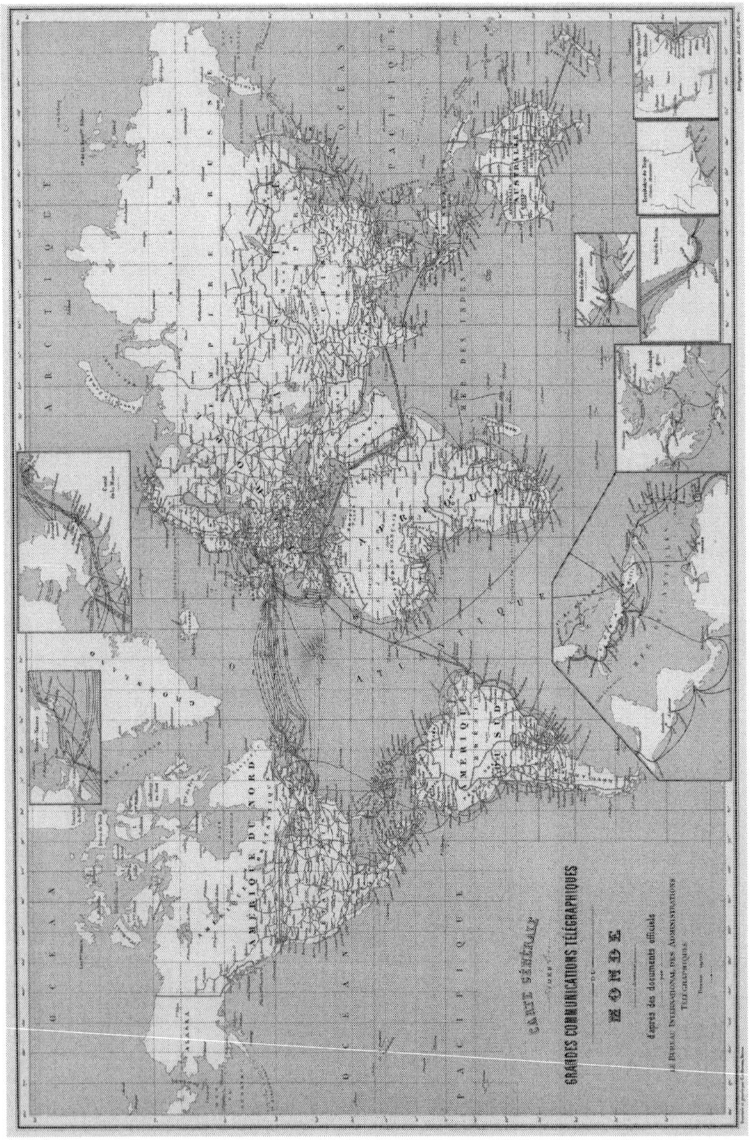

Abb. 12: Seekabelverbindungen vor dem Ersten Weltkrieg.

zentren zu errichten. Der Aufstieg oder Niedergang von Hafenstädten hing nicht selten von neuen Streckenführungen der Eisenbahn ab. In den 1860er Jahren hatten die Verknüpfungen an den Außengrenzen der europäischen Staaten einen derartigen Umfang erreicht, dass sich so etwas wie ein »europäisches Netz« abzuzeichnen begann. Ein zentrales Ereignis war die Überwindung des Bergmassivs des Mont Cenis in Norditalien in den 1860er Jahren als Folge des Baus eines Eisenbahntunnels, der die direkte Durchfahrt von Nord- und Westeuropa bis nach Süditalien ermöglichte. Post nach Asien musste so nicht mehr in Marseille verladen werden, sondern konnte schneller bis nach Brindisi in Süditalien gebracht und erst dort verschifft werden, was in den 1870er Jahren eine Zeitersparnis von ca. 30 Stunden bedeutete.

Technische Asymmetrien zwischen den Staaten (West-)Europas und vielen anderen Erdteilen, die im 19. Jahrhundert immer größer wurden, ließen ab Mitte des Jahrhunderts den Handelskolonialismus in einen kolonialen Imperialismus, die sogenannte Europäische Expansion umschlagen. Die außereuropäischen Staaten konnten den technischen Möglichkeiten industrialisierter Nationen kaum etwas entgegensetzen. Maschinengewehre, dampfgetriebene Kanonenboote, die Eisenbahnen, der Telegraf oder der Einsatz von Dynamit begründeten ein zu großes Machtgefälle. Zunehmend konnten die europäischen Kolonialisten auch die inneren Gebiete der Kolonien erkunden und in Besitz nehmen. Eisenbahnlinien wurden so gebaut, dass Rohstoffquellen effektiv erschlossen werden konnten, d. h. mit guten Anbindungen an Seehäfen. Es folgte die Umstrukturierung der kolonialen Wirtschaften, die ihre Produktion auf die Bedürfnisse der europäischen Kolonialherren ausrichten mussten. Dass koloniale Infrastrukturen aus Eisenbahnen, Telegrafen und Dampfschiffen in den Kolonien in Asien und Afrika errichtet wurden, förderte aber nicht die industrielle Entwicklung der Kolonien, sondern deren Unterentwicklung. Sämtliche Materialien der Eisenbahnlinien (Waggons, Schienen etc.) mussten aus den Mutterländern bezogen werden, so dass die Industrialisierungsimpulse, die von den Eisenbahnen ausgingen (Produktion von Schienen, Lokomotiven, Waggons, Stahl etc.) auch nur in den Mutterländern zu spüren waren. Kopplungseffekte, die in den industrialisierten Staaten Europas ganz entscheidende Initialzündungen dargestellt hatten, machten sich vielmehr in den europäischen Volkswirtschaften bemerkbar, wenngleich es enorme Unterschiede zwischen den einzelnen Kolonien und ihren jeweiligen Mutterländern gab. Die Kolonialherren ließen den Kolonien einfach keine Chance, einen schwerindustriellen Entwicklungspfad einzuschlagen, selbst wenn die notwendigen Ressourcen vorhanden waren. Rohstoffe wurden aus den Kolonien abtransportiert und in Europa verarbeitet, zudem errichteten und betrieben Europäer bzw. europäische Kolonialverwaltungen die Infrastruktursysteme. Sie etablierten damit eine Struktur globaler Logistikketten, die den weltweiten Handel bis weit über den hier betrachteten Zeitraum prägen sollten.

Die effektivere Beherrschung der Kolonien von den Mutterländern aus wurde durch die schnelle Nachrichtenübermittlung zusätzlich befeuert, so dass auf Ereignisse in den Kolonien wie Unruhen oder Unwetter effektiver reagiert werden konnte. Benötigte beispielsweise eine Nachricht von London nach Bombay in den 1820er Jahren im Durchschnitt 145 Tage, so reduzierte sich diese Zeit durch Dampfschiffe, Eisenbahnen und Telegrafen in den 1870er Jahren auf etwa 30 Minuten.

Die internationale Verbindung von nationalen Netzen machte technische Abstimmung und Standardisierung unumgänglich. Um diese vorzunehmen, entstanden seit Mitte des 19. Jahrhunderts internationale Organisationen, die oft als Verwaltungsunionen bezeichnet wurden, weil in ihnen die staatlichen Verwaltungen für Eisenbahn, Post, Telegrafie und Telefon zusammenarbeiteten. Den Anfang machten regional begrenzte Kooperationen wie der westeuropäische Telegrafenverein. Am 17. Mai 1865 gründeten dann 20 Staaten in Paris den »Internationalen Telegraphenverein« (UIT). Dieser etablierte eine interne Struktur, nach der die Regierungen nur noch die fundamentalen Grundregeln grenzüberschreitender Kommunikation in der UIT Convention festlegten, während die technische, betriebliche und tarifäre Standardisierung grenzüberschreitender Netze auf sogenannten Verwaltungskonferenzen von den Ingenieuren der Telegrafenverwaltungen ausgehandelt wurden. Mit der Einführung des Telefons wurde dieses grundlegende Regulierungsmuster auch auf das neue Medium übertragen.

Eine regelmäßige Zusammenarbeit der Eisenbahnen bildete sich ab den 1870er Jahren heraus. Zunächst trieben die Eisenbahngesellschaften der Schweiz und Belgiens, die als Transitländer ein großes Interesse an einem festen Ordnungsrahmen hatten, die Zusammenarbeit voran. Einheitliche europäische Regelungen werteten sie als Voraussetzung eines wachsenden internationalen Verkehrsaufkommens, von dem sie als Transportdienstleiter in Transitländern wirtschaftlich nur profitieren konnten. Den Anfang machte 1872 die »Internationale Reisezugfahrplankonferenz« (nach 1892: »Europäische Reisezugfahrplankonferenz«), auf der die Fahrpläne für internationale Reisezüge festgelegt wurden. Weitere nichtgouvernementale Abkommen folgten in der Zwischenkriegszeit. 1921 und 1923 schloss die Mehrheit der europäischen Eisenbahnen die »Internationalen Übereinkommen über die gegenseitige Benutzung von Güterwagen« (RIV) bzw. von Personen- und Gepäckwagen (RIC).

Regelten die europäischen Eisenbahnen betriebliche Angelegenheiten weitgehend unabhängig, so erforderte die technische und rechtliche Zusammenarbeit eine direkte Beteiligung der Regierungen. Obwohl technische Kompatibilitäten nötig waren, um den störungsfreien und sicheren internationalen Eisenbahnverkehr zu ermöglichen, achteten die Regierungen dennoch darauf, die Interessen der nationalen Eisenbahnindustrie zu berücksichtigen. Nicht selten resultierte dies in nationalem Industrieprotektionismus durch technische Alleingänge. Nach langer Verhandlungsdauer gelang es 1882 trotz allem, die »Technische Einheit« (TE) als europäisches Abkommen über die Angleichung technischer Parameter zu verabschieden. Bis 1914 traten dem Abkommen alle europäischen Staaten mit Normalspur bei. Der Einfluss der TE auf die internationale Vernetzung ist durchaus ambivalent zu bewerten: Es gehörte zweifelsohne zu ihrem großen Verdienst, für Bauweisen, Spurweiten, Radstände, Verladearten oder Inspektionen verbindliche Normen in Europa festgelegt zu haben. Doch blieben diese eher allgemein und auf wenige Systemkomponenten beschränkt. Die TE betrieb kooperativen Protektionismus und segnete auf Regierungsebene ab, dass in Europa separierte nationale Eisenbahnnetze entstanden, die lediglich in ihren Grundkomponenten kompatibel blieben.

6.4 Professionalisierung von Technik

Die erste Industrialisierungsphase seit Mitte des 18. Jahrhunderts war in technischer Hinsicht geprägt von langsamen Entwicklungsprozessen. Innovationen entsprangen den Überlegungen von Praktikern und erfolgten nicht selten zufällig. Eine systematische technisch-wissenschaftliche Forschung fungierte in dieser Zeit nicht als Motor technischer Wandlungsprozesse. Dies änderte sich nach 1870 grundlegend. Den Zeitraum zwischen 1870 und 1920 kennzeichnete eine Professionalisierung von Technik, die hier verstanden werden soll als Professionalisierung der Forschung sowie der beruflich-wissenschaftlichen Ausbildung. Allerdings führte sie innerhalb Europas zu markanten Unterschieden. Während insbesondere im Süden und Osten des Kontinents von einer Professionalisierung der Technik als flächendeckendem Phänomen kaum die Rede sein konnte, bildete sich in vielen Ländern des nördlichen und westlichen Europas ein völlig neues Verhältnis von wissenschaftlich-technischer Forschung, wissenschaftlich-technischer Ausbildung und wirtschaftlichen Unternehmungen heraus, das auch eine Verbindung von Grundlagen- und Anwendungsforschung hervorbrachte.

In der Chemie- wie in der Elektroindustrie verwandelten sich kleinere Experimentierlabors in hochkomplexe wissenschaftliche Forschungslabore, die systematisch arbeitende Forschungs- und Entwicklungsabteilungen darstellten. Wenngleich der Erfinder-Unternehmer, der technische Innovationen von großer Tragweite hervorbrachte, wie etwa Marconi mit dem Funk, nicht gänzlich verschwand, so ging der Trend doch hin zur professionalisierten Forschung in modernen Instituten und Forschungsabteilungen. Dies stellte auch immer größere Anforderungen an die Ausbildung von Naturwissenschaftlern und Ingenieuren.

Einen entscheidenden Faktor der Professionalisierung von Technik stellte die staatliche Bildungs- und Ausbildungspolitik dar. Führend in dieser Hinsicht war Deutschland, das durch einen starken Ausbau seines (beruflichen) Bildungssystems und der staatlichen Forschungspolitik auffiel, in deren Schatten auch die Industrieforschung wuchs. Deutschland soll hier besonders hervorgehoben werden, weil es zwischen 1870 und 1920 ein Ausbildungs- und Forschungssystem hervorbrachte, das zum einen in der Zwischenkriegszeit zum Vorbild für viele Staaten Europas wurde und zum anderen viele Entwicklungstrends in sich vereinte. So expandierten um die Jahrhundertwende die technischen Hochschulen nahezu überall im nördlichen und westlichen Europa. Viele europäische Technische Universitäten wie Lausanne, München, Berlin oder Turin haben ihre Wurzeln in den 1860er und 1870er Jahren. Damit ging eine Vielzahl von Neugründungen einher, aber auch eine enorme Ausdifferenzierung des ingenieurswissenschaftlichen Fächerspektrums. Experimentelle Lehre und Forschung kennzeichneten die Ingenieursausbildung und unterschieden sich damit deutlich von der eher theoretisch orientierten Ausbildung früherer Tage. Die Verbindung von mathematischer, theoretischer und experimenteller Forschung brachte einen völlig neuen Typus Forscher bzw. Ingenieur hervor. 1899 wurde in Preußen erstmals der Titel des Diplom-Ingenieurs verliehen. In den 1920er Jahren erhielten viele technische Hochschulen das Promotionsrecht.

Ein wesentlicher Motor hinter dem Ausbau der staatlichen Forschungsinstitutionen war auch die Industrie selbst, vor allem deren 1856 gegründeter Interessenverband, der Verein Deutscher Ingenieure (VDI), der sich vehement für staatliche Forschungsinstitute einsetzte. Ein erster Schritt war die Errichtung der Physikalisch-Technischen Reichsanstalt im Jahr 1887, die wissenschaftliche, technische und industrielle Interessen verbinden sollte. Es ging darum, solide Grundlageforschung mithilfe staatlicher Finanzierung in einer außeruniversitären Forschungseinrichtung zu fördern, die freie Grundlagenforschung auch im Dienst der Industrie betrieb. Institutionalisierte Forschung von Natur- und Ingenieurwissenschaften wurde dann durch die Gründung der Kaiser-Wilhelm-Gesellschaft zur Förderung der Wissenschaft im Jahr 1911 weiter vorangetrieben, deren Ziel die Verbesserung der Grundlagenforschung (frei von anderen universitären Verpflichtungen) sein sollte, was auch als Reaktion auf eine immer größere wissenschaftliche wie wirtschaftliche Konkurrenz aus den USA vorangetrieben wurde. Von Beginn an finanzierten Staat und Unternehmen die Gesellschaft gemeinsam. In den Jahren 1911 bis 1914 entstand eine ganze Reihe von Instituten, u. a. für Chemie, physikalische Chemie und Elektrochemie, Biologie, Kohlenforschung, Arbeitsphysiologie, Hirnforschung und Physiologie.

Mit der Professionalisierung der Ingenieursausbildung kristallisierten sich auch europäische Forschungsnetzwerke heraus, die zwischen wissenschaftlichen Instituten, Unternehmen und staatlichen Verwaltungen entstanden und nicht selten in internationalen Organisationen bzw. deren Gremien eine institutionelle Grundlage erhielten. Diese gaben oftmals internationale Zeitschriften zu ihren jeweiligen Spezialbereichen heraus, wie das seit 1869 erscheinende *Journal télégraphique*, in dem sich Ingenieure des Fernmeldewesens über technische Neuerungen, Forschungsergebnisse oder weitere relevante Themen austauschten.

Alles in allem brachten die Jahre 1870 bis 1920 in vielen Staaten des nördlichen und westlichen Europas eine deutliche Professionalisierung der Forschung sowie der beruflich-wissenschaftlichen Ausbildung. Technische Universitäten entstanden ebenso wie staatlich geförderte Forschungsinstitute oder Forschungsabteilungen einzelner Unternehmen. Grundlagenforschung und Ausbildung an Universitäten sowie die anwendungsbezogene (Industrie-)Forschung im Unternehmen wurden zum Kennzeichen eines professionalisierten Umgangs mit Technik. Dieser war eine notwendige Voraussetzung, um technische Innovationen in immer kürzeren Innovationszyklen hervorzubringen, um so in der immer schärferen (internationalen) Konkurrenzsituation wettbewerbsfähig zu bleiben.

6.5 Fazit

Zwischen 1870 und 1920 wurde Technik zu einem immer bedeutsameren Motor der Veränderung von Wirtschaft und Gesellschaft in Europa. Technische Leistungsfähigkeit erwies sich als Symbol und Gradmesser nationaler Leistungsfähigkeit und befeuerte den zwischenstaatlichen Wettbewerb um die prestigeträchtigsten Innovationen. Technische Ausbreitungsprozesse – insbesondere in den Bereichen Verkehr und Kommunikation – resultierten in einer sehr ambivalenten Entwicklung aus internationaler Verbindung und nationaler Abgrenzung bzw. Vernetzung nach innen. Sie veränderten Arbeitsweisen, Arbeitsteiligkeit und Austauschprozesse wirtschaftlicher, politischer und gesellschaftlicher Art. Technik schuf so neue Möglichkeiten der Raumbeherrschung und Raumeroberung. Sie erzeugte neue, teilweise dramatische Machtasymmetrien und neue Dimensionen der Gewalt. Europa und vornehmlich die Staaten Westeuropas strukturierten durch ihre technologische Überlegenheit die globale Landkarte in jeglicher Hinsicht völlig neu. Europa (inklusive der USA) eroberte sich weit über das Jahr 1920 hinaus eine globale Führungsrolle.

7 Gewalt

7.1 Vorbemerkungen

Die Epoche beginnt und endet mit Waffengewalt: Im Juli 1870 begann der Deutsch-Französische Krieg, in dem am Ende insgesamt drei Millionen Soldaten mobilisiert waren. Aufseiten des Norddeutschen Bundes und seiner Verbündeten waren ca. 45.000 Gefallene und 90.000 Verwundete zu beklagen, auf französischer Seite je 140.000 Menschen: insgesamt 185.000 Tote nach nur sieben Monaten Krieg, der in Frankreich nahtlos in den Bürgerkrieg gegen die Pariser Commune überging; dieser forderte weitere 7.000 Opfer. 1920 waren die Kampfhandlungen des Ersten Weltkrieges, der insgesamt weit über 15 Millionen Tote gefordert hatte, längst vorüber, während im Osten Europas Bürgerkriege, Pogrome und ethnische Säuberungen einander abwechselten und weitere Millionen Opfer verursachten.

Die katastrophalen Dimensionen militärischer Gewaltanwendung in der ersten Hälfte des 20. Jahrhunderts sind weitgehend bekannt und werden seit Jahrzehnten intensiv erforscht. Jüngeren Datums ist allerdings eine Perspektive, die nicht im klassischen Sinne »Kriegsgeschichte« betreibt, sondern explizit nach »Gewalt« in allen denkbaren sozialen Kontexten fragt und in ihr eine anthropologische Konstante erkennt. Hauptsächlich der Moderne mit ihrer Suche nach Eindeutigkeit und Homogenität kommt in der Gewaltgeschichte eine besondere Bedeutung zu. Sie kann in der Familie als kleinster Form menschlicher Vergemeinschaftung vorkommen, Bestandteil gesellschaftlicher Auseinandersetzungen sein oder in ihrer weitreichendsten Form als Krieg zwischen Staaten ganze Völker oder Gesellschaften bedrohen. Während die bloße

Existenz von Gewalt historisch also nicht zweifelhaft ist, so bleibt doch umstritten, ob die Geschichte der Menschheit durch eine zunehmende Gewaltanwendung geprägt ist, oder ob nicht ganz gegenteilig von einem allmählichen Rückgang gesprochen werden muss, ungeachtet zweier Weltkriege im 20. Jahrhundert. Letztlich besteht auch keine Einigkeit darüber, wie weit der Gewalt-Begriff zu fassen ist: exklusiv für physische Handlungen oder in einem viel weiteren Sinne, der auch »strukturelle Gewalt« umfasst und nicht-körperliche Aktionen einbezieht?

Im folgenden Kapitel wird Gewalt – durchaus in einem »weiten« Sinne – als Ausdruck sozialer und politischer Machtverhältnisse begriffen, um »klassische« Phänomene wie koloniale Gewaltanwendung und den Weltkrieg ebenso zu erfassen wie den Antisemitismus, der nach 1870 neue Formen annimmt und sich modernisiert. Beim Blick auf die ethnischen Säuberungen des 20. Jahrhunderts zeigt sich schließlich exemplarisch, dass sich Gewalt und Moderne nicht widersprechen, sondern in einem klaren Bedingungsgefüge zueinander existieren.

7.2 Koloniale Gewalt und Genozide

Die Geschichte der kolonialen Expansion Europas reicht zurück bis ins Mittelalter und ist von zentraler Bedeutung für das europäische Selbstverständnis geworden. Nicht ohne Grund ist die Epochengrenze zur Neuzeit auch mit der »Entdeckung« Amerikas angesetzt worden. Die Triebkräfte zur Erweiterung des europäischen Herrschaftsraums waren durch die Jahrhunderte vielfältig: Die Ausbeutung von Rohstoffen war von Beginn an ein wichtiges Motiv, auch wenn Kolonialmächte wie etwa das Deutsche Reich so gut wie gar nicht davon profitierten; meist waren es eher private Investoren, die zum Teile hohe Gewinne erzielen konnten. Die Sicherung von neuen Absatzmärkten und Investitionsmöglichkeiten für Anleger war ein weiteres ökonomisches Motiv. In Zeiten der Massenpolitik konnte koloniales Engagement von heimischen Konflikten ablenken oder integrierend wirken. Aus bevölkerungspolitischen Erwägungen hofften manche Staaten, Aussiedler in eigene Kolonien umlenken zu können. Auf kultureller Ebene glaubten die Europäer, gerade in Afrika auf einer »Zivilisierungsmission« zu sein. Und schließlich sorgte schlicht der Wettbewerb der Nationalstaaten untereinander, der Wille zur Weltgeltung, für eine expansive Politik.

Koloniale Herrschaft im eigentlichen Sinne – die formale Kontrolle eines zuvor unabhängigen Staates oder Territoriums – konnte sehr unterschiedlich gestaltet sein, kam aber nie ohne Kooperation mit lokalen Kräften aus; insbesondere in den Truppen zur Herrschaftssicherung waren sie stark vertreten. Vielfältig war auch die Organisation: Die größte Kolonialmacht England kannte über 40 unterschiedliche Statusarten für ihre außereuropäischen Gebiete, die von drei Kolonialbehörden verwaltet wurden. Auch die Herrschaftsmethoden waren nicht überall identisch, mit ihnen gingen unterschiedliche Formen von Gewalt einher. Grob kann zwischen »direkter« oder »indirekter« Herrschaft unterschieden werden. Vor allem in Asien (Indien war hier eine der bedeutenden Ausnahmen) bevorzugten die Europäer das Instrument der »ungleichen Verträge« gegenüber quasi-kolonialen Staaten, mit denen rechtliche und ökonomische Privilegien von den Machthabern vor Ort erzwungen wurden. Diese Praxis bewährte sich beispielsweise bei der Durchdringung Persiens und Chinas. Die Regierungen vor Ort blieben selbstständig, solange nicht westliche Interessen negativ betroffen waren. Vor allem Großbritannien versuchte so, die Märkte in Asien für europäische Waren offen zu halten.

Die Kolonialisierung Afrikas verlief seit den 1880er Jahren wesentlich anders; innerhalb kürzester Zeit brachten in erster Linie Frankreich, England und das Deutsche Reich nahezu den gesamten Kontinent unter ihre Kontrolle. Lediglich Abessinien konnte sich dem Zugriff durch Italien entziehen, indem es diesem 1896 bei Adua eine schwere Niederlage beibrachte. Solche singulären Niederlagen erlebten fast alle Kolonialmächte, an diesem Beispiel vor allem zeigt sich jedoch einer der wesentlichen Gründe für die europäische Überlegenheit: Im Gegensatz zu anderen Völkern Afrikas verfügte das Kaiserreich über moderne europäische Waffen und war daher den von England unterstützten Italienern technisch nicht unterlegen. Ein Gegenbeispiel ist die vielzitierte Schlacht von Omdurman, die im Grunde eher ein einseitiges Abschlachten war. Im Zuge des Mahdi-Aufstandes gegen die ägyptische Herrschaft im Sudan kam es im September 1898 zu dieser Begegnung, bei der ca. 50 britische und ägyptische Soldaten fielen, während deren moderne Maschinen- und Repetiergewehre schätzungsweise 10.000 Sudanesen töteten und mindestens ebenso viele verwundeten.

Ereignisse wie die in Omdurman waren nicht die Ausnahme, sondern die Regel kolonialer Herrschaft, die stets mit Härte gegen jegliche Form indigener Opposition reagierte. Extensive Gewaltanwendung diente der Machtdemonstration und Herrschaftssicherung: Während Waffengewalt in Europa nur noch sehr selten die Herrschaft absichern musste, war dies in kolonialen Gebieten der Normalfall, weil hier eine tradierte staatliche Legitimität fehlte. Meistens handelte es sich bei diesen Machtdemonstrationen um kleinere »Polizei-« oder »Strafaktionen«, die die Herrschaft jedoch nie dauerhaft absichern konnten; auch daher wurden sie zum Dauerzustand. Aus europäischer Sicht waren es »small wars«, wie sie von einem britischen Offizier genannt wurden; der Begriff hat sich in der historischen Forschung etabliert und bezeichnet Kriege, die nicht nach den in Europa geltenden Regeln geführt wurden und in denen völkerrechtliche Vereinbarungen der Großmächte keine Anwendung fanden. Solche Kampfhandlungen erregten oft nur wenig Interesse in der europäischen Öffentlichkeit. Im schlimmsten Falle konnten die Opferzahlen jedoch im sechsstelligen Bereich liegen, und das fand stets den Weg in eine durchaus kritische europäische Öffentlichkeit – zumindest in den Ländern, die nicht aktiv beteiligt waren.

Ob es sich bei massiver staatlicher Gewaltanwendung mit vielfacher Todesfolge um Mord, Massenmord oder Völkermord/Genozid handelt, ist stark umstritten. Wie bei ethnischen Säuberungen spielen sehr stark juristische Bewertungen (seit 1948 ein völkerrechtlich definierter Straftatbestand), am Ende aber auch ethische Maßstäbe mit hinein. Der zahlenmäßige Umfang der Opfer ist dabei von nachgeordneter Relevanz. Schließt man sich der UN-Definition an – die die Absicht zur vollständigen oder teilweisen Zerstörung einer nationalen, ethnischen, »rassischen« oder religiösen Gruppe als wesentliches Kriterium eines Genozids erkennt –, dann handelte es sich 1904–1908 bei der Kriegsführung des Deutschen Reiches gegen die Herero und Nama, bei der bis zu

100.000 Menschen ihr Leben verloren, um einen Völkermord; verwiesen wird hier auf den »Vernichtungsbefehl« des Generalleutnants Lothar von Trotha. Bei der ungleich weniger bekannten Niederschlagung des Maji-Maji-Aufstandes in Deutsch-Ostafrika 1905–1907 waren es sogar bis zu 300.000 Opfer – aber von einem Genozid wird hier im juristischen Sinne ebenso wenig gesprochen wie in der Betrachtung der monströsen Verbrechen in Belgisch-Kongo unter Leopold II., der das riesige Territorium am Äquator als »reines Ausbeutungsobjekt« (Jürgen Osterhammel) betrachtete, mit dem es nie zu einem auch nur rudimentären Austausch mit der Metropole kam. Der belgische König musste nach einer Welle der Empörung im Jahre 1908 seine »Privatkolonie« an den belgischen Staat verkaufen; die schlimmsten Gräuel wurden in der Folge beendet, während die Ausbeutung von Arbeitskraft jedoch kaum gebremst weiterging. Mindestens 50 % der kongolesischen Bevölkerung starb zwischen 1880 und 1920, das waren bis zu zehn Millionen Menschen: an Entkräftung, Hunger, Seuchen oder Gewalteinwirkungen. Da es nicht »geplant« war, wird es juristisch nicht als Völkermord eingeordnet.

Die historische Anlehnung an einen Genozid-Begriff, der unter dem Eindruck des Holocaust entstanden ist, mag dazu verleiten, Kontinuitätslinien zwischen Kolonialherrschaft und Nationalsozialismus zu ziehen. Auch dies ist in der Forschung stark umstritten, und so erscheint es sinnvoller, einen Völkermord wie den an den Herero und Nama nicht mit späteren Ereignissen, sondern mit der kolonialen Herrschafts- und Gewaltpraxis in ihrer Zeit zu vergleichen. In diesem Sinne wird von »genozidalen« und »sub-genozidalen« Reaktionen der europäischen (und anderer) Machthaber gegenüber Erhebungen der unterworfenen Völker und Stämme gesprochen. Genozide entstanden in diesem Verständnis als situative Reaktionen auf lokale Ereignisse; Rassismus ist dabei nur eine von zahlreichen möglichen Ursachen, selten die allein entscheidende. So eröffnet sich eine Perspektive die zeigt, dass die Weltgeschichte der Moderne auch eine Genozidgeschichte ist, die zum Wettbewerb der europäischen Nationalstaaten um Kolonien gehört. Lassen wir die USA und Japan als Kolonialmächte hier außer Betracht, dann handelt es sich um Großbritannien, Frankreich, Deutschland, Belgien, Italien, Portugal, Spanien und die Niederlande, die in ihren Eroberungen seit 1750 ca. 25 % der globalen Landfläche unter ihre Herrschaft gebracht hatten. Dazu muss auch noch Russland gerechnet werden, das sich weiter nach Asien ausdehnte.

Eine Bilanz kolonialer Gewalt fällt aufgrund ungenauer Zahlen nicht leicht. Aber in den Verhältnissen dürfte es stimmen, dass die Verluste indigener Menschen um ein Vielfaches höher lag als die der ca. 290.000 Europäer, die zwischen 1750 und 1913 bei Kampfhandlungen in den Kolonien ums Leben kamen. Noch schwieriger ist die Schätzung ziviler Toter; es dürften jedoch 50 bis 60 Millionen Menschen gewesen, die an den mittel- und unmittelbaren Folgen europäischer Machtausdehnung starben. Gegenüber diesen Zahlen verdeutlicht ein Beispiel aus der britischen Geschichte die verheerende Banalität kolonialer Herrschaft: Im Jahr 1894 marschierten britische Verbände in das Königreich Bunyoro (heute Uganda) ein; die Gründe sind nicht genau bekannt, wahrscheinlich ging es um die Sicherung politischen Einflusses im benachbarten Buganda, von wo aus die Region der Großen Afrikanischen Seen kontrolliert werden konnte. Die Truppe bestand lediglich aus wenigen britischen Offizieren, dazu Mannschaften aus Sudanesen und vor allem Buganda-Kriegern mit ihren Häuptlingen. Die Verteidiger waren angesichts von Maschinengewehren zwar heillos unterlegen, die britische Herrschaft konnte aber nie abgesichert werden. So kam es zu einem über zehn Jahre dauernden »kleinen Krieg«, der die bäuerliche Wirtschaft vor Ort zum Erliegen brachte und immer wieder zu Seuchen führte. In der Folge erlebte Bunyoro einen demografischen Zusammenbruch, von dem es sich lange nicht erholte. In Großbritannien erfuhr niemand etwas davon.

7.3 Der kurze Traum der Emanzipation: Judentum und Antisemitismus

An der Wende zum 20. Jahrhundert war in allen Staaten Mittel- und Westeuropas die bürgerliche Gleichstellung der Juden abgeschlossen. Dahinter lag eine teilweise langwierige Entwicklung, die etwa im Falle

Deutschlands bis in die Zeit der Aufklärung zurückreichte. Dieser Prozess hatte jedoch seinen Preis, denn vielfach gingen Emanzipation und Integration der Juden in den Nationalstaat auf Kosten der jüdischen Identität, die sich über Jahrhunderte hinweg weitgehend abgeschottet von den Mehrheitsgesellschaften entwickelt hatte. Der moderne Nationalstaat sorgte also auch hier für einen großen Homogenisierungsdruck, wie dies bei allen Minderheiten früher oder später der Fall war. Die europäische Judenheit war jedoch ein Sonderfall wegen der historischen Dauer ihrer Ausgrenzung; hinzu kam das permanente Ausmaß physischer und symbolischer Gewalt, das sich im christlich geprägten Europa durch die Jahrhunderte zog. Die Ablehnung jüdischen Lebens und die vielfältigen Konflikte um dessen Präsenz gehören damit zur Geschichte Europas seit der Antike. Allerdings wandelte sich die Judenfeindschaft permanent, schien in erster Linie religiös begründet, bevor in den 1870er Jahren das Wort »Antisemitismus« als Neologismus auftauchte und sich betont modern geben wollte: Der Antisemitismus sah im Judentum die Moderne schlechthin verkörpert, den Kapitalismus und seine Unübersichtlichkeit; als eigenständige »Rasse« oder »Nation« erschien »der Jude« nicht in die neuen Nationalstaaten integrierbar. Folglich sprach man später vom »modernen Antisemitismus« und versuchte, ihn recht scharf von seinem Vorgänger abzugrenzen, dem Antijudaismus. Über diese Begriffe wird in der Forschung bis heute gestritten; Konsens scheint es immerhin zu sein, nunmehr auch das Fortleben »traditioneller« Formen der Judenfeindschaft etwa im Katholizismus bis weit ins 20. Jahrhundert hinein in Betracht zu ziehen. Im Folgenden wird Antisemitismus als »dynamischer« Begriff verstanden, der eine große Bandbreite an Anti-Haltungen in sich vereinen konnte und kann. Nicht zuletzt nach 1870 erwies er seine Vielfalt und zeigte sehr unterschiedliche Gesichter.

Die jüdische Bevölkerung erlebte ein ebenso rasantes Wachstum wie alle anderen Gruppierungen. Um 1780 lebten schätzungsweise 2,7 Millionen Juden weltweit, davon 90 % in Europa. 120 Jahre später waren es bereits 10 Millionen Juden, von denen 80 % in Europa beheimatet waren. Die Zahlen lägen wesentlich höher, wäre es nicht seit 1880 zum großen jüdischen Exodus aus Osteuropa Richtung USA gekommen. Was waren die Gründe dafür?

MAP OF WESTERN RUSSIA SHOWING THE JEWISH PALE OF SETTLEMENT.
[The Jewish Encyclopedia, ed. Singer, Funk and Wagner, New York & London, 1901 vol. 10, art. Russia, p. 531]

Abb. 13: Jüdische Siedlungsgebiete im sogenannten Ansiedlungsrayon, 1901.

Im Zarenreich lebten bis weit ins 18. Jahrhundert hinein so gut wie keine Juden, bis es 1772–1795 zu den polnischen Teilungen kam. Danach hatte Russland plötzlich den mit Abstand größten jüdischen Bevölkerungsanteil in Europa. Noch um 1900 machten die ca. 5 Millionen russischen Juden fast die Hälfte der jüdischen Weltbevölkerung aus. In der Hauptsache lebten sie im sogenannten Ansiedlungsrayon im Westen des Reiches (▸ Abb. 13); nur hier durften sie sich – von Ausnahmen abgesehen – seit Ende des 18. Jahrhunderts in den Städten aufhalten und arbeiten. Ihr Bevölkerungsanteil machte oft über 10 % aus, konnte in Zentren wie Warschau oder Odessa sogar bei über 30 % liegen. Während es in West- und Mitteleuropa zu Akkulturations- oder Assimilationsprozessen kam, verhinderte neben der starken staatlichen Repression auch durchaus ein starker kultureller Selbstbehauptungswille der jüdischen Minderheit die Integration in die Mehrheitsgesellschaft. Von Beginn an schwankte die Politik der Zaren gegenüber den Juden zwischen versuchter Integration und staatlichem Despotismus. Dabei sollte jedoch nicht vergessen werden, dass es im Vergleich zum Westen keine Herausbildung einer bürgerlich-kapitalistischen Gesellschaft rechtsgleicher männlicher Individuen gab. Es konnte zunächst also allenfalls um die rechtliche Angleichung an die Verhältnisse der noch »unbefreiten« Bauern gehen. Das »Judenstatut« von 1804 bot zwar staatliche Bildungsmöglichkeiten (da man die Juden »erziehen« wollte) und ermöglichte den Landerwerb; dennoch blieben Juden weiterhin an die Stadt gebunden und von gewissen Handelssparten ausgeschlossen, in denen sie traditionell gearbeitet hatten. Besonders perfide war die Absicht, jüdischen Nachwuchs durch Rekrutierung zur Armee dem Einfluss ihrer Eltern zu entziehen. Bis zu 50.000 Jungen wurden ihren Familien entrissen und mussten bis zu 25 Jahre Dienst leisten, ohne in dieser Zeit die Gesetze des Judentums achten zu können; am Ende folgte oftmals die Konversion.

Nachdem unter Alexander II. seit den 1860er Jahren die »Großen Reformen« in Justiz, Leibeigenschaft und Militärwesen eingeleitet worden waren, verbesserte sich zunächst auch wieder die Situation der Juden. Das änderte sich schlagartig mit dem tödlichen Attentat auf den Zaren im Jahre 1881, das zum großen Wendepunkt in der Geschichte der Juden im Osten Europas wurde. Der Ruf nach Gegenreformen wurde laut, und wie zu gleicher Zeit im Westen wurde die »Judenfrage« zum Thema öffentlicher Debatten. Bis 1883 rollte eine Welle von über 250 Pogromen, Plünderungen und Brandschatzungen durch das Reich, initiiert zumeist von Kaufleuten, Handwerkern oder Wanderarbeitern, die im Judentum direkte Konkurrenten wahrnahmen. Keineswegs aber steuerte der Staat diese Gewalt, wie früher oft angenommen wurde, sondern ihr Ursprung lag vielmehr in einer grassierenden Wirtschaftskrise. Allerdings taten die Polizei und lokale Behörden auch nur wenig zur Eindämmung der Ausschreitungen. Ganz im Gegenteil kam es zu antijüdischen Gesetzen, die etwa die Anzahl jüdischer Schüler quotierten oder die Juden aus Städten wie Moskau und St. Petersburg vertrieben. In dieser Zeit setzte die angesprochene Migrationswelle ein, die größte bis dahin bekannte Wanderung einer Bevölkerungsgruppe in Europa. Und im Gegensatz zur nichtjüdischen Migration war diese oftmals endgültig; vor allem die USA wurde zum Ziel, New York hatte nun die größte jüdische Gemeinde der Welt, vor Warschau.

Abb. 14: Judenpogrom in Lemberg nach der Eroberung durch die russische Armee im September 1914.

An Ostern 1903 kam es in Kischinjow (auch: Chisinau, früher Kischinew) zu einem schweren Pogrom. Zu seinen Initiatoren gehörte einer der späteren Herausgeber der *Protokolle der Weisen von Zion*. Unter Teilnahme aller Bevölkerungsschichten wurden Häuser überfallen, Frauen vor den Augen ihrer Kinder vergewaltigt und schließlich bis zu 50 Jüdinnen und Juden getötet. Im Oktober 1905 entwickelte sich aus einer Demonstration gegen das »Oktobermanifest« des Zaren, das zur (Schein-)Konstitutionalisierung des Reiches führte, ein weiteres Pogrom in der Landeshauptstadt des Gouvernements Bessarabien, dem nunmehr ca. 30 Menschen zum Opfer fielen. Bis Jahresende ereigneten sich über 600 weitere Pogrome, an manchen Orten mehrfach. Über 150.000 Menschen wurden ausgeplündert, verletzt oder geschändet, ca. 1.000 starben. Der Erste Weltkrieg führte schließlich zur vollständigen Exklusion der Juden im Einflussbereich des Zaren: Als potenzielle Landesverräter wurden eine Million Juden und Deutsche aus dem Westen Russlands – also aus dem Grenzgebiet zum Deutschen Reich – ins Landesinnere deportiert. Die Russische Revolution brachte schließlich zwar die ersehnte rechtliche Gleichstellung; die unübersichtliche Lage in den zahlreichen Nachfolgekriegen im Osten (▶ Abb. 2) bedeutete aber gerade für die im Ansiedlungsrayon lebenden Juden eine humanitäre Katastrophe. Vor allem in der Ukraine erlebten sie bis 1920 einen antijüdischen Terror zuvor ungeahnten Ausmaßes: Allein bei den dortigen 1.500 Pogromen kam es zu zehntausenden Toten. Zugleich war die Ukraine ein Durchzugsgebiet verschiedenster Truppen im Russischen Bürgerkrieg, aber auch polnischer Verbände unter Pilsudski, krimineller Banden und nicht zuletzt der ukrainischen Armeen Symon Petljuras. Eine Gemeinde wurde ganze 14-mal heimgesucht. Die Zahl der Opfer kann bis heute nur geschätzt werden, man geht von 50.000 bis zu 200.000 Toten aus, dazu hunderttausende Verletzte, zehntausende Vergewaltigte und 300.000 Waisen.

Neben Russland war Rumänien der einzige Staat Europas zur Jahrhundertwende, der seinen jüdischen Bürgern – trotz Einwänden der Großmächte – die staatsbürgerliche Gleichstellung versagte. Juden galten hier laut Verfassung als Ausländer, und die Hürden zum Erwerb der Staatsangehörigkeit lagen so hoch, dass sie bis 1918 von allenfalls 2.000 Menschen genommen werden konnten. Wie in Russland waren sie von manchen Berufen weitgehend ausgeschlossen (Lehrer, Anwalt) und lebten in beständiger Angst vor neuen Repressionen und Drangsal. Um 1900 zählte die jüdische Gemeinschaft ca. 270.000 Menschen, die 4,5 % der Bevölkerung ausmachten. Immer wieder kam es zu Unruhen, die aber bei weitem nicht die Dimensionen der Pogrome in Russland erreichten. Ungefähr 70.000 Juden suchten gleichwohl ihr Glück in der Auswanderung und zogen vor allem in die USA; das war mehr als ein Viertel der rumänischen Juden.

In Mittel- und Westeuropa sahen die Verhältnisse sehr viel anders aus, wie schon ein Blick auf die Zahlen zeigt. Die mit Abstand größte jüdische Gemeinschaft hatte die Doppelmonarchie; alleine in Ungarn lebten zur Jahrhundertwende 850.000 Juden, das entsprach – wie in Russland – etwa 5 % der Gesamtbevölkerung. In Großbritannien waren es 200.000, vielfach Migranten aus dem Osten; die Hälfte von ihnen hatte sich in London niedergelassen. In Frankreich lebten zur gleichen Zeit 80.000, im Deutschen Reich hingegen annähernd 600.000 Juden zur Jahrhundertwende; das entsprach 1 %. Auch hier waren es urbane Zentren, ähnlich wie Wien in Österreich, in denen sich die meisten Juden ansiedelten. Mit der rechtlichen Gleichstellung gab es keinerlei Siedlungsverbote mehr. Dieser Emanzipationsprozess verlief auf zwei idealtypischen Wegen: Entweder wurde er – wie in Frankreich 1791 – mit einem Gesetzesakt vollständig vollzogen oder es dauerte mehrere Jahrzehnte – wie in Österreich-Ungarn und im Deutschen Reich –, bis die Gleichstellung rechtlich abgesichert und vollständig war. Auch in Großbritannien wurde die Emanzipation prinzipiell schon 1833 gewährt, aber erst 1890 fielen alle Schranken für eine Karriere im öffentlichen Leben. Für die mittel- und westeuropäischen Juden änderten sich im Laufe des 19. Jahrhunderts aber nicht nur die Rechtsverhältnisse; nahezu gleichzeitig setzte ein sozioökonomischer und kultureller Reformprozess ein, der ihre Lebensverhältnisse nach innen und außen gravierend veränderte. An erster Stelle ist hier an die Haskala zu erinnern, die jüdische Aufklärung, die stark mit dem Philosophen Moses Mendelssohn verbunden ist. Es ging dabei um die – am Ende erfolgreiche – Öffnung des Judentums in die sie umgebende Gesellschaft, um die Erklärung der Religion zur Privatsache und eine Reihe innerjüdischer Reformen wie etwa die Einführung der Landessprache im Gottesdienst:

ein »assimilatorischer Bruch mit der traditionellen Identität« (Victor Kárady). Auch in sozioökonomischer Hinsicht eröffneten sich durch den Wandel zur kapitalistischen Gesellschaft zahlreiche Chancen für die Zukunft: Da die Juden zuvor nicht in die ständische Wirtschaftsordnung integriert waren, konnten sie oft wesentlich flexibler auf neue Herausforderungen reagieren. Innerhalb weniger Generationen entwickelte sich aus einer Minderheit von dörflichen Hausierern, Pfandleihern und Viehhändlern ein urbanes jüdisches Bürgertum mit einem oftmals säkularisierten Lebensstil, das in Handel und Gewerbe, aber auch durch die freien Berufe (Ärzte, Anwälte, Journalisten) mit der Mehrheitsgesellschaft rege interagierte: Sie waren Staatsbürger ihrer Nationen geworden, die sich lediglich durch eine andere Religion unterschieden. Wichtig war dabei auch, dass es sich nicht nur um einen staatlich gewährten Rechts- oder gar Gnadenakt handelte, sondern (auch) um eine Selbstermächtigung, indem aus ehemals meist passiv Gewalt erduldenden Opfern nun aktiv Handelnde wurden, die ihr Schicksal buchstäblich in die Hand nahmen.

Schließlich war es genau dieser Erfolg, der die Juden als symbolische Gewinner der Modernisierung erscheinen ließ. Antisemiten aus allen politischen Richtungen versuchten, sich diese Zusammenhänge massenpolitisch nutzbar zu machen: Die Frühsozialisten beispielsweise bildeten in Frankreich eine Tradition des »linken Antisemitismus« aus, der Judentum mit (Finanz-)Kapitalismus identifizierte. Im Deutschen Reich waren es zunächst christlich-soziale Strömungen, die Unterstützung beispielsweise bei Handwerkern fanden. Auch in agrarischen Interessenverbänden machte sich in dieser Zeit ein scharfer Antisemitismus breit. Im rechten politischen Spektrum war er schließlich auch deshalb am nachhaltigsten präsent, weil er als ein »kultureller Code« (Shulamit Volkov) alles das zusammenband, was die Moderne repräsentierte: Emanzipation, Liberalismus, Sozialismus und Kapitalismus, ins Totalitäre gewendet schließlich auch den Parlamentarismus.

Das Ausmaß antisemitischer Bestrebungen in West- und Mitteleuropa war unterschiedlich. In den 1880/90er Jahren kam es in Deutschland vereinzelt zu Ausschreitungen oder Ritualmordvorwürfen, die aber nicht die Regel waren; im Normalfall funktionierten hier die rechtsstaatlichen Mechanismen, falls Angegriffene den Schutz der Staatsmacht benötigten. Auch die Antisemitenparteien hatten 1893 mit nur 16 Abgeordneten für den Reichstag schon ihren Zenit erreicht. Die Judenfeindschaft zeigte sich aber auch subtiler als gesellschaftspolitisches Phänomen mit kulturkritischem Anstrich; dahinter verbarg sich ein integraler Nationalismus, der die Nation zunehmend »rassisch« definierte. Einige weitere Beispiele belegen die Virulenz antijüdischer Vorbehalte im öffentlichen Leben, ohne sie auszusprechen: Trotz aller rechtlichen Gleichstellung blieb Moritz Elstätter als Finanzminister in Baden (1868–1893) der einzige jüdische Politiker, der ein solches politisches Amt erreichen konnte. Die deutsche Armee genoss nach den Kriegen von 1864 bis 1871 ein hohes soziales Ansehen, viele Söhne bürgerlicher Familien strebten danach, Reserveleutnant zu werden – im Normalfall für Juden ein noch hoffnungsloseres Unterfangen, als ungetauft eine Professur ohne Protektion durch den Landesfürsten zu erringen, insbesondere in den Kulturwissenschaften. Deutschland vor 1914 war kein Hort des Antisemitismus, aber antijüdische Vorbehalte waren weit verbreitet, wie sich an der Satzung des »Vereins zur Abwehr des Antisemitismus« aus dem Jahr 1890 zeigt: »Wir wollen ein einheitliches Volk sein und dem Fortschritt und der Kultur dienen. Deshalb wollen wir den vollkommenen Verschmelzungsprozeß und keine abgesonderte Kultur, kein Volk im Volke.« Klarer ließ sich das Streben nach einer homogenen Nation nicht ausdrücken.

In Frankreich kam es in dieser Zeit zu einer wahren Flut antisemitischen Schrifttums. Hier ragt besonders Eduard Drumonts Buch *La France juive* (1886) heraus, das bis 1945 über 200 Auflagen erreichte. Es gab jedoch mindestens einen klaren Unterschied zur Entwicklung im Deutschen Reich: Anders als dort war den Juden in Frankreich eine erfolgreiche Karriere auch im öffentlichen Dienst nicht verwehrt. Ein Ausnahme blieb auch hier die Armee, und so überrascht es nicht, dass ausgerechnet der Skandal um den jüdischen Hauptmann Alfred Dreyfus seit 1894 (▶ Abb. 7) und vor allem dessen ungerechtfertigte Verurteilung wegen Landesverrats die Fronten in aller Öffentlichkeit klärte: hier die antirepublikanischen Antisemiten, dort die Dreyfusards, die in der Tradition des republikanischen Nationalismus die Ideale der Revolution verteidigten. So trug am Ende diese Affäre zur Stärkung der Republik bei.

In einem übertragenen Sinne zeigte dieser international viel beachtete Skandal aber auch, dass die Überzeugung vieler west- und mitteleuropäischer Juden, in den Gesellschaften der Diaspora angekommen zu sein, trügerisch zu werden begann. Der Wiener Journalist Theodor Herzl beobachtete für eine Zeitung die Ereignisse um Dreyfus in Paris, unter ihrem Eindruck verfasste er 1896 sein epochemachendes Buch *Der Judenstaat*, mit dem er zu einem der wichtigsten Anreger des Zionismus wurde. Herzl starb 1904 und konnte somit nur noch erleben, wie Dreyfus' Revision 1903 durch eine republikanische Parlamentsmehrheit erzwungen wurde. Für ihn war aber wichtig, dass sich die antisemitische Hetze nicht auf den Hauptmann bezogen hatte, sondern auf das Judentum als solches. Nach Émile Zolas berühmtem Artikel *J'accuse!* (1898) kam es zu mehreren antisemitischen Protestwellen in Frankreich, auf den Häuserwänden war u. a. zu lesen: »Tod den Juden«, »Kauft niemals beim Juden« oder »Frankreich muss den Franzosen gehören«.

Vor allem aber der Erste Weltkrieg zeigte, dass Herzls Befürchtungen im Hinblick auf das Deutsche Reich nicht unberechtigt waren: Für Deutschland gingen 85.000 Juden an die Fronten, für Frankreich 46.000, ebenso viele wie für Großbritannien; das entsprach ihrem prozentualen Anteil an der Gesamtbevölkerung – aber in Deutschland sollte 1916 eine offizielle »Judenzählung« in der Armee belegen, dass sie auch tatsächlich ihre »vaterländische Pflicht« taten, während es inoffiziell um das genaue Gegenteil ging. Am Ende war überall der »Traum der Emanzipation« mindestens gestört und die Entstehung zahlreicher neuer Nationalstaaten ließ die Zukunft ungewiss erscheinen. Aber die Balfour-Declaration hatte den Juden 1917 auch eine »nationale Heimstätte« in Palästina zugesprochen – die meisten deutschen, britischen oder französischen Staatsbürger jüdischen Glaubens dürfte das aber bei Kriegsende wenig interessiert haben. Viel wichtiger war die Frage, wie sich der Antisemitismus des Krieges nun im Frieden entwickeln würde; durch die massive Gewaltpraxis seit 1914 erfuhr er offensichtlich eine neuerliche Dynamisierung, vor allem in Mitteleuropa. Ein früher meist nur verbaler Antisemitismus, der sich nicht selten eher hinter vorgehaltener Hand äußerte, nahm nun gewalttätige Formen an und kämpfte mit Waffeneinsatz gegen die »Judenrepublik« von Weimar, die erst mit einem »Dolchstoß« aus der Heimat ermöglicht worden sei. Inhaltlich hatte der Antisemitismus in Zentraleuropa nichts Neues zu bieten, aber die Form völlig skrupelloser Gewaltsamkeit im Handeln belegte die Bereitschaft, die Juden aus der deutschen Gesellschaft wieder zu entfernen – auf welche Weise auch immer. Die Offenheit der Geschichte zeigte sich schließlich aber auch darin, dass den Juden nun auch im politischen Leben alle Möglichkeiten offen standen. Der Mord am Außenminister Walther Rathenau am 24. Juni 1922 zeigte auf dramatische Weise, wie sich die Perspektiven von Inklusion und Exklusion in der »klassischen Moderne« (Detlev Peukert) miteinander verschränken konnten.

7.4 Zwangsaussiedlungen und ethnische Säuberungen

Die systematische Kategorisierung von Individuen als Angehörige von Nationen, ethnischer Abstammungsgemeinschaften oder sozialer Klassen war eine Erfindung der europäischen Moderne des 19. Jahrhunderts (▶ Kap. 4.2). Das heißt: Sie war fester Bestandteil der rationalisierten Verwaltung. Jeder halbwegs »moderne« Staat unterhielt eine Vielzahl statistischer Büros oder Ämter, um nahezu alle gesellschaftlichen Zusammenhänge zu zählen. Die Bevölkerungsexperten aus der Wissenschaft tauschten auf regelmäßigen internationalen Kongressen ihre Erkenntnisse aus. Mit den nationalpolitisch aufgeladenen Konflikten auf dem Balkan, die 1912/13 zu zwei verheerenden Kriegen führten, gerieten auch die »nationalen Minderheiten« in den eroberten (oder erstrebten) Territorien in den Blick. Angesichts der ethnischen Vielfalt in dieser Region erschien die Bildung »reiner« Nationalstaaten geradezu unmöglich, wollte man nicht unerwünschte religiöse oder ethnische Minderheiten aus ihren angestammten Gebieten vertreiben. Spätestens bei den Friedensverhandlungen nach dem Ersten Weltkrieg hatte sich dieser Gedanke aber auch bei den führenden Eliten West- und Mitteleuropas durchgesetzt: Da der Nationalstaat auf größtmögliche Homogenität angelegt war und jede Abweichung von der Norm als bevölkerungspolitisches Problem aufgefasst wurde, schien es vernünftig zu sein, Bevölkerungsgruppen »auszutauschen«, zwangsweise auszusiedeln oder zu vertreiben. Diese Praxis wird »ethnische Säuberung« genannt und stellt im heutigen Völkerrecht eine strafbare Handlung dar. Was ist konkret darunter zu verstehen?

Der Begriff steht in Konkurrenz zu vergleichbaren Bezeichnungen wie Terrorismus, Massenmord oder Genozid. Aber gerade im Gegensatz zu letzterem sind ethnische Säuberungen eben nicht durch Mord und Vernichtung angeleitet, das heißt: Die Motivation der Akteure ist eine andere. Das mag ethisch problematisch erscheinen, ist historisch (und juristisch) jedoch eine notwendige Differenzierung, die die Gewaltakte als solche weder relativieren noch bagatellisieren soll. Die oft berufene »Singularität« des Holocaust beruht in erster Linie auf der Anerkenntnis, dass es sich dabei um einen absichtsvollen »Zivilisationsbruch« mit dem Ziel der systematischen Vernichtung aller Juden in Europa handelte. Es sind aber begriffliche Zweifel angebracht, ob die zuvor in Europa oft geübte Praxis der ethnischen Säuberung »zivilisierter« war: Auch sie war immer systematisch, da bürokratisch organisiert, oft mit exzessiver Gewalt verbunden und bedeutete mehr als eine temporäre Vertreibung von Menschen, nämlich die meist dauerhafte und unter Zwang durchgeführte Umsiedlung großer Menschengruppen aufgrund ihrer Ethnizität oder Nationalität. Die prozentualen Opferzahlen waren jedoch meist wesentlich geringer. Was sicherlich für beide Praktiken gilt: Sie sind fester Bestandteil der europäischen Moderne, denn Hauptakteur war auch hier immer der Nationalstaat mit seinem Streben nach Ordnung und der Sichtbarmachung von Differenzen – in der Absicht, diese dann zu beseitigen. Vertraglich geregelte Zwangsaussiedlungen waren daher die häufigste Variante ethnischer Säuberungen, das heißt: Sie folgten klaren Absprachen zwischen zwei Staaten und sollten auf Gegenseitigkeit beruhen. Wie zu zeigen sein wird, konnte es dabei zu großen Opferzahlen kommen; aber anders als beim Völkermord entsprach dies nicht der ursprünglichen Motivation.

Schon im späten 19. Jahrhundert gab es Beispiele umfangreicher bevölkerungspolitischer Maßnahmen. Durch die Balkankrise zwischen 1876 und 1878 war es zu einer nationalstaatlichen Neuordnung ehemals osmanischer Gebiete gekommen: Montenegro, Serbien und Rumänien wurden beim Berliner Kongress durch die Großmächte als unabhängige Staaten anerkannt. Infolge der kriegerischen Auseinandersetzungen kam es zur Vertreibung von mindestens 800.000 Muslimen, bis zu 300.000 wurden von russischen Soldaten und bulgarischen Banden getötet; auf der anderen Seite flohen viele Bulgaren aus dem osmanisch bleibenden Makedonien aus Furcht vor Racheaktionen, muslimische Siedler wiederum flohen aus Bosnien, das nun von den katholischen Habsburgern verwaltet wurde. Da es sich nicht um staatlich gelenkte Bevölkerungspolitik handelte, spricht die Forschung hier aber zumeist nicht von ethnischen Säuberungen im eigentlichen Sinne. Es gibt weitere Beispiele kriegsbedingter und erzwungener Wanderungsbewegungen: Frankreich hatte 1870 ca. 80.000 Deutsche ausgewiesen, im Zuge der preußischen »Germanisierungspolitik« im Osten des Reiches mussten insgesamt 30.000 Polen und Juden Richtung Russland migrieren, wo ihnen die vertrauten Lebensgrundlagen fehlten. Aus Russland selbst wanderten vor dem Weltkrieg bis zu 50.000 Wolgadeutsche aus, gegenüber Minderheiten wie Polen, Finnen oder Balten betrieb das Zarenreich eine repressive Russifizierungspolitik. Im Vielvölkerstaat Österreich-Ungarn gab es vergleichbare Beispiele: Der »Mährische Ausgleich« von 1905 machte deutlich, wie stark nun auch hier der Drang zur Objektivierung nationaler oder ethnischer Zuschreibungen durch staatliche Behörden wurde; tschechische Kinder mussten künftig tschechische Schulen besuchen, auch wenn sie deutsche Bildungseinrichtungen besuchen wollten. In der gesamten Verwaltung gab es nationale Proporzregelungen wie diese; so wurde beispielsweise die traditionsreiche Prager Universität in eine deutsche und eine tschechische aufgeteilt. Ähnliche Ausgleichsversuche gab es vor dem Weltkrieg in der Bukowina und in Galizien, jeweils mit dem Ziel, nationale Ansprüche unter der einst unifizierenden Krone der Habsburger zu befriedigen.

Als erste ethnische Säuberungen im eigentlichen Sinne werden in der Forschung die Folgen der beiden Balkankriege 1912/13 angeführt: Zunächst schlossen sich Serbien, Bulgarien, Griechenland und Montenegro zusammen und beendeten nach kurzen Kriegshandlungen die jahrhundertealte osmanische Herrschaft auf dem Balkan. Kurz darauf entwickelten sich Streitigkeiten um die Aufteilung der eroberten Gebiete und damit kam es zum zweiten Balkankrieg. Noch während der Kriegshandlungen kam es zu großen Fluchtbewegungen und Massakern, denen u. a. 200.000 Muslime zum Opfer fielen. Dass keinesfalls allein religiöser Hass eine Rolle spielte, zeigten vergleichbare Ereignisse im zweiten Balkankrieg; jetzt flohen Bulgaren und Griechen voreinander. Danach versuchten die beteiligten Staaten, durch ethnische Homogenisierung die Legitimation ihrer Herrschaft in den eroberten Gebieten zu untermauern. Völkerrechtlich war das insofern eine Zäsur, als es – unter Billigung der Großmächte – mit dem Vertrag von Konstantinopel im Jahre 1913 (zwischen dem Osmanischen Reich und Bulgarien) erstmals zu einem internationalen Abkommen über den Austausch von Minderheiten kam. Zu Beginn des Jahres 1914 erzielten auch Griechenland und das Osmanische Reich eine bevölkerungspolitische Übereinkunft, die vor dem Weltkrieg jedoch nicht mehr umgesetzt werden konnte. Schon 1920 kam es zu neuen Kampfhandlungen zwischen beiden Staaten, die 1922 in der Katastrophe von Smyrna (heute Izmir) endete, wo Griechen und Muslime lange Zeit friedlich zusammen gelebt hatten. Die Stadt war 1919 Griechenland zugesprochen worden, fiel aber im Zuge des nachfolgenden Krieges an die Türkei zurück. Am 9. September 1922 brach in der mit Flüchtlingen überfüllten Stadt ein großer Brand aus, dem 10.–25.000 Menschen zum Opfer fielen, 200.000 mussten fliehen oder wurden ins Landesinnere deportiert (v. a. Armenier). Im Vertrag von Lausanne wurde schließlich, nicht zuletzt auf Betreiben des britischen Außenministers, ein Friedensvertrag zwischen den beiden Kontrahenten getroffen, der einen »Austausch der Bevölkerung« vorsah. Bei den Zahlen gibt es auch hier nur Schätzungen, aber zumindest in der Verhältnismäßigkeit dürfte stimmen, dass insgesamt 1,6 Millionen Menschen betroffen waren: Etwa 1,2 Millionen »Griechen« sollten Anatolien verlassen, auf der anderen Seite 400.000 Muslime ihre angestammte Heimat in Griechenland – die Frage, welcher nationalen, ethnischen oder religiösen Gruppe sich die Betroffenen selbst zugehörig fühlten, spielte dabei keine Rolle. Ein weiterer Beleg für die Modernität der ethnischen Säuberungen in dieser Zeit war, dass sie angesichts ihrer Massenhaftigkeit gar nicht ohne moderne Verkehrsmittel wie Dampfschiffe durchführbar gewesen wären. Andererseits dürfte der Einsatz moderner Verkehrsmittel noch ungleich größeres Leid verhindert haben.

Im Gegensatz zu vergleichbaren vertraglichen Austauschbestimmungen (Vertrag von Neuilly mit Bulgarien nach dem Weltkrieg) waren hier die betroffenen Gebiete ungleich größer: Am Ende waren zwei Staaten weitgehend ethnisch gesäubert. In der europäischen Öffentlichkeit wurde das Leid der Menschen zwar ausgesprochen kritisch registriert, aber das Instrument der ethnischen Säuberung war zunächst fest als Instrument der Konfliktlösung in der Nationalitätenpolitik etabliert.

Das hatten auch die Ereignisse im Elsass gezeigt, das unmittelbar nach dem Waffenstillstand im November 1918 wieder von Frankreich in Besitz genommen wurde. Die Verhältnisse hier waren in ihrem qualitativen und quantitativen Ausmaß zwar nicht mit dem Geschehen auf dem Balkan zu vergleichen; aber auch bei der »Triage« bzw. »Épuration« zeigte sich die durch den Weltkrieg enorm verstärkte Bereitschaft, die eigene Bevölkerung zu homogenisieren. Innerhalb kürzester Zeit wurden im Elsass und in Lothringen zwölf »Selektionskommissionen« mit je drei Mitgliedern eingerichtet, die die »nationale Zuverlässigkeit« der Bevölkerung nach fast 50 Jahren deutscher Herrschaft zu prüfen und potenzielle »Verräter« auszuweisen hatte. Entscheidend war auch hier die nationale Einstufung durch die Behörden, nicht durch die Betroffenen selbst. Vor allem jedoch widersprach die Kategorisierung der Elsässer in vier Gruppen dem Ideal der Staatsnation, das die Staatsbürgerschaft nicht von der Herkunft, sondern vom individuellen politischen Bekenntnis ableitet. So gehörten der Gruppe A alle diejenigen an, die entweder zwei französische oder elsässische Vorfahren hatten – falls diese bereits vor 1871 ansässig waren. Von den schätzungsweise zwei Millionen Elsässern (85 % gaben Deutsch als Muttersprache an) gehörten 25 % der vierten Gruppe an, also deutscher oder österreichischer Herkunft; das bedeutete zunächst eingeschränkte Bewegungsfreiheit und sogar schlechtere Wechselkurse. Am Ende wurden ca. 150.000 Menschen aus ihrer angestammten Heimat ausgewiesen, teilweise unter Verlust ihres Eigentums. Das zeigte jedoch zum einen, dass die große Mehrheit durchaus im Land verbleiben konnte, die »Säuberungs«-Kriterien also oft nicht allzu streng angelegt worden waren. Andererseits entschärfte die französische Regierung nach Abschluss des Versailler Vertrages ihre Bestimmungen, restituierte zuvor reklamiertes Eigentum und ermöglichte ab Mitte der 1920er Jahre auch die Einbürgerung von

Deutschen. Bestehen blieb allerdings eine rigide Sprachenpolitik, die Frankreich schnell eingeleitet hatte: Alle deutschsprachigen Lehrer waren unter die Bestimmungen der Säuberungspolitik gefallen und hatten das Land verlassen müssen; an ihre Stelle traten (gegen einen finanziellen Zuschlag) Franzosen aus dem Landesinneren, die kein Deutsch sprachen und teilweise Klassen unterrichten mussten, in denen allenfalls 10 % der Kinder Französisch beherrschten. Auf lange Sicht trug auch diese Politik zur Bildung einer elsässischen Autonomiebewegung bei und führte den Versuch der nationalen Homogenisierung *ad absurdum*, indem sich eine neue regionale Minderheit mit gestärkter Identität bildete.

Jenseits der juristischen Kategorie der ethnischen Säuberung gilt es, abschließend einen Blick auf die nahezu rechtsfreien Räume zu werfen, die durch die Kriegsniederlage Deutschlands und den Zusammenbruch des österreichischen und russischen Imperiums im Osten Europas entstanden waren, nicht zuletzt im ehemaligen Ansiedlungsrayon. Nie zuvor waren so viele Menschen gleichzeitig in Europa auf der Flucht: Zu sechs Millionen Kriegsflüchtlingen kamen noch mindestens zwei Millionen Menschen, die vor den Bürgerkriegen flohen. Gerade hier zeigte sich, dass von einem »Frieden 1918« keine Rede sein konnte, bis 1922 gingen allein die Kampfhandlungen des Russischen Bürgerkrieges weiter, der letztlich wesentlich mehr Tote als der Weltkrieg selbst in der russischen Bevölkerung forderte (▶ Abb. 2). Vermutlich starben zehn Millionen Menschen, zwei Millionen mussten (oder konnten) in den Westen fliehen. 1923 war das erste Jahr ohne Kriegshandlungen in Europa.

7.5 Der »Große Krieg«: Ursachen und Folgen

Vom »Großen Krieg« redeten schon die Zeitgenossen, insbesondere in Frankreich und Großbritannien, wo er noch heute so genannt wird. Das taten sie auch deshalb, weil mit zunehmender Krisenhaftigkeit der außenpolitischen Entwicklung vor 1914 die Befürchtungen wuchsen, dass ein »Großer Krieg« zwischen den Großmächten bevorstünde, mit ungewissem Ende für alle Beteiligten. In Deutschland sprach der Sozialdemokrat August Bebel vom »Großen Kladderadatsch«, und wie zu zeigen sein wird (▶ Infobox 14), hegte auch ein Experte wie der ältere Moltke ähnliche Befürchtungen. Aber nicht nur in den politischen und militärischen Eliten machte sich dieser Glaube breit – meist Befürchtung, bei manchen durchaus Hoffnung; auch in den nationalen Gesellschaften verfestigte sich ein »Topos des unvermeidlichen Krieges« (Wolfgang J. Mommsen). Es gab nationale Spezifika: Im Deutschen Reich fürchtete man aufgrund seiner geografischen Mittellage zwischen Russland und Frankreich einen Zweifrontenkrieg, weshalb sich die Militärs mit dem Schlieffen-Plan (▶ Kap. 6.2) auch genau darauf vorbereiteten; gerade vor Russland und seinem Ausbau strategischer Eisenbahnen Richtung Westen hatte man Angst – und unterschätzte am Ende trotzdem, wie schnell das Zarenreich schließlich seine Armee mobilisieren würde, um mit Übermacht in Ostpreußen einzufallen. In Frankreich herrschte Angst vor der zunehmenden Stärke des deutschen »Erbfeindes« im Osten, alleine schon aufgrund des ungleich größeren Bevölkerungswachstums (▶ Kap. 4.2). Auch hier lagen mit dem »Plan XVII« die präzisen militärischen Vorbereitungen für den Kriegsfall in der Schublade. Dieser sah vor, dass gleichzeitig mit einer russischen Offensive im Osten französische Truppen auch an der deutschen Westgrenze angriffen. Währenddessen gab es in Großbritannien eine wachsende Angst vor der Landung deutscher Infanterie auf der Insel, die vor 1914 in Romanen und Groschenheften popularisiert wurde. Zwar war man dem Deutschen Reich im Flottenbau weiterhin überlegen, aber mehr und mehr Schiffe liefen aus den Werften im Norden des Deutschen Reiches. Auch in Österreich-Ungarn blickte man nicht unbedingt erwartungsvoll in die Zukunft: Die nationalen Spannungen zwischen den unter der Kaiserkrone vereinigten Völkern wurden immer schärfer, hinzu kam die Mächtekonkurrenz auf dem Balkan, wo sich das zaristische Russland zur Schutzmacht aller Slawen erklärt hatte. Die Annexion Bosnien-Herzegowinas durch Österreich-Ungarn im Oktober 1908 sorgte für großen Unmut in Russland und hätte zum Krieg führen können; aber einerseits war das Zarenreich durch die Niederlage gegen Japan

(1905) noch stark geschwächt, zum anderen erklärte Reichskanzler Bethmann Hollweg erstmals die deutsche »Nibelungentreue« gegenüber den Habsburgern.

Es gab einige internationale Krisen vor 1914, die am Ende entweder politisch beigelegt werden konnten oder die Staaten waren schlicht (noch) nicht bereit, den »Sprung ins Dunkle« (Bethman Hollweg) zu wagen. Zwar galt Kriegsführung bei den europäischen Mächten nach wie vor als legitimes Mittel, seine nationalen Interessen durchzusetzen; aber die Herausbildung zweier Machtblöcke machte einen »Großen Krieg« auch wahrscheinlicher, sollte ein Konflikt nicht auf diplomatischem Wege vermieden werden können. Seit den 1870er Jahren hatte sich ein Bündnissystem entwickelt, in dem unter Bismarcks Führung zunächst noch Deutschland im Zentrum stand. Sein wesentliches Anliegen war es, Frankreich international zu isolieren und vornehmlich die Interessen Russlands und Englands an die koloniale Peripherie abzulenken. Das gelang im Laufe der Jahre immer schlechter, so dass sich seit 1890 ein neues System entwickelte, in dem sich schließlich zwei Machtblöcke gegenüberstanden: Die Mittelmächte Deutschland und Österreich-Ungarn waren seit 1879 im Zweibund verbündet, dem sich 1882 Italien anschloss und ihn zum Dreibund erweiterte. Aufgrund machtpolitischer Rivalitäten mit Österreich scherte Italien aber wieder aus und trat 1915 aufseiten der Entente in den Krieg ein. Hier hatten sich 1894 zunächst Russland und Frankreich zu einer Defensiv-Allianz (gerade gegen einen deutschen Angriff) verbündet, der sich informell durch einen Kolonialausgleich mit Frankreich 1904 (»Entente cordiale«) auch Großbritannien annäherte, das drei Jahre später auch noch eine Übereinkunft der Interessen in Asien mit Russland erzielen konnte. Weiter gefestigt wurden diese bilateralen Abkommen durch militärische Übereinkünfte zwischen Frankreich und England 1911 sowie zwischen Frankreich und Russland 1912.

Ungeachtet dieser spannungsvollen Atmosphäre vor 1914 war der Weltkrieg aber keineswegs unvermeidlich. Seit 1815 gab es nur räumlich und zeitlich eng begrenzte kriegerische Auseinandersetzungen, an denen nie mehr als zwei Großmächte beteiligt waren – das war durchaus erstaunlich und die Grundlage für allen Fortschritt und Wohlstand in Europa. Auch daher begann die Auseinandersetzung über Kriegsursa-

Infobox 13: Armeestärken und Zahl der Gefallenen im Ersten Weltkrieg

Bündnis	Staat	Truppenstärke 1914	Mobilisierte insg.	Prozent der Wehrfähigen	Gefallene	Prozentsatz Gefallene	zivile Tote
Mittelmächte	Deutschland	891.000	13.200.000	81 %	2.000.000	15 %	700.000[1]
	Österreich-Ungarn	444.000	9.000.000	78 %	1.500.000	19 %	400.000[1]
	Osmanisches Reich	–	3.000.000	30 %	325.000[4]	20 %	2.000.000[2]
	Bulgarien	–	600.000[1]	55 %	88.000	15 %	300.000[1]
Entente[3]	Russland	1.352.000	12.000.000	39 %	1.850.000	15 %	–
	Frankreich	910.000	8.100.000	81 %	1.300.000	16 %	600.000
	Großbritannien	532.000	7.100.000	53 %	850.000	12 %	600.000
	Italien	345.000	5.000.000	55 %	680.000	14 %	700.000[1]

[1] Bulgarien: geschätzt; Deutschland: v. a. Hungertote; Österreich-Ungarn: Tote v. a. in Polen; Italien: ungenaue Angaben; [2] v. a. Völkermord an Armeniern; [3] in Auswahl; [4] die tatsächliche Zahl ist vermutlich wesentlich höher anzusetzen aufgrund krankheitsbedingter Sterblichkeit.

Quellen: G. Hirschfeld, G. Krumeich, I. Renz (Hg.), Enzyklopädie Erster Weltkrieg, Paderborn u. a. 2003, S. 664 f.; M. Epkenhans, Der Erste Weltkrieg 1914–1918, Paderborn 2015, S. 19.

chen und Schuldfrage im Prinzip schon mit seinem Beginn im August 1914, da sich – von Russland abgesehen – alle beteiligten Regierungen vor ihren Bürgern und Wählern legitimieren mussten; die nationalen Parlamente mussten weitreichenden Kriegskrediten zustimmen. So war es im Deutschen Reich besonders wichtig, das Zarentum als Aggressor erscheinen zu lassen, denn nur so erschien die Zustimmung der Sozialdemokratie – sie stellte seit 1912 die größte Fraktion im Reichstag – als gesichert (▶ Kap. 4.3). Auch in der politischen Elite Großbritanniens schwankten manche Vertreter bis zuletzt, ob die Verletzung der belgischen Neutralität durch Deutschland ein hinreichender Kriegsgrund sei. Die historische Forschung hat seit den 1920er Jahren eine große Menge an Quellen und Thesen zur Frage der Kriegsschuld zusammengetragen, ohne eine grundlegende Einigung über das Maß an Verantwortlichkeit der beteiligten Regierungen oder auch die Bedeutung lang- wie mittelfristiger Ursachen (nationalistische und imperialistische Rivalitäten, Weltmachtstreben, Militarismus etc.) zu erzielen. Konsensfähig erscheint heute jedoch, dass keine der großen Mächte gezielt auf einen Kriegsausbruch hingearbeitet hat, allen kollektiven Psychosen zum Trotz. Dennoch wurde mit guten Gründen argumentiert, dass dem Deutschen Reich mit seiner riskanten Politik die Hauptverantwortung für den Kriegsausbruch zukommt. Österreich-Ungarn hätte ohne deutsche Unterstützung Serbien wohl nicht den Krieg erklärt, der zur russischen Mobilisierung führte und damit die Mechanik der Bündnissysteme auslöste. Aber auch Russlands Dagegenhalten wäre ohne die Rückversicherung Frankreichs vielleicht schwächer ausgefallen. Am Ende waren wohl zwei Dinge entscheidend für den Weg in den Krieg: Einerseits das bereits angesprochene allseitige Einverständnis, Krieg überhaupt führen zu dürfen. Hinzu kam aber, dass der Charakter der Kriegsführung hochindustrialisierter Massengesellschaften mit ihren Massenheeren im Vorfeld vor allem politisch nicht ausreichend ins Kalkül gezogen wurde. Die »kleinen Kriege« in den Kolonien, aber auch die Balkankriege in Europa, hatten die defensive Zerstörungskraft einer Maschinengewehreinheit offen zutage gefördert; strategische Konsequenzen wurden daraus wenige gezogen. Das hatte aber auch damit zu tun, dass niemand mit einem vierjährigen Krieg rechnete: Überall herrschte der Glaube vor, mit offensiver Willenskraft eine schnelle Entscheidung herbeiführen zu können. Mit Materialschlachten wie bei Verdun und an der Somme rechnete zu Kriegsbeginn niemand – obwohl es durchaus warnende Stimmen von Experten gab.

Infobox 14: Helmuth von Moltke am 14. Mai 1890 im Deutschen Reichstag über einen kommenden Krieg

»Meine Herren, wenn der Krieg, der jetzt schon mehr als zehn Jahre lang wie ein Damoklesschwert über unseren Häuptern schwebt, – wenn dieser Krieg zum Ausbruch kommt, so ist seine Dauer und ist sein Ende nicht abzusehen. Es sind die größten Mächte Europas, welche, gerüstet wie niezuvor, gegen einander in den Kampf treten; keine derselben kann in einem oder zwei Feldzügen so vollständig niedergeworfen werden, daß sie sich überwunden erklärte, daß sie auf harte Bedingungen hin Frieden schließen müßte, daß sie sich nicht wieder aufrichten sollte, wenn auch erst nach Jahresfrist, um den Kampf zu erneuern. Meine Herren, es kann ein siebenjähriger, es kann ein dreißigjähriger Krieg werden, – und wehe dem, der Europa in Brand steckt, der zuerst die Lunte in das Pulverfaß schleudert! (Bravo!)«

Quelle: Stenographische Berichte über die Verhandlungen des Reichstags. VIII. Legislaturperiode. I. Session. 1890/91. Bd. 1: Von der Eröffnungssitzung am 6. Mai 1890 bis zur 32. Sitzung am 2. Juli 1890, Berlin 1890, S. 76.

Seit der Französischen Revolution wurde über die Veränderungen der Kriegsführung durch den Einsatz von Massenheeren gesprochen, wie sie am Ende der napoleonischen Ära etwa beim Russlandfeldzug eingesetzt worden waren. Hier deutete sich eine Wandlung zum »Volkskrieg« an, in dem nicht mehr länger kleine Berufsarmeen kurze Kabinettskriege um begrenzte Ziele führten. In Volkskriegen sollten ganze Nationen gegeneinander antreten, die bis zum Äußersten kämpfen würden. Während es in Europa seit 1815 vergleichsweise friedlich geblieben war, gab der Amerikanische Bürgerkrieg (1861–1865) eine dunkle Vorahnung davon, welche Gestalt ein solcher Krieg annehmen konnte. Auf Europa übertragen, fürchteten aufmerksame Experten wie Helmuth von Moltke d. Ä. existenzielle Bedrohungen, wenn ganze Völker in den Krieg ziehen würden. Da mittlerweile fast überall die allgemeine Wehrpflicht galt, war das infanteristische Potenzial unglaublich groß. Selbst die an Bevölkerung vergleichsweise kleinen Balkanstaaten waren – mit westlicher Unterstützung – bis an die Zähne bewaffnet und hatten die höchsten Wehrpflichtquoten in Europa. Von den 250.000 Montenegrinern standen 1909 mindestens 30.000 unter Waffen, eine Quote von 12 %; in Frankreich lag sie zu dieser Zeit bei »nur« 1,5 %. Laut Experten wie Moltke waren Dauer und Kosten zukünftiger Kriege dadurch überhaupt nicht mehr abzuschätzen. Den gleichen Ausgangspunkt in ihren Überlegungen nahmen interessanterweise ausgerechnet prominente Pazifisten wie Norman Angell und Ivan Bloch ein; dabei kamen sie zu der Überzeugung, dass moderne Armeen so groß und teuer geworden seien, die westliche Welt wirtschaftlich zudem so stark miteinander verflochten, dass ein »großer« Krieg zwischen mehreren Großmächten nahezu ausgeschlossen werden könne. Das war ebenso eine Fehleinschätzung wie die der Generalstäbe, die allenthalben dennoch auf den massiven personellen Ausbau der Heere setzten. Dahinter verbarg sich eine Mischung aus traditionellem militärischen Denken, fehlenden Lerneffekten aus den jüngsten Kriegen und sozialdarwinistischen Überzeugungen, für die sich der Begriff »Kult der Offensive« etabliert hat: Je stärker der Grad technischer Möglichkeiten, umso mehr zähle der absolute Wille der Soldaten, todesverachtend ihr Heil in der Offensive zu suchen. Anders formuliert: Im Kampf Mensch gegen Maschine räumte man dem Menschen viel zu große Chancen ein. Der Weltkrieg selbst führte dann zu einem neuerlichen Lernprozess.

Es ist nicht möglich, den Ersten Weltkrieg auf wenigen Seiten in allen Facetten darzustellen; im Rahmen unserer Analyse erscheint es sinnvoller, neben den zuvor angesprochenen Ursachen nun die wesentlichen Elemente in den Blick zu nehmen, die sich im und durch den Krieg wandelten. Bei aller Kontroverse im Detail besteht doch Einigkeit darüber, dass der Weltkrieg eine Epochenscheide war – nicht nur im Rückblick, sondern bereits im Empfinden zahlreicher Zeitgenossen. In der Perspektive der Gewaltanwendung zeigt sich der Weltkrieg als ein »Laboratorium der Gewalt« (Benjamin Ziemann), in dem sich alle beteiligten Armeen auf neue Bedingungen eines hochindustrialisierten Krieges mit zum Teil ungeahnten Möglichkeiten einstellen mussten.

In militärischer Hinsicht erwies sich der Weltkrieg als industrialisierter Krieg von Wehrpflichtigenarmeen. Neu war das vor allem in seinen zahlenmäßigen Dimensionen. Von besonderer Symbolik für das namen- und gesichtslose Sterben im Schützengrabenkrieg der Westfront ist der 1. Juli 1916, der erste Tag der Somme-Schlacht. Mit über 2.000 Artilleriegeschützen hatten britische Verbände mehrere Tage lang versucht, die deutschen Stellungen sturmreif zu schießen. Beim Angriff stellte sich jedoch heraus, dass die Verteidigung nahezu vollständig einsatzfähig war. Fast 20.000 britische Soldaten verloren an diesem Tag im Maschinengewehrfeuer ihr Leben, 35.000 wurden zum Teil schwer verwundet. Die Schlacht ging bis in den November weiter, am Ende waren auf beiden Seiten Verluste (Tote und Verwundete) von über einer Million Mann zu beklagen. Aber schon die ersten Wochen des Krieges mit ihren enorm hohen Verlustzahlen hatten gezeigt, dass die Artillerie zur wichtigsten Kriegswaffe wurde. 60 % der Verluste auf allen Seiten sollen durch Artilleriebeschuss zustande gekommen sein, von den französischen Gefallenen waren fast 25 % nicht mehr identifizierbar.

Für die Kriegsführung in diesen Dimensionen erwiesen sich vor allem die Eisenbahnen und der Telegraf als unverzichtbar (▶ Kap. 6.2). Erst durch ihren Einsatz war es möglich, Massenheere und Großgeschütze zügig dorthin zu bringen, wo sie den größten Nutzen versprachen. Auf dem Gebiet der Waffentechnik waren es vor allem drei Neuerungen, die in diesem Krieg vorerst noch eine mehr symbolische Bedeutung hatten und in die Zukunft verwiesen. Dazu zählten an erster Stelle Flugzeuge und Luftschiffe, die der Kriegsführung eine weitere räumliche Dimension erschlossen; gekämpft wurde nun zu Lande, zu Wasser, unter Wasser und in der Luft. Vorläufig hatten Flugzeuge aber fast nur für die Aufklärung und Begleitung der Infanterie eine Bedeutung, weniger in strategischer Hinsicht durch die Bombardierung von Städten. Langfristig führte dies aber zu einem Paradigmenwechsel in der Kriegsführung, da so zukünftig eine viel stärkere Einbeziehung des Raums hinter der Front möglich wurde. Dafür stand mittelfristig auch die Neuentwicklung des Panzers, der erstmals 1916 durch die Briten eingesetzt wurde. Bis 1918 waren es jedoch nur wenige Tausend Stück. Deutlich wurde aber bereits, dass mit diesen Fahrzeugen der Grabenkrieg, wie er vier Jahre lang vor allem im Westen geführt worden war,

Abb. 15: Fort Douaumont, Anfang 1916, vor der Schlacht von Verdun.

zu einem Ende kam. Damit war auch klar, dass Maschinen endgültig an die Stelle tierischer oder menschlicher Muskelkraft getreten waren. Als letztes sei hier auf die neue Qualität der Vermischung von militärischem und zivilem Raum hingewiesen. Nahezu überall, wo es im oder kurz nach dem Krieg zur Besetzung fremder Gebiete kam (Ostpreußen, Belgien, Elsass, Frankreich, Russland), war das Gewaltpotenzial hoch. Heraus sticht dabei der Völkermord an den Armeniern durch das Osmanische Reich im Jahre 1915.

Was waren darüber hinaus die wichtigsten unmittelbaren und mittelbaren Folgen des Weltkriegs für die europäischen Staaten und Gesellschaften?

1) Der Weltkrieg zeigte eine neue Tendenz zur Totalisierung: in der Mobilisierung aller gesellschaftlichen und materiellen Ressourcen (► Kap. 5.7), in der Entgrenzung des Einsatzes seiner Mittel und schließlich in der Totalisierung der Ziele, die nicht mehr begrenzt waren. Über vier Jahre Kampf im Feld und an der Heimatfront wurden

Abb. 16: Fort Douaumont, Ende 1916, nach der Schlacht von Verdun.

begleitet von einer nationalistischen Propaganda, die am Ende auch großen Einfluss auf den Frieden haben musste. Nach 100 Jahren relativ friedlicher Entwicklung gelang nun auch in Europa die Einhegung des Krieges nicht mehr; der ehemals vorhandene Wille, Zivilisten weitgehend zu schonen, war nicht mehr vorhanden.

2) Das für viele Zeitgenossen weltweit verheißungsvoll klingende »Selbstbestimmungsrecht der Völker«, das der amerikanische Präsident 1917 begrifflich prägte, schürte überschießende Erwartungen, die kaum zu erfüllen waren. In Europa stieß der Glaube daran auf die harte Realität unzähliger nationaler Trennlinien, insbesondere im Bereich der durch die Niederlage auseinanderbrechenden Vielvölkerstaaten im Osten und Südosten des Kontinents. Seit Februar 1917 rollte eine Welle von Revolutionen und Bürgerkriegen durch Europa und forderte bis 1922 weitere Millionen Menschenleben. Die neuen Nationalstaaten reklamierten unter Verweis auf nationale oder ethnische Zugehörigkeiten bestimmte Gebiete für sich, Kriegsverlierer wie Deutschland kämpften um eine Revision der neuen Grenzen. Auch

hier kam Hilfe aus der Wissenschaft, indem versucht wurde, über die Siedlungsgeschichte den »völkischen Charakter« deutschen »Kulturbodens« nachzuweisen. Die Idee des homogenen Nationalstaats erhielt damit eine weitere Steigerung.

3) Die völkerrechtliche Dimension wurde bereits angesprochen (▶ Kap. 3.2). Hier sei nur hinzugefügt, dass nun erstmals nach einem Krieg versucht wurde, Kriegsverbrechen zu definieren und die Akteure für strafbare Handlungen zur Verantwortung zu ziehen. Mit dem Versailler Vertrag wurde eine Liste erstellt, die über 1.000 Kriegsverbrechen und 850 Hauptverantwortliche – auf deutscher Seite – kenntlich machte; zu ihnen zählten auch der deutsche Kaiser und Militärs wie Erich Ludendorff. Juristisch blieb das oft folgenlos, aber der Weg hin zur Ächtung des Angriffskrieges war damit ebenso beschritten wie die Verfolgung von Kriegsverbrechen.
4) Das Ausmaß militärischer Gewalt mit Opferzahlen in bis dahin kaum glaublichen Größenordnungen relativiert sich, wenn die Zahlen in Relation zur Bevölkerungsgröße und zum Mobilisierungsgrad betrachtet werden. In dieser Hinsicht kann nicht von einer quantitativen Zunahme der Kriegsgewalt im 20. Jahrhundert gesprochen werden, selbst dann nicht, wenn der Zweite Weltkrieg einbezogen wird. Die Selbstwahrnehmung der betroffenen Zeitgenossen war jedoch vielfach eine andere; beide Ebenen gilt es, in der Nachbetrachtung im Blick zu behalten.
5) Auf eine gesundheitlich geschwächte Weltbevölkerung traf seit Kriegsende in Form der »Spanischen Grippe« eine Pandemie, die vermutlich in den USA ihren Ursprung hatte. Weltweit kamen zwischen 20 und 50 Millionen Menschen ums Leben, wesentlich mehr als durch direkte Kriegseinwirkungen.
6) Überblickt man den Krieg in Europa als Ganzes und aus einer Perspektive der Gewaltanwendung zwischen Staaten, Nationen und Ethnien, dann wird die hergebrachte Chronologie 1914/18 weit überschritten. Im Grunde gehören schon die Balkankriege 1912/13 mit dazu, und wirklich Schluss war erst mit dem Frieden von Lausanne 1923.

7.6 Fazit

Es kann keine einfache Antwort auf die in jüngster Zeit oft gestellte Frage geben, ob die Praxis kolonialer Gewalt auf die Zeit des nationalsozialistischen Massenmordes verweist; das wird in der Geschichtswissenschaft umstritten bleiben. Das verstärkte Interesse an den Kolonialverbrechen der europäischen Mächte lässt es aber zumindest fraglich erscheinen, ob die Charakterisierung der Jahre ab 1933 als »Zivilisationsbruch« (Dan Diner) die vorhergehende Zeit nicht in einem zu positiven Licht erscheinen lässt. Die Gewaltgeschichte Europas hatte bereits Jahrzehnte zuvor ihre Zerstörungskraft zu erkennen gegeben. Die Millionen von Toten der europäischen Herrschaft in den Kolonien führten zwar gelegentlich zu einem skandalisierenden Echo in Europa selbst – sie waren jedoch meist keine Opfer einer systematischen Tötungsabsicht und die Staaten folgten auch keiner pervertierten industrialisierten Mord-Mechanik wie die Nationalsozialisten. Diese historischen Abwägungen relativieren weder das Spätere noch bagatellisieren sie das Frühere. Beide Komplexe versinnbildlichen die Geschichte der europäischen Moderne, die für pazifizierende Zivilisation und entgrenzte Gewalt gleichermaßen steht – das ist es, was sie miteinander verbindet.

An der Geschichte der Juden zeigt sich die Janusköpfigkeit der Moderne in ganz besonderem Maße: Einerseits profitierten sie in West- und Mitteleuropa von diesem Prozess, der im Osten noch weitgehend ausblieb und die ungleich größere jüdische Bevölkerung dort in einer ökonomisch und rechtlich prekären Lage beließ. Vertreter des Judentums wie Sigmund Freud und Albert Einstein wurden nachgerade zu Prototypen der Moderne, indem sie das Denken über die Menschen und das Universum veränderten. Zugleich wurden die Juden mit dem Aufstieg der industriellen Moderne wieder zu potenziellen Opfern, da sie als Teil einer Minderheit begriffen wurden – in einer Zeit, in der Staaten und Nationen nach Einheitlichkeit strebten. Dieses Spannungsverhältnis äußerte sich in einem rassistisch erweiterten Antisemitismus, der den Aufstieg des Judentums in Mittel- und Westeuropa zum Anlass nahm, ihren Ausschluss aus Staat und Nation zu fordern.

Der Erste Weltkrieg schließlich führte mittelfristig zum Ende der europäischen Vorherrschaft in der Welt, auf dem Kontinent selbst zu einer Entgrenzung und Totalisierung der Kriegsführung, die in dieser Form bis dahin hauptsächlich in den Kolonien praktiziert wurde. Am Ende gab es keinen wirklichen Sieger, ökonomisch erholten sich die Staaten lange nicht. Völkerrechtlich versuchte man nun, unter anderem mit dem Völkerbund, neue Mittel der Kriegsvermeidung zu etablieren. Nationalstaatliche Antagonismen und Revanchegefühle blieben jedoch erhalten und destabilisierten die internationale Politik in den 1920er Jahren.

Literatur

Überblick

Aschmann, B. (Hg.), Durchbruch der Moderne? Neue Perspektiven auf das 19. Jahrhundert, Frankfurt/M. 2019.

Bauer, F.J., Das »lange« 19. Jahrhundert, 3. Aufl. Stuttgart 2010.

Bayly, C., Die Geburt der modernen Welt. Eine Globalgeschichte 1780–1914, Frankfurt/M. 2008.

Berger, St. (Hg.), A Companion to Nineteenth-Century Europe 1789–1914, Oxford 2006.

Blom, P., Der taumelnde Kontinent. Europa 1900–1914, 7. Aufl. München 2015.

Darwin, J., Der imperiale Traum. Die Globalgeschichte großer Reiche 1400–2000, Frankfurt/M. 2010.

Evans, R.J., Das europäische Jahrhundert. Ein Kontinent im Umbruch 1815–1914, Stuttgart 2018.

Fisch, J., Europa zwischen Wachstum und Gleichheit 1850–1914, Stuttgart 2002.

Hobsbawm, E.J., Das imperiale Zeitalter 1875–1914, Frankfurt/M. 1995.

Nitschke, A. u. a. (Hg.), Jahrhundertwende. Der Aufbruch in die Moderne 1880–1930. 2 Bde., Reinbek bei Hamburg 1990.

Osterhammel, J., Die Verwandlung der Welt. Eine Geschichte des 19. Jahrhunderts, 3. Aufl. München 2009.

Paulmann, J., Globale Vorherrschaft und Fortschrittsglaube. Europa 1850–1914, München 2019.

Plumpe, W., Das kalte Herz. Kapitalismus: Die Geschichte einer andauernden Revolution, Berlin 2019.

Sperber, J., Europe 1850–1914. Progress, Participation and Apprehension, Harlow 2009.

Steinmetz, W., Europa im 19. Jahrhundert (Neue Fischer Weltgeschichte, Bd. 6), Frankfurt/M. 2019.

Staat

Fenske, H., Der moderne Verfassungsstaat. Eine vergleichende Geschichte von der Entstehung bis zum 20. Jahrhundert, Paderborn u. a. 2001.

Hintze, O., Wesen und Wandlung des modernen Staats [1931], in: Ders., Staat und Verfassung. Gesammelte Abhandlungen zur allgemeinen Verfassungsgeschichte, hg. von G. Oestreich, 2. Aufl. Göttingen 1962, S. 470–496.

Kirsch, M., Monarch und Parlament im 19. Jahrhundert. Der monarchische Konstitutionalismus als europäischer Verfassungstyp – Frankreich im Vergleich, Göttingen 1999.

Kott, S., Sozialstaat und Gesellschaft. Das deutsche Kaiserreich in Europa, Göttingen 2014.

Langewiesche, D., Die Monarchie im Jahrhundert Europas. Selbstbehauptung durch Wandel im 19. Jahrhundert, Heidelberg 2013.

Leonhard, J., Hirschhausen, U. v., Empires und Nationalstaaten im 19. Jahrhundert, 2. Aufl. Göttingen 2011.

Mergel, T., Staat und Staatlichkeit in der europäischen Moderne, Göttingen 2022.

Raphael, L., Recht und Ordnung. Herrschaft durch Verwaltung im 19. Jahrhundert, Frankfurt/M. 2000.

Reinhard, W., Geschichte der Staatsgewalt. Eine vergleichende Verfassungsgeschichte Europas von den Anfängen bis zur Gegenwart, 2. Aufl. München 2000.

Reinhard, W., Geschichte des modernen Staates. Von den Anfängen bis zur Gegenwart, München 2007.

Ritter, G.A., Der Sozialstaat. Entstehung und Entwicklung im internationalen Vergleich, 3. Aufl. München 2010.

Wienfort, M., Monarchie im 19. Jahrhundert, Berlin u. a. 2019.

Recht

Coing, H., Europäisches Privatrecht. Bd. 2: 19. Jahrhundert. Überblick über die Entwicklung des Privatrechts in den ehemals gemeinrechtlichen Ländern, München 1989.

Gerhard, U. (Hg.), Frauen in der Geschichte des Rechts. Von der frühen Neuzeit bis zur Gegenwart, München 1997.

Grewe, W., Epochen der Völkerrechtsgeschichte, 2. Aufl. Baden-Baden 1988.

Grossi, P., Das Recht in der europäischen Geschichte, München 2010.

Hattenhauer, H., Europäische Rechtsgeschichte, 2. Aufl. Heidelberg 1994.

Herren, M., Internationale Organisationen seit 1865. Eine Globalgeschichte der internationalen Ordnung, Darmstadt 2009.

Kimminich, O., Völkerrecht, in: Görres-Gesellschaft (Hg.), Staatslexikon. Recht, Wirtschaft, Gesellschaft, Bd. 5, 7. Aufl. Freiburg u. a. 1989, S. 777–788.

Mattmüller, M., Die Durchsetzung des allgemeinen Wahlrechts als gesamteuropäischer Vorgang, in: B. Junker u. a. (Hg.), Geschichte und politische Wissenschaft. Festschrift für Erich Gruner, Bern 1975, S. 213–236.

Prettenthaler-Ziegerhofer, A., Verfassungsgeschichte Europas. Vom 18. Jahrhundert bis zum Zweiten Weltkrieg, Darmstadt 2014.

Stein, P.G., Römisches Recht und Europa. Die Geschichte einer Rechtskultur, 3. Aufl. Frankfurt/M. 1999.

Vorländer, H., Die Verfassung. Idee und Geschichte, München 1999.

Wesel, U., Geschichte des Rechts in Europa. Von den Griechen bis zum Vertrag von Lissabon, München 2010.

Gesellschaft

Bade, K.J., Europa in Bewegung. Migration vom späten 18. Jahrhundert bis zur Gegenwart, München 2000.

Budde, G., Blütezeit des Bürgertums. Bürgerlichkeit im 19. Jahrhundert, Darmstadt 2009.

Demel, W., Der europäische Adel. Vom Mittelalter bis zur Gegenwart, 2. Aufl. München 2011.

Fischer, W. (Hg.), Handbuch der europäischen Wirtschafts- und Sozialgeschichte. Bd. 5: Von der Mitte des 19. Jahrhunderts bis zum Ersten Weltkrieg, Stuttgart 1985.

Frevert, U. (Hg.), Bürgerinnen und Bürger. Geschlechterverhältnisse im 19. Jahrhundert, Göttingen 1988.

Frevert, U., »Mann und Weib, und Weib und Mann«. Geschlechterdifferenzen in der Moderne, München 1995.

Gerhard, U., Frauenbewegung und Feminismus. Eine Geschichte seit 1789, München 2009.

Hoffmann, S.L., Geselligkeit und Demokratie. Vereine und zivile Gesellschaft im transnationalen Vergleich 1750–1914, Göttingen 2003.

Kaelble, H., Auf dem Weg zu einer europäischen Gesellschaft. Eine Sozialgeschichte Westeuropas 1880–1980, München 1987.

Kaelble, H., Eine europäische Gesellschaft? Beiträge zur Sozialgeschichte Europas vom 19. bis ins 21. Jahrhundert, Göttingen 2020.

Kocka, J. (Hg.), Bürgertum im 19. Jahrhundert. Deutschland im europäischen Vergleich. 3 Bde., München 1988.

Kocka, J., Geschichte des Kapitalismus, München 2013.

Lenger, F., Metropolen der Moderne. Eine europäische Stadtgeschichte seit 1850, München 2013.

Lieven, D., Abschied von Macht und Würden. Der europäische Adel 1815–1914, Frankfurt/M. 1995.

Linden, M. v. d., Workers of the World. Eine Globalgeschichte der Arbeit, Frankfurt/M. 2017.

Wirtschaft

Ambrosius, G., Globalisierung. Geschichte der internationalen Wirtschaftsbeziehungen, Wiesbaden 2018.

Bordo, M., Schwartz, A. (Hg.), A Retrospective on the Classical Gold Standard 1821–1831, Chicago, London 1984.

Daudin, G., Morys, M., O'Rourke, K.H., Globalization, 1870–1914, in: S.N. Broadberry, K.H. O'Rourke (Hg.), The Cambridge Economic History of Modern Europe. Vol. 2: 1870 to the Present, New York 2010, S. 6–29.

Pohl, H., Geschichte der Weltwirtschaft von der Mitte des 19. Jahrhunderts bis zum Ersten Weltkrieg, Stuttgart 1989.

Pollard, S., Free Trade, Protectionism, and the World Economy, in: M.H. Geyer, J. Paulmann (Hg.), The Mechanics of Internationalism. Culture, Society, and Politics from the 1840s to the First World War, London 2001, S. 27–53.

Rosés, J.R., Wolf, N., Regional Economic Development in Europe, 1900–2010. A Description of the Patterns, in: dies. (Hg.), The Economic Development of Europe's Regions. A quantitative History since 1900, London, New York 2019, S. 3–41.

Thiemeyer, G., Europäische Währungsintegration in der zweiten Hälfte des 19. Jahrhunderts. Das Beispiel der Lateinischen Münzunion, in: C. Henrich-Franke, C. Neutsch, G. Thiemeyer (Hg.), Internationalismus und Europäische Integration im Vergleich. Fallstudien zu Währungen, Landwirtschaft, Verkehrs- und Nachrichtenwesen, Baden-Baden 2007, S. 39–56.

Thiemeyer, G., Internationalismus und Diplomatie. Währungspolitische Kooperation im europäischen Staatensystem 1865–1900, München 2009.

Ullmann, H.-P., Kriegswirtschaft, in: G. Hirschfeld, G. Krumeich, I. Renz (Hg.), Enzyklopädie Erster Weltkrieg, 2. Aufl. Paderborn 2004, S. 220–232.

Technik

Ambrosius, G., Henrich-Franke, C., Integration of Infrastructures in Europe in Historical Comparison, Cham 2016.

Bähr, J., Werner von Siemens. 1816–1892: Eine Biografie, München 2016.

Benz, G., Hahn, R., Reinhardt, C., 100 Jahre Chemisch-Wissenschaftliches Laboratorium der Bayer AG in Wuppertal-Elberfeld 1896–1996, Leverkusen 1996.

Hechtel, D., Vom Ende der Einsamkeit. Zur Geschichte der Kommunikation auf See, Hamburg 2005.

Howard, M., Der Krieg in der europäischen Geschichte, München 2010.

Kaiser, W., König, W. (Hg.), Geschichte des Ingenieurs, München 2006.

Laak, D. v., Imperiale Infrastruktur, Paderborn 2004.

Pemsel, H., Weltgeschichte der Seefahrt. Von 1800 bis 2002. Die Zeit der Dampfschiff- und Motorschiffahrt, Hamburg 2002.

Petzold, H., Moderne Rechenkünstler. Die Industrialisierung der Rechentechnik in Deutschland, München 1992.
Schiefelbusch, M., Trains Across Borders. Comparative Studies on International Cooperation in Railway Development, Baden-Baden 2013.
Wobring, M., Die Globalisierung der Telekommunikation im 19. Jahrhundert, Frankfurt/M. 2005.

Gewalt

Barth, B., Genozid. Völkermord im 20. Jahrhundert: Geschichte – Theorien – Kontroversen, München 2006.
Brandes, D., Sundhausen, H., Troebst, St. (Hg.), Lexikon der Vertreibungen. Deportation, Zwangsaussiedlung und ethnische Säuberung im Europa des 20. Jahrhunderts, Wien u. a. 2010.
Cabanes, B. (Hg.), Eine Geschichte des Krieges. Vom 19. Jahrhundert bis in die Gegenwart, Hamburg 2020.
Gay, P., Kult der Gewalt. Aggression im bürgerlichen Zeitalter, München 2000.
Hirschfeld, G., Krumeich, G., Renz, I. (Hg.), Enzyklopädie Erster Weltkrieg, 2. Aufl. Paderborn 2004.
Karády, V., Gewalterfahrung und Utopie. Juden in der europäischen Moderne, Frankfurt/M. 1999.
Langewiesche, D., Der gewaltsame Lehrer. Europas Kriege in der Moderne, München 2019.
Leonhard, J., Die Büchse der Pandora. Geschichte des Ersten Weltkriegs, München 2014.
MacMillan, M., Krieg. Wie Konflikte die Menschheit prägten, Berlin 2021.
Naimark, N.M., Flammender Haß. Ethnische Säuberungen im 20. Jahrhundert, Frankfurt/M. 2009.
Schwartz, M., Ethnische »Säuberungen« in der Moderne. Globale Wechselwirkungen nationalistischer und rassistischer Gewaltpolitik im 19. und 20. Jahrhundert, München 2013.
Ther, P., Die dunkle Seite der Nationalstaaten. »Ethnische Säuberungen« im modernen Europa, Göttingen 2011.
Wendt, R., Vom Kolonialismus zur Globalisierung. Europa und die Welt seit 1500, 2. Aufl. Paderborn 2016.

Abbildungsnachweis

Abb. 1: Karte: Alexander Altenhof (via Wikimedia Commons; CC BY-SA 4.0).

Abb. 2: Karte: © Peter Palm, Berlin.

Abb. 3: Foto: William H. Goodyear (Brooklyn Museum Archives, Goodyear Archival Collection; gemeinfrei).

Abb. 4: Foto: John W. Brooke (Imperial War Museums, Sammlung no. 1900-13, Q 4245; gemeinfrei).

Abb. 5: Scan der Cardiff University Library (via Wikimedia Commons; gemeinfrei).

Abb. 6: Karte: Ziegelbrenner (via Wikimedia Commons; CC BY-SA 3.0).

Abb. 7: Zeichnung: Henri Meyer, 1894 (gallica.bnf.fr / Bibliothèque nationale de France; gemeinfrei).

Abb. 8: H. Lange, G. Bäumer (Hg.), Geschichte der Frauenbewegung. Bd. 1: Die Geschichte der Frauenbewegung in den Kulturländern, Berlin: W. Moeser 1901, S. 361 (via archive.org; gemeinfrei).

Abb. 9: Foto: Peter Weller (gemeinfrei).

Abb. 10: Karte: Eduard J. Alvarez Palau (mit freundlicher Genehmigung).

Abb. 11: Plakat: Alfred Roller, 1917 (via Wikimedia Commons; gemeinfrei).

Abb. 12: Karte: Map collection of ITU, Genf.

Abb. 13: The Jewish Encyclopedia, Bd. 10, New York: Funk & Wagnalls 1905, s. v. »Russia«, S. 531 (via Wikimedia Commons; gemeinfrei).

Abb. 14: Zeichnung: Ladislaus Tuszynski, 1915 (via Wikimedia Commons; gemeinfrei).

Abb. 15: Foto: Photographisches Bild- und Film-Amt / Alexander Mayer (via Wikimedia Commons; gemeinfrei).

Abb. 16: Foto: Photographisches Bild- und Film-Amt / Alexander Mayer (via Wikimedia Commons; gemeinfrei).

Index

H

I

K

L

M

N